公共文化服务创新研究丛书

丛书主编: 何　俊
丛书副主编: 张卫中　郭持华

浙江省群众文化活动品牌研究

张建春　金才汉　主编

ZHEJIANGSHENG QUNZHONG WENHUA
HUODONG PINPAI YANJIU

ZHEJIANG UNIVERSITY PRESS
浙江大学出版社

内容简介

我国群众性的文化活动开展历史久远。群众文化活动品牌是群众文化活动中的精品,在繁荣地方文化事业、讴歌时代的主旋律和保障人民群众基本文化权益方面发挥着举足轻重的作用。本书试图通过大量翔实的图文资料和若干案例的剖析,对浙江省群众文化活动品牌的内容特征、发展历程、成功经验,品牌的培育与塑造,品牌战略与品牌保护,品牌发展的模式与机制创新等内容进行全面的梳理和介绍。

本书是一本具有重要参考价值的群众文化活动品牌方面研究的著作。资料翔实,内容丰富,理论联系实际,适合各级各类大专院校、政府机构和文化系统的工作人员阅读参考。

目　　录

第一章 引 论

从科技强国到文化强国,经历了 30 多年改革开放洗礼的中国又一次站在了历史的起跑线上,我们不仅要建设一个物质富裕的国家,我们还要建设一个精神强大的民族;我们不仅要将五千年的历史文化永世传承,我们还要创造一个崭新、充满活力、光芒四射的现代文化,使中华民族永远巍然屹立于世界民族之林,为人类文明进步作出更大贡献。在我国人民全面建设小康社会的关键时期和深化改革开放、加快转变经济增长方式的攻坚时刻,2011 年 10 月 18 日,党的十七届六中全会高瞻远瞩、旗帜鲜明地从战略和全局的高度向全党和全国人民发出了全面推动社会主义文化大发展大繁荣的倡议。《中共中央关于深化文化体制改革、推动社会主义文化大发展大繁荣若干重大问题的决定》指出:"人民是推动社会主义文化大发展大繁荣最深厚的力量源泉",要"为广大群众成为社会主义文化建设者提供广阔舞台"、要在全社会营造鼓励文化创造的良好氛围,让蕴藏于人民中的文化创造活力得到充分发挥。"2014 年 10 月 15 日,习近平总书记在主持召开文艺工作座谈会时强调,文艺是时代前进的号角,最能代表一个时代的风貌,最能引领一个时代的风气。实现"两个一百年"奋斗目标、实现中华民族伟大复兴的中国梦,文艺的作用不可替代,文艺工作者大有可为。党中央的英明决策为新时期我国群众文化活动指明了方向,鼓舞人心、催人奋进。

我国群众性的文化活动开展历史久远,源远流长。群众文化活动以生动、形象、直观的展示群众喜闻乐见的生产、生活内容,在和谐社会建设的今天,起到了启发群众、教育群众、团结群众、服务群众的作用,成为中国传统文化的基石。群众文化活动提高了人民群众的艺术创造能力和道德文化修养,丰富了群众的精神文化生活,塑造了群众的文化灵魂。大力开展群众文化活动坚持了中央提出的我国文化艺术教育的指导方针,即坚持"用科学的理论武装人,用正确的舆论引导人,用高尚的情操陶冶人,用优秀的作品鼓舞人"。人民群众是我国社会主义文化的创造者、建设者和实践主体,社会主义文化建设的出发点和归宿是满足人民群众日益增长的精神文化需求,增强文化自觉,树立文化自信,激发群众文化创造活力,不断提高人民群众的思想道德素质和科学文化素质,实现人民群众的文化利益。以研究现代化而闻名的著名学者英格尔斯认为:"无论哪个国家,只有它的人民从心理、态度和行为上,都能与各种现代化形式的经济发展同步前进、相互配合,这个国家的现代化才真正能够得以实现。发展最终所要求的是人在素质方面的改变,这种改变是获得更大发展的先决条件和方式;同时也是现代化过程自身的伟大目标之一"①。

在内容丰富、形式多样、分布广泛的群众文化活动中,那些独具魅力、有着良好口碑、格调高雅、充满活力、能够鲜明地反映当地群众思想观念、行为意识及物质文化特性的标志性群众文化活动品牌,达到了思想性和艺术性的完美统一,是群众文化活动中的精品,在繁荣地方文化事业中发挥着举足轻重的作用。群众文化活动品牌,既是保障人民群众基本文化权益的重要标志之一,也是提升当地文化品位和文化形象的重要手段。群众文化活动品牌讴歌时代的主旋律,极富感染力和创造力,深受广大群众欢迎,发挥着显著的社会效益②。

树立群众文化活动品牌,是浙江省开展公共文化服务、深化群众文化活动与建设文化大省的需要。2005 年《中共浙江省委关于加快建设

---

① 殷陆君.人的现代化[M].成都:四川人民出版社,1985 年.第 57 页.
② 刘莉.打造新时代的群众文化精品[J].科学之友,2011,第 4 期,第 134 页.

文化大省的决定》提出,到 2010 年初步形成与浙江经济社会发展相适应的文化发展格局,到 2020 年建成主要发展指标全国领先的文化大省,2008 年《浙江省推动文化大发展大繁荣纲要》,进一步提出了建设社会主义核心价值体系、公共文化服务体系、文化产业发展体系的发展目标,2011 年浙江省文化厅与省农办联合印发了《关于进一步加强村级文化建设的指导意见》,明确了加强浙江省村级文化建设的四项政策措施,即加强村级文化阵地建设、推动公共文化资源配置向村倾斜、充分调动社会力量参与村级文化建设、建立健全村级文化建设的保障机制。改革开放以来,浙江不仅经济取得了飞速发展,而且文化事业特别是群众文化事业也取得了蓬勃发展,在全国创建了多个群众文化活动品牌。但浙江群众文化活动品牌数量、品牌创新动力、品牌支撑仍然不能满足文化大省发展的需要;还存在着对建设群众文化活动品牌认识不足以及在全国具有较高知名度和强劲品牌优势的群众文化活动品牌还很少等问题,群众文化活动品牌还不能满足广大人民群众日益增长的精神文化生活的需要。如何对群众文化活动品牌进行培植?如何充分有效利用现有群众文化活动的基础?群众文化活动品牌在地区经济社会文化发展中发挥怎样的作用?如何构建群众文化活动品牌的创新机制、长效发展机制?如何推动浙江省群众文化活动品牌理论与实践的研究与发展?这些问题均需要我们从战略的高度、以实事求是的态度,以国家加快发展社会主义文化、提高文化软实力为契机,审时度势,与时俱进,在创建群众文化活动品牌的实践过程中去解决;通过群众文化活动品牌反映各地区群众文化发展的个性和特色,树立群众文化的整体形象,以品牌提升文化竞争力,以品牌全面推进、创新并促进群众文化活动的可持续发展,巩固原有的群众文化活动成果。在文化产业大发展的今天,不断提高群众文化活动的质量和水平,是当前和今后一段时期我国群众文化事业发展的基本点和出发点。

一、群众文化与群众文化活动的基本涵义

文化是指千百年来人类所创造的一切精神和物质财富。文化的内涵非常丰富，在我国古代"文化"一词最初是指以礼乐制度教化百姓。在现代，从存在主义的角度，文化则指对人的存在方式的描述①。"群众文化（mass-culture）"内涵包罗万象，众说纷纭。在法兰克福学派的眼中，"群众文化"甚至是个贬义词，代表着无个性风格、雷同、平庸、缺乏审美特质，使有个性的个人成为无个性的群众的文化②。我国"群众文化"一词出现于1953年，是指人们职业外，自我参与、自我娱乐、自我开发的社会性文化，是以人民群众活动为主体，以自娱自教为主导，以满足自身精神生活需要为目的，以文化娱乐活动为主要内容的社会历史现象。群众文化可概括为主体为群众，客体为活动③④。林秀认为：群众文化是广大人民群众在生产生活实践中，通过非功利性、非职业性的文化表达，实现自我参与、自我怡情、自我开发的文化现象，人民群众在其中抒发情感、愉悦身心、展示自我，蕴藏着追求自我完善、按照美的规律认识和掌握世界的文化诉求⑤。

与"群众文化"概念相联系的有"草根文化"、"大众文化"、"精英文化"、"雅文化"、"俗文化"等。"草根"是"大众"相对于官方或精英阶层的一种比喻，有非主流、非权威、非标准、非正式、非专业之意。"草根

① 张雁白等著.品牌文化战略与创新[M].北京：经济科学出版社,2011年,第45—46页.

② 邓安庆,邓名瑛.文化建设论——中国当代的文化理念及其系统构建[M].长沙：湖南人民出版社,2009年,第87页.

③ 刘丽.繁荣群众文化创建文化强市[J].中国集体经济,2011年,7月下旬,第188页.

④ 郑永富著.群众文化学[M].北京：中国国际广播出版社,1993年,第318页.

⑤ 林秀.激发群众文化工作活力的些微思考[J].大众文艺,2008年,第32页.

文化"虽有"大众文化"的含义,但骨子里却透露出弱势文化、平民文化的涵义。而"精英文化(elite-culture)"是人文知识分子创造、传播和分享的文化,讲究高雅和理性①。与"精英文化"相对应的"大众文化",是指"一地区、一社团、一个国家中新近涌现的,被大众所信奉、接受的文化。大众文化是在工业化技术与消费社会语境下,通过大众传媒广泛传播、适应社会大众文化趣味的文化范式和类型,是一种集体性的文化行为,其最显著的特征是狂欢化②。"大众文化"也可以是指大多数社会成员可接受、可理解从而可以享受的文化,同时也指社会大多数成员集体创造的具有普遍的可接受性的精神文化样式③。大众文化甚至又被称为通俗文化、流行文化、市民文化、平庸文化、快餐文化等。大众文化虽然涉及面广、传播者与受众者众多,但社会大众文化在一定程度上存在着盲目性、低浅性、自发性和过于商品化的褊狭④。大众文化是由居于从属地位的人们为了自己的利益而创造出来的,大众文化是一种充满了各种悬殊差别的文化⑤。

精英文化、大众文化或所谓的"雅文化"、"俗文化"都是大众文化的组成部分,只是表达的方式不同;"大众文化"既可以由文化精英们生产,也可以由人民大众生产。因此,从大众直接参与的角度,"大众文化"与"群众文化"之间并没有本质的区别。美国哥伦比亚大学社会学教授赫伯特·甘斯认为:文化只有品味的不同,没有高低贵贱

---

① 温汉华."草根"文化对精英文化的狙击——谈"一个馒头引发的血案"[J].学理论,2011年,第9期,第126页.

② 徐美恒,尹明丽,于春敖.公共关系学在大学生素质教育中的价值[J].天津大学学报(社会科学版),2002,(2).转引自:杨超,付大坤.大学精英文化及其对大众文化的价值引领[J],国家教育行政学院学报,2011年,8月,第25页.

③ 邓安庆,邓名瑛.文化建设论——中国当代的文化理念及其系统构建[M].湖南人民出版社,2009年,第88页.

④ 杨超,付大坤.大学精英文化及其对大众文化的价值引领[J],国家教育行政学院学报,2011年,第8期,第25页.

⑤ (美)约翰·菲斯克,杨全强译.解读大众文化[M].南京:南京大学出版社,2001年,第40—41页.

之分。大众文化和精英文化二者虽然具有不同的特点,但二者都服务社会①。

随着我国改革开放和现代化建设的深入发展,在物质财富显著增加的同时,人民群众的文化需求愈来愈强烈,文化传播途径和表达方式也呈现多样化的发展趋势。传统的群众文化活动多数以"山寨文化"、"草根文化"或"非主流文化"的形式呈现在人们眼前,但随着群众文化艺术水平的提高,各地广泛涌现的群众文化活动品牌则以其形式的多样性、内容的通俗性、理念的超越性、受众的大众性、发展的可持续性在群众文化活动中崭露头角,展示了强大的生命力,给人们带来快乐与享受,受到群众的好评,成为各地群众文化活动开展的楷模。

"文化活动"是指有别于体育活动、社会活动的一种"特殊的活动"。狭义的文化活动是指文艺演出、图书阅读、文物鉴赏、艺术教育、影视欣赏、文化交流等;广义的文化活动则是指所有含有教育意义、精神熏陶、心灵感动、品格提升的各类活动。企业、机关、学校、城乡不同主体出现的多种文艺性、民俗性、交流性的演出、竞赛、游行、集会、宣传、教育等活动,更是我们所说的文化活动②。在中国,由于文化需求与文化市场存在多级性与差异性,文化活动的复杂性与综合性明显③。"群众文化活动"是人民群众为满足精神生活需要,以自身活动为主体,以自我娱乐为目的,所进行的具有民族特色、地方特点和综合性、普及性、大众性、传承性的各类文化活动④。"群众文化活动"有按单位系统划分的社区文化、校园文化、企业文化、军营文化;也有按活动范

---

① 张丹.美国文化产业发展战略研究[D].山东大学硕士学位论文,2008 年.

② 朱希祥,许玲妹,王从仁,姜衡.文化活动的策划与操作[M].上海:东华大学出版社,2005 年,第 3 页.

③ 王钧,刘琴.文化品牌传播[M].北京:北京大学出版社,2010 年,第 224—234 页.

④ 宋清.充分发挥群众文化在和谐社会中的作用[J].大众文艺,2011 年,第 11 期,第 170 页.

围划分的广场文化、庙会文化、公园文化、家庭文化；有按人群划分的老年文化、少儿文化；也有按活动类型划分的节日文化、旅游文化、民俗文化、生态文化等①。群众文化还可以根据群众文化活动在市场上的地位分为政府主导与非政府组织自办的文化；根据文化的表现形式有静态与动态、可见可感与不可见不可感的文化活动；还可根据性质分为传统与现代、创新与继承等群众文化活动类型。

群众文化活动历史悠久，几乎有了人类，就有了民间文化活动，沿袭至今，其活动形式可以说是多种多样的，其活动内容也是十分丰富的。中国历史发展进程中的群众文化活动，由原始歌舞逐步进化发展到实用艺术，文化艺术活动由自娱扩展为娱人。在民间、歌坊、舞坊大批喜爱下里巴人文化的群众创造了许多脍炙人口的艺术作品：如歌曲、相声、评书、快板、小品等民间表演艺术形式纷纷登上艺术舞台②。群众文化活动以"歌舞戏曲表演"、"书画摄影"、"会议展览""图书阅读"、"影视欣赏"、"文体娱乐活动"等主题活动的形式，利用各种舞台，以服务人民群众为宗旨，使人民群众在感官与情感上获得美的享受与体验。因此，群众文化活动具有主体的群众性、风格的通俗性、来源的基层性、效果的实用性、作用方式的渗透性等显著特征③。此外，群众文化活动还具有导向性、参与性、自娱性、广泛性、融合性与多元性等特征。

---

① 冷建平.群众文化与社区文化链接研究[J].科教文汇,2011年,2月中旬刊,第199页.

② 李庆荣.论工人文化宫在群众文化工作中的作用[J].企业家天地,2011年,第2期(中旬刊),第109—110页.

③ 石晓琳.新时期下对加强群众文化建设的几点建议和思考[J].大众文艺.2010年,第4期,第155页.

二、群众文化活动开展的意义

　　文化是一个民族的根,决定民族的兴衰①。群众文化活动的意义首先表现在有利于先进文化的传播与和谐社会的塑造。群众文化活动以群众喜闻乐见和贴近大众生活的形式与内容,在最广大的基层人民群众中,弘扬着我国各地优秀的传统文化与先进文化,用实际行动履行着中央提出的我国文化艺术教育的指导方针;群众文化活动承载着中华文化精神价值,是社会主义核心价值体系中的重要一分子。群众文化活动的力量,早已深深熔铸在民族的生命力、凝聚力之中,成为中华民族共同的精神家园。随着社会经济的快速发展,中国在国际上社会地位的日益提高,人民群众对高层次、高品质的群众文化活动的渴求也在日趋增强。在大力开展公共文化服务设施建设的同时,充分运用现代化的理念,打造具有民族性、地域性、时代性的群众文化活动品牌,为群众文化事业的发展摇旗呐喊、打造声势,从而吸引更多的人民群众积极参与到群众文化活动中来,已成为现今群众文化事业发展的一个大方向②。文化品牌是国家和地方经济社会发展与文化影响力提升的重要标志,因此,打造群众文化活动品牌已成为时代发展的要求。

　　群众文化活动普及面广、参与者多、可信度高、影响深远,为我国社会主义和谐社会的建设作出了不可替代的贡献。文化幸福是幸福指数的重要标尺。随着市场经济的发展,社会化、商品化、现代化、自娱化,将成为群众文化活动发展的方向。因此,多层次、多形式、多渠道地开展群众文化活动,可以满足新形势下广大人民群众对精神文化的

---

　　① 浙江省图书馆学会.公共文化服务与图书馆实践的创新[M].杭州:杭州出版社,2006年,第2页.

　　② 张书娜.浅析新时期群众文化品牌活动建设走势[J].大众文艺.2010年,第2期,第151页.

基本要求①。开展群众文化活动也是城乡建设的一项主要内容,是城市特别是新农村文化建设的重要智力支持和精神动力②。

　　其次,群众文化活动是切实保障公民基本文化权利、满足公民公共文化需求的重要手段,对我国的公共文化体系建设具有重要意义。1984 年 12 月 10 日联合国大会通过的《世界人权宣言》第 27 条规定③:人人有权自由参加社会的文化生活、享受艺术,并分享科学进步及其产生的福利;人人对由于他所创作的任何科学、文学或美术作品而产生的精神的和物质的利益,有享受保护的权利。"自由地、不受限制地获取知识、思想、文化和信息是个人行使民主权利和获得平等发展机会的基础"④。从一定意义上说,凡是有碍于人民大众享受参与文化活动和进行文化创造的政策或举措都是直接或间接地对大众侵害⑤。在长期的革命实践过程中,我们党总结了一系列文化活动开展的成功经验,为文化工作制定了为人民服务、为社会主义服务的"二为"方向和百花齐放、百家争鸣的"双百"方针。人民群众不仅应该享受文化成果带来的福利,而且还要参与到各种文化活动中去,创造并实现自身的价值,以获得精神文化的更多满足并促进自身的发展⑥。早在 20 世纪80 年代,法国学者弗朗索瓦·佩鲁就提出:"个人的发展,个人的自由,是所有发展形式的主要动力之一。这种个人的发展和自由能够在每个

　　① 郭飞跃.文化馆的形象建设:群众文化文论集[M].福州:海风出版社,2008年,第 10 页.

　　② 吴理财等.当代中国农民文化生活调查[M].北京:知识产权出版社,2011 年,第 3 页.

　　③ 杨琳瑜.和谐社会视角下公共文化服务体系建设的机制创新[J].内蒙古农业大学学报(社会科学版),2010 年,第 3 期,第 232—234 页.

　　④ 浙江省图书馆学会编.公共文化服务与图书馆实践的创新[M].杭州:杭州出版社,2006 年,第 2 页.

　　⑤ 贺善侃等.国际大都市公益文化比较研究[M].上海:学林出版社,2010 年,第97 页.

　　⑥ 刘文俭.公民参与公共文化服务体系建设对策研究[J].行政论坛,2010 年,第 3期,第 80 页.

人所赞成的和在其各种活动中所感受到的各种价值范围内充分实现他们的潜力。"①群众文化活动的开展应该遵循"人人关心文化活动、人人热爱文化活动、人人参与文化活动、人人享受文化活动"的理念。

第三,群众文化活动是讴歌正气,宣传"真、善、美",抵制各种封建没落腐朽思想与西方"文化殖民"思想侵害的重要法宝。当前,全球化正在以各种各样的形式对中国传统文化和社会主义主流文化形成冲击,一些人甚至对中华民族的传统道德观念和伦理准则产生怀疑,我国的文化安全正面临着严峻的考验。随着人民收入水平的增长和消费水平的升级,一方面广大人民群众迫切需要丰富多彩的文化活动以满足精神生活的需要,另一方面在经济社会发展过程中,一些地方文化建设同经济发展水平与人民群众日益增长的精神文化需求不能完全适应,文化建设特别是群众文化活动同推动科学发展、促进社会和谐的要求还不能完全适应;个别地方群众公共文化生活萎缩,腐朽文化死灰复燃;一些人精神迷失,信仰空虚,三俗(即庸俗、低俗、媚俗)现象严重;一些地方封建文化残渣、遗风陋俗、赌博、迷信活动甚至黑社会、毒品等现象死灰复燃;个别地方农村社会出现了核心价值缺位、价值观混乱现象,严重影响了城乡社会的稳定与社会的和谐发展;加之一些地方群众特别是偏远地区的农民群众缺乏充足的公共文化服务供给和活动空间,农民群众的公共文化生活因缺乏积极的组织与引导而日益萎缩,农村群众公共文化生活出现了畸形发展的势头②。一些地方农村文化发展水平不平衡,公共文化队伍配备不足且整体素质偏低,农民业余文化队伍数量较少,活动不多,得过且过、小富即安的小农意识思想挥之不去③;一些地方开展群众文化活动和创作文艺作品意识模

①　弗朗索瓦·佩鲁.新发展观[M].北京:华夏出版社,1987年,第17页.

②　巩村磊.论当前农村公共文化服务机制的缺失与构建[J].党政干部论坛,2010年,第4期,第38—40页.

③　陈立旭,潘捷军等.乡风文明:新农村文化建设——基于浙江实践的研究[M].北京:科学出版社,2009年,第1—5页.

糊,是非、善恶、美丑界限不分。因此,采取积极应对策略,强化人民的文化安全意识,维护国家文化安全,大力弘扬传统文化与社会主义文化,加强群众文化活动的引导,发挥群众性文化活动在各地构建和谐社会中的正面宣传作用、团结凝聚人心的作用、党和群众关系的桥梁纽带作用、大众娱乐作用、社会稳定作用及文化传承作用,提高广大人民群众精神文化生活品质,已到了刻不容缓的地步。

恩格斯指出:"文化上的每一个进步,都是迈向自由的第一步。"[①]资本虽然对于作为文化主体的人起到过解放作用,又起着束缚的作用,这就是用经济的力量压迫着文化的力量,把人们的文化主动性践踏在经济原因之下[②]。1998 年,联合国教科文组织在斯德哥尔摩召开了"文化政策促进发展"政府间会议,讨论通过了《文化政策促进发展行动计划》,该计划指出,"发展可以最终以文化概念来定义,文化的繁荣是发展的最高目标","文化的创造性是人类进步的源泉。文化多样性是人类最宝贵的财富,对发展是至关重要的"[③]。与此同时,在大力开展群众性的文化活动中,政府应该履行公共文化服务的职责,不断加强公共文化服务,充分利用公共权力和公共资源来保障公民文化权利、满足公民基本公共文化需求。文化不仅是人类的灵魂,也是作为实践的精神活动的过程。公共文化服务具有公平、公益、公开、共享与多样的特征;公共文化服务应与市场文化服务相协调,既满足群众的基础性文化需求,也要满足群众的消费性文化需求,让群众享有参与文化生活、分享文化成果、开展文化活动与保障文化利益的权利。

第四,群众文化活动是丰富群众文化生活,提高全民族文化软实力的重要途径。开展丰富多彩、群众喜闻乐见的文化活动越来越成为各

---

① 马克思恩格斯选集[M].北京:人民出版社,1995 年,第 3 卷,第 153 页.

② 万是明.全球化时代中国特色社会主义文化建设[D].华中师范大学硕士学位论文,2006 年.

③ 梁卫国.金元浦.文化发展方式怎样转变?[EB/OL].2012[2011-07-18].中国社会科学网.http://www.cnci.gov.cn/content/2011718/news_64186.shtml

地人民群众的热切愿望,群众文化活动不仅激发和鼓舞了广大人民群众的生产、生活热情,传播了先进文化,倡导了社会主义的精神文明,潜移默化地影响着人民群众的思想、意识、品德与文化水平,塑造了良好的社会风尚;群众文化活动还成为民族的凝聚力和创造力的重要源泉,成为各地经济社会生活中的大事,群众文化活动对扩大地方的影响力和提高文化软实力具有极其重要的意义。

第五,群众文化活动奠定了群众文化活动品牌创建的基础,提升了地方知名度与文化品牌形象。现代社会是一个注意力经济蓬勃发展的社会,人们的物质与精神需求已经进入到"品牌时代",群众文化活动产品也不例外。随着城市与乡村群众文化生活日新月异,文化活动丰富多彩,文化活动精品已成为各地提升知名度的一张"靓丽的金名片";各地文化精品如雨后春笋不断涌现,注重文化品牌的打造与培育已成为各地提升文化软实力与竞争力的重要组成部分。群众文化活动产品是一种精神产品,是为了满足人民群众文化、精神和心理层面上的需要,倡导群众文化活动的目的是为了人们身心的全面发展和提高人的生存质量。因为,人们在生活中对第一产业产品的需求在总体支出中的比重会相对下降,而对文化产品的需求则会大大增加①。

打造群众文化活动品牌的目的就是希望赋予文化活动更加充实的文化内涵与外延形象价值,以突出该群众文化活动在人们心中的地位与形象,从而激发人们的观赏欲望,达到宣传社会主义文化,丰富群众文化生活的目的。随着群众文化活动品牌认知度、忠诚度的提高,品牌影响力也在不断地扩大,群众文化活动品牌风格和特点将更加独特、质量和标准也将得到更大的提升②。

但长期以来,一些地区群众文化活动质量低,形象缺乏个性,品牌

---

① 梁卫国,金元浦.文化发展方式怎样转变?[EB/OL].中国社会科学网,[2011-07-18].http://www.cnci.gov.cn/content/2011718/news_64186.shtml

② 魏奕沁,周红莉.电视娱乐节目的成功之路——品牌营销战略[J].新闻世界,2011年,第3期,第90页.

实力不强,整体呈现散、小、弱格局;品牌营销实施主体不明确,品牌数量较多,但知名品牌少,品牌知名度低,缺乏在国内外有影响力的品牌;由于一些地方创建品牌意识不强,缺乏健全的品牌发展环境和品牌外延性创新动力,使得群众文化活动不能满足群众日益增长的对高品质文化活动的需求。而群众是一个地区真正的主体、核心和灵魂,是文化活动品牌的真正承载者和传承者。群众文化活动品牌已成为激活大众文化市场,坚守社会主义思想文化阵地,繁荣社会主义文化不可缺少的重要组成部分。因此,提升各地区群众文化活动的整体实力,形成有特色、有影响力的品牌形象。打造群众文化活动品牌是在群众文化活动基础上建设的具有较高思想政治和文化艺术水准的群众文化活动。群众文化活动品牌是群众文化事业发展的一个亮点。在商品市场,对消费者而言,品牌形象的塑造与倡导取决于消费者对品牌的识别和认可,而品牌成败的关键,最终由品牌能否占据消费者的心理空间所决定,品牌对企业来说是重要的营销工具,而对群众文化活动品牌来说则是重要的宣传工具,群众文化活动品牌是群众主体的一种特定的活动形式,是各地群众的一个区别性的文化标志活动与名片,彰显各地群众文化活动的个性与魅力。群众文化活动品牌可以涵盖和整合各地主要文化活动资源,因而具有很强的生命力,能在较长的时间内发挥作用[①]。群众文化活动品牌,既是保障人民群众基本文化权益的重要标志之一,也是有关群众文艺工作人员积极承担社会责任的重要标志之一,是提升当地文化品位和文化形象的重要文化产品。优秀的文化能为产品品牌培育提供原动力,使消费者认同品牌,树立品牌的忠诚度。品牌文化是通过赋予品牌深刻而丰富的文化内涵、建立鲜明的品牌定位、并充分利用各种有效的内外部传播途径形成消费者对品牌在精神上的高度认同,创造品牌信仰,最终形成强烈

---

① 刘莉.打造新时代的群众文化精品[J].科学之友,2011年,第4期,第134页.

的品牌忠诚①。群众文化活动品牌就是群众文化活动产品的品牌，也是主流文化品牌的一个重要组成部分，具有主导型的价值取向，能弘扬主旋律，讴歌新风尚，激发爱国情感，让群众在参与中获得艺术享受。群众文化活动品牌在增强文化自觉能力、文化引领能力、文化责任能力、文化创新能力、文化惠民能力、文化传承能力等方面具有不可忽视的重要作用。各级各类文化工作者只有不断深入实际、深入生活、深入群众，以高度的社会责任感和精湛的艺术技巧，才能打造出既反映时代精神，又符合地域文化特色的、深受群众欢迎的文化活动品牌②。

三、群众文化活动品牌研究的内容、框架与方法

（一）内容

本书在调研的基础上对浙江省各类群众文化活动品牌进行了全面的梳理，主要内容如下：第一章，在引论中对群众文化与群众文化活动概念、内涵与研究的意义进行了阐述，对全书的研究内容、框架及研究方法进行了概述。第二章，对品牌与群众文化活动品牌的概念、内涵以及浙江省群众文化活动品牌的形态、群众文化活动品牌的基本特性、群众文化活动品牌在经济社会发展中的影响力等内容进行了重点阐述；归纳了浙江省群众文化活动品牌的六种形态类型：即可按知名度和辐射地域范围划分、按品牌活动在市场上的地位划分、根据品牌所有权的不同划分、根据品牌的表现形式不同划分、根据品牌活动所

---

① 何光伦.立足本土，发展创新——四川省群众文化品牌创建活动的实践与思考[J].艺术中国.2011年，第5期，第134-135页.

② 石晓琳.新时期下对加强群众文化建设的几点建议和思考[J].大众文艺，2011年，第4期，第155页.

包容的规模大小划分以及按照品牌活动的生命周期划分。同时概括了浙江省群众文化活动具有区域性、民俗性、广泛性、群众性、公共性等特征。本章最后对群众文化活动品牌在经济社会发展中的团队效应、辐射效应、社会效应和传承效应等影响力进行了分析。第三章，重点对浙江省群众文化活动品牌的历史与现状进行了总结与回顾，将浙江省群众文化活动历史划分为三个阶段：即启蒙阶段（20 世纪 80 年代）、酝酿阶段（20 世纪 90 年代）和发展阶段（2000 年至今）。特别对浙江省群众文化活动品牌的成功经验和品牌的创建策略进行了分析阐述。第四章，对浙江省群众文化活动品牌的培育与塑造以及群众文化活动品牌形成的政治、经济、文化与社会条件进行了综合论述；对浙江省群众文化活动品牌的开发与培育进行了有针对性的论述。第五章，对浙江省群众文化活动品牌战略进行了全面分析。对浙江省群众文化活动品牌定位的意义、方法与策略进行了详细论述，对浙江省群众文化活动品牌的个性化战略、品牌 PIS 战略、品牌的传播战略与品牌的延伸战略进行了深入系统的分析研究，并提出了相应的建议与对策措施。第六章，对浙江省群众文化活动品牌保护的意义、品牌保护面临的困难与问题、品牌保护的基本原则和对策措施等内容进行了分析研究。第七章，对浙江省群众文化活动品牌发展的模式选择与机制创新进行了理论与实践相结合的系统分析。指出了浙江省群众文化活动品牌发展的模式主要有 7 种：即地域文化活动模式、历史文化活动模式、节庆文化活动模式、艺术文化活动模式、展示文化活动模式、讲座与公益文化活动模式、广场文化活动模式。最后，对浙江省群众文化活动品牌发展的投入机制、创新机制与如何建立长效的新陈代谢机制进行了全面分析论述，以期对我国群众文化活动的开展能有所帮助。

（二）研究框架

本书研究总体上按照背景分析→主要研究内容→案例分析与论证→总结与思考的研究程序进行每章的体系安排，研究内容组织框架如

图 1-1 所示。

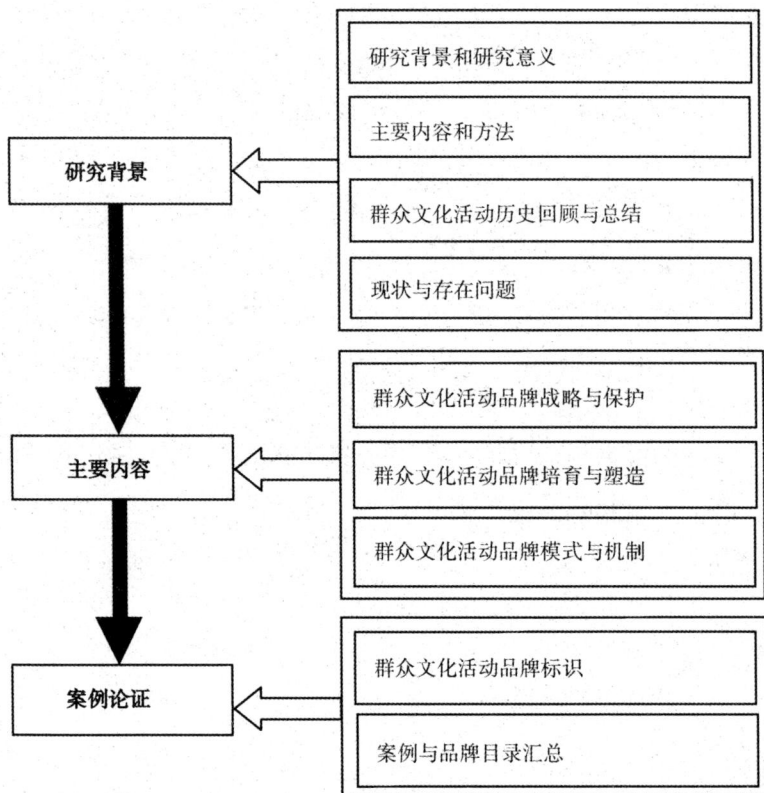

图 1-1　研究内容框架

（三）主要的研究方法

1. 文献分析法

由于浙江省群众文化活动品牌类型多、数量大、历时长、地域分布广，因此，对群众文化活动品牌的研究需要借鉴大量的各种已有的相关文献资料，包括各类编著、论文、文章、传媒报道、政府部门报告等材料，以期尽可能地把握浙江省群众文化活动品牌创建工作开展的历史、现状与未来的发展趋势，为我国群众文化活动品牌建设能够健康、持久的发展提供参考。

2. 案例分析法

针对浙江省群众文化活动开展的历史与现状特点,为了较全面的对各地群众文化活动品牌建设情况进行分析、研究与推广创新,我们在对浙江省已创建的群众文化活动品牌进行梳理与分析取舍的基础上,参考了大量品牌的概念与内容,并将其注入群众文化活动品牌的创建中,结合实际调查与间接获得的案例资料,提出了浙江省群众文化活动品牌发展战略、品牌培育与保护以及品牌发展模式和品牌创新等设想。通过案例分析为浙江省群众文化活动品牌研究与推广提供参考,并试图以此推动我国群众文化活动品牌的创建与发展。

3. 理论与实证研究相结合的方法

总结与构建浙江省各地群众文化活动品牌,需要对浙江全省各市县及社区乡村的群众文化活动的开展与品牌创建与培育情况进行实证分析研究,需要深入剖析浙江省群众文化活动品牌产生的背景、结构特征、成因机制、社会环境、品牌战略、品牌培育与塑造、品牌保护与品牌发展模式以及品牌创新机制。因此,借鉴国内外相关专家学者的理论研究和经验总结并进行实证分析是本书研究方法的最大特点。

第二章　群众文化活动品牌
概述与理论探索

　　进入 21 世纪以来,"群众文化活动品牌"一词伴随着浙江文化大省建设逐渐"浮出水面"并频频见诸媒体网络。"品牌",作为一个经济学的概念,它能否适用于群众文化领域? 如何理解群众文化活动品牌? 与商业品牌相比,群众文化活动品牌有哪些内涵和属性? 在群众文化活动品牌的形成过程中,究竟有哪些工作是其关键环节? 这些问题的回答是认识和创建群众文化活动品牌的基础和前提。

一、群众文化活动品牌的基本涵义

　　品牌(brand)一词源于古挪威语(brandr),意思为"打上烙印",用以区分不同生产者的产品或劳务。20 世纪 50 年代,美国的大卫·奥格威(David Ogilvy)第一次提出品牌的概念;而在中国,直到 20 世纪90 年代才有学者开始系统地研究品牌并界定这个概念。现代品牌的含义通常为适销的商品和服务,甚至个人,经过严格构思而设计的公共形象①。品牌化(branding)这个词汇,起初只是标识,几千年来,是用来标示财产归属权或产地的。最早的标识注册或标识版权的出现与美

---

　　① (新西兰)戴维斯,(新西兰)鲍德温著.陆以理,李柏英译.品牌概论[M].沈阳:辽宁科学技术出版社,2011 年,10 月,第 10—11 页。

国牛的贸易有关①。美国学者凯文·莱恩·凯勒认为："品牌就是区别一个产品与别的产品的特征"②。品牌是经过设计和注册,显示产品个性和受众信心的识别系统③。美国著名品牌研究学者杜纳·E.科耐普认为："品牌是某产品或服务拥有的广为人知的名字"④。英国学者杰弗里·兰德尔认为："品牌就是我们传播给市场的信息"⑤。《牛津英语词典》给品牌的定义为："证明供应者的一种去不掉的标识"⑥。

品牌既是一个错综复杂的社会文化现象,也是现代社会商业市场争夺的要点和竞争的工具。打造品牌,首先要理解品牌的内涵。品牌有很多种定义,但品牌的内涵主要包括六个层面:属性、价值、利益、个性、文化和使用者。只有在质量、服务、信誉、市场占有率、市场回报率等方面有卓越的表现才可能发展成为优秀的品牌⑦。从市场产品品牌的角度,品牌概念内涵的发展经历了产品品牌、服务品牌和企业或公司品牌三种不同的形态⑧。

群众文化活动品牌是文化品牌的组成部分。所谓文化品牌,是指那些具有文化意义和文化价值的并且有独特标记的产品。其中,对于一般产品而言,文化品牌是指具有明显的文化附加值,能给消费者提供除物质享用之外的另一种有关精神享用的产品;而对于文化产品来

①　(新西兰)戴维斯,(新西兰)鲍德温著.陆以理,李柏英译.品牌概论[M].沈阳:辽宁科学技术出版社,2011 年,10 月,第 18 页.

②　薛可.品牌扩张:延伸与创新[M].北京:北京大学出版社,2004 年,第 5 页.

③　薛可.品牌扩张:延伸与创新[M].北京:北京大学出版社,2004 年,第 8 页.

④　杜纳·E.科耐普,赵中秋,罗臣译:品牌智慧[M].北京:企业管理出版社,2001 年,第 9 页.

⑤　杰弗里·兰德尔著,张相文、吴英娜译:品牌营销[M].上海:上海远东出版社,1998 年,第 8 页.

⑥　余明阳,戴世富.品牌战略[M].北京:清华大学出版社,2009 年,第 3 页.

⑦　魏奕沁,周红莉.电视娱乐节目的成功之路——品牌营销战略[J],新闻世界,2011 年,第 3 期,第 90—91 页.

⑧　王永龙.21 世纪品牌运营方略[M].北京:人民邮电出版社,2003 年,第 1 页.

说,是指消费者心理情感能得到满足的文化产品①。群众文化活动品牌也是众多服务类品牌中的一种,是群众文化活动产品的标识与名称。在内涵上,群众文化活动品牌不同于一般消费者购买的服务类产品品牌,她是一种精神文化产品,是由群众组织自发组织生产、长期服务于群众、不以赢利为主要目的的群众文化生活的一部分。群众文化活动品牌的概念要比一般消费和服务产品品牌的概念模糊,因为,最初出自群众创作与表演的文化活动其主要目的不是针对市场销售,没有太多的功利性,群众文化活动初始大多是以个人或集体的吹拉弹唱或绘画、摄影创作等爱好作为活动的基本形式,此后,逐步发展成熟,有了一个完整的文化活动形象,在一定范围内,获得了认可,从而成就了群众或各级政府组织认可的品牌。群众文化活动品牌强调的不仅是消费者与群众的体验,更多的是强调自身的奉献。从外延的角度,群众文化活动品牌也具有一般产品品牌的基本特征:充满着个性与地域文化特征、遵循着品牌发展的规律,即由普通文化活动类项目发展到具有独特标识、标志与商标的精品文化活动项目的过程。群众文化活动品牌的创建经历着品牌战略制定、品牌定位设计、品牌识别与传播、品牌管理与保护和品牌延伸与创新等多个环节。群众文化活动品牌的打造需要经历一个理念与观念更新、品牌理论拓展和品牌实践构建这样一个过程。品牌化对区别同质性的产品具有重要作用,因为,群众文化活动产品虽各具特色,但随着群众文化活动的繁荣,活动名称越来越多,故需要进行品牌化才能有效地将各种文化活动产品与精品区别开来,以利于更广泛的宣传与传播②。

查阅有关品牌方面的辞典、著作以及论文,有关商业品牌的定义很多,而有关群众文化活动品牌的定义则很少。综合各类研究,我们可

---

① (美)约翰·菲斯克,杨全强译.解读大众文化[M].南京:南京大学出版社,2001年,第40—41页.

② (新西兰)戴维斯,(新西兰)鲍德温著.陆以理,李柏英译.品牌概论[M].沈阳:辽宁科学技术出版社,2011年,10月,第10—11页.

以从以下几个角度分析群众文化活动品牌。

（一）群众文化活动品牌是一种识别符号

任何一个品牌都具有其特定的识别符号，它是区别产品或服务的基本手段，包括名称、标志、基本色、口号、象征物、代言人、包装等。这些识别元素形成一个有机结构，对消费者施加影响。品牌名称是指品牌中可用语言称谓表达的部分，包含文字、字母和数字；品牌标志是品牌中可以识别但不能用口语发音表达的部分，包括符号、设计样式、特殊颜色或字体。从显性的层次看，品牌是一种名称、标志及其组合运用，一种显示产品个性并与他人的区分开来的识别系统。一个富有个性的识别符号，能够整合和强化人们对一个品牌的认同，成为人们记忆品牌的工具。当人们感知到某种特定的符号时，就会产生相关的"品牌联想"。因此，经过长期的接触和品牌经验后，人们一看到特定的品牌名称和标志，就会激起这个以品牌名称为核心的"记忆结构"，唤起关于该品牌的各方面的联想。如：当某个人看到或听到"长兴"这两个字时，他（她）可能会联想起一个美丽传说造就的群众文化活动品牌——"百叶龙"，想起"静则荷塘月色，流光溢彩；动则蛟龙腾空，气势磅礴"的精彩龙舞表演，或者其他。人们对品牌的认知程度不同，所产生的"品牌联想"也就不同。

（二）群众文化活动品牌是一种文化载体

品牌是一种文化载体，是积淀在群众文化活动中的文化现象。群众文化活动丰富了品牌的内涵，群众文化活动品牌展现了群众文化的魅力。著名的群众文化活动品牌之所以成功，不仅仅是因为其功能效用和视觉感受，而更多的是因为所蕴涵的价值取向契合了文化消费者的心理需求。一个成功的品牌不仅仅是一个可辨认的产品或服务，它是在"以某种方式增加自身的意义，使得买方或用户觉察到相关的、独特的、可持续的附加价值，这些附加值最可能满足他们的需要"。群众文化工作从事的是一种"以文化人"的活动。这种"精神生产"不是按照设定的程序去生产相同规格的部件，而是在特定的文化氛围中熏陶逐渐"养成"。诗人泰戈尔（Rabindranath Tagore）说得好：不是锤的打击，而是水的载歌载舞，才使鹅卵石臻至完美。人是文化的人，文化总是以一种"润物细无声"的方式影响着人的成长。一个缺乏文化底蕴和核心价值的群众文化活动品牌，是没有生命活力的，是难以感动心灵的。品牌文化中的社会责任、精神追求和价值取向则是沟通人与人有关系的无形纽带。当一种群众文化活动品牌被认同之后，它就会以一种独特的方式来沟通人们的思想，产生对群众文化活动品牌的认同感，从而形成强大的凝聚力量，使"品牌张力"不断放大。所以，群众文化活动品牌要想得到公众的认可，就必须有"文化品位"和艺术魅力。

（三）群众文化活动品牌是一种公众认知

一项群众文化活动能否称为一个品牌，不是由群众文化组织自己说了算的，而是由公众决定的。"所谓公众，即与特定的公共关系主体相互联系及相互作用的个人、群体或组织的总和，是公共关系传播沟通对象的总称。"公众具有以下几层涵义：首先，公众是社会群体，这种社会群体具有明显的类别性，既包含了个人、群体，也指其他社会组织。如作为一个文化站，所服务的公众既可以是农民、工人及学生，也可以是其他企业、商店、学校等社会组织。需要指出的是，这里的个人不是指单个的人，而是指公众群体中的某个人，或群体、组织的负责人、代言人、代表等。第二，作为公众的社会群体必须与公关主体——社会组织发生相互联系、作用。也就是说并不是所有的人、群体或其他社会组织都可以成为特定社会组织的公众；只有那些与该组织发生的直接、间接相互联系、作用的人、群体、社会组织才可以成为该组织的公众。如某项群众文化活动，只有已经去参与的群众才可能成为它的公众，而其他群众就不是它的公众。第三，成员间面临共同问题、共同利益和共同要求，因而才形成某种公众群体。群众文化活动品牌正是基于公众的认可（认同）才形成的一种无形资产。"品牌资产是品牌与消费者的一种关系状态"。这种"关系状态"存在于文化部门、业余文艺团队与社会的人际网络之中，需要通过了解、沟通、对话、交往等形式来积累。有形资产因使用而损耗，而无形资产则恰恰相反：它会因不用而枯竭，反而因使用而增值。在今天这样一个时代里，群众文化组织不再是孤立的行动个体，而是整个社会网络中的一个"节点"和"知识源"。群众文化组织是一个保有自身边界的开放系统，它需要不断地与外界交换物质与能量，获得赖以生存和发展的资源。善于通过这些关联获取群众文化发展所需要的资源是一种"原能力"。任何一项群众文化活动都有自己特定的目标公众和人际资源，挖掘、盘活和利用好这些资源，有利于优化和拓展群众文化活动生存和发展的空间，为打造群众文化活动品牌赢得更多的发展机遇。要做到这一点，一方面，群众文化组织要倾力提高文化活动的质量，增强品牌的特色性、创新性；另一方面，要始终保持与公众的互动交流。群众文化组织的每项活动必须满足公众的文化需求，得到公众的理解和支持，而公众对群众文化活动的感受、评价、建议，是群众文化活动品牌建设的重要决策依据。缺少了与公众的互动和交流，得不到公众的理解和支持，创建群众文化活动品牌将无从谈起。

综上所述，我们认为，品牌是一种名称、术语、标记、符号或图案，或是他们的相互组合，用以识别企业提供给某个或某群消费者的产品或服务，并使之与竞争对手的产品或服务相区别（菲利普·科特勒）。这一定义说明品牌是一个复合概念，它由品牌外部标记（包括名称、术语、图案等）、品牌识别、品牌联想、品牌形象等内容构成。文化品牌是文化事业进入高级发展阶段的表达形式，是文化服务或活动品牌化的结果，是文化的精神价值与经济价值的双重凝聚，有着无形资产的丰富含金量。群众文化活动品牌是指在当地广泛开展、地方和时代特色鲜明、群众参与度较高、在当地具有较大影响并连续举办的有创意的群众文化活动项目。换言之，群众文化活动品牌就是在社会上的公共文化服务中有杰出表现,得到公众广泛的认可和偏爱,产生巨大的效应,具有良好的形象和声誉的群众文化组织、群众文化团队和文艺杰出个人的名称、术语、标记、符号或图案,以及公共文化产品或公益文化服务。据统计,目前全国省级的群众文化品牌活动有150多种,地市级的有400多种①。2010年在第十五届全国"群星奖"评选活动中,浙江庆元县文广新局选送的群众文化活动品牌——"月山春晚"与宁波鄞州区"天天演"文化惠民工程、嘉兴秀洲·中国农民画艺术节、浙江省"唱响文明赞歌"文化关爱老少边贫地区系列活动、杭州市群众文化"集约化、一体化"运行机制创新等5个项目荣获项目类的"群星奖"。此外,浙江省三门县农村文化特派员驻点联村活动被评为全国首批"群文品牌"。全国群众文化活动品牌每年吸引了千千万万的群众积极参与,产生了巨大的影响。市县一级群众文化活动品牌则更多,比如仅浙江嘉兴市本级的重点文化活动品牌就有:中国·嘉兴端午民俗文化节、中国·嘉兴国际漫画展、"红船颂"·全国美术名家邀请展、中国·南湖合唱节、中国·秀洲农民画艺术节、网船会等;嘉兴县(市)级的有:中国·嘉善田歌节、中国·平湖西瓜灯节、中国·海盐南北湖文化节、中国国际钱江(海宁)观潮节、元宵硖石灯会、中国·桐乡菊花节等品牌②。

因此,一个没有品牌的经济,在全球化时代的世界市场,是没有立足之地的,最多只能沦为世界品牌的加工厂;同样,一个没有品牌的文化事业、公共文化服务领域和群众文化活动,在市场经济时代也没有立足之地,最多只能沦为经济生活的附庸而已。在浙江文化建设中形成的具有独特性和广泛影响力的群众文化活动品牌,是浙江文化经济

① 杭州群文网.群文品牌响当当[EB/OL].2012[2009-12-28].(http://www.zjhzart.com/NewsListView.aspx? MID=416&ParentID=429&CurrentID=623&ID=9402)

② 沈爱君."乐":徜徉在文化的春天里[EB/OL].2012[2011-2-19].南湖晚报.http://www.cnjxol.com/xwzx/jxxw/szxw/content/2011-02/19/content_1621544.htm

价值与精神价值的双重凝聚。群众文化活动品牌体现的是一种文化的精神影响力和一个文化活动的核心竞争力,开发群众文化活动必须走品牌建设之路,通过文化品牌建设,带动文化大发展和大繁荣。

二、群众文化活动品牌的形态及特征

形态,作为一种结构要素,体现着事物在一定条件下的表现形式。在《说文》中:"形,象形也,态,意态也。"也就是说形是一种物化的表现实体,态则是在形的物化基础之上进行的意的传递,去表现一种新的意象,品牌形态表现在品牌营销中的新概念,主要是指为品牌形象提供一个(或一系列)具有标志性的视觉元素。对于文化消费者来说,群众文化活动品牌形态必须是一种有形的、物质的、具体化的。

(一)群众文化活动品牌的形态

群众文化,是广大人民群众在生产生活实践中,通过非功利性、非职业性的文化表达,实现自我参与、自我怡情、自我开发的文化现象,人民群众在其中抒发情感、愉悦身心、陶冶性灵、展示自我,蕴藉着追求自我完善、按照美的规律认识和掌握世界的文化诉求。它以人民群众为文化实践的主体,以自娱自教为价值取向,以满足自身精神生活需要为目的,以文化娱乐活动为主要内容,包含群众文化活动、群众文化工作、群众文化事业、群众文化队伍等元素,是最大多数人广泛参与的社会文化实践品牌。从群众文化活动品牌来看,其表现形态主要有以下几种形式。

从群众文化活动品牌的形成来看,群众文化活动品牌可以区分出政府部门主导型群众文化活动品牌和民间组织自主型群众文化活动品牌。政府部门主导型群众文化活动品牌主要是指各地举办的各种艺术节和品牌性的群众文化活动,这类活动通常由政府主办、部门协力、各界支持、群众参与,它要素充实、资源丰富、传播广泛、影响巨大。它有利于完善城市基础设施,优化城市发展环境,弘扬地域传统文化,塑造城市形象,彰显城市特色,提升城市知名度,发展城市相关产业,推进城市精神文明建设,促进城市经济社会全面进步。从 2006 年起,浙江省对全省举办大型节会及庆典活动实行年度申报制度。各地要在上一个年度安排好节会及庆典活动的举办计划,并于次年的 1 月 31 日前以市为单位报省政府备案。其中,举办规模在千人以上或邀请省部级以上领导同志出席的活动,举办单位须提前 3 个月向当地县以上政府申报,当地市政府须在活动举办前 2 个月按照有关规定报省政府审批。申报内容包括举办时间、主办和协办单位、人员规模、邀请领导人员、接待方案、安全保障措施、主要经费来源等事项(浙委办〔2006〕4 号《中共浙江省委办公厅、浙江省人民政府办公厅关于进一步规范办节办会及庆典活动的通知》)。近 3 年,全省每年大小节庆活动过百个,呈现两大特点:一是面广量大,13 个省辖市均有固定举办的节庆活动,有的市县县办节,乡镇办节的也开始增多;很多县、区办节不辍,有的已办了六七届。二是同质化严重,各地同叫"开渔节"、"菊花节"、"书法节"、"青蟹节"的就有十个之多。关键是,节庆活动程式化,跳不出"项目签约—招待晚宴—歌舞晚会"的窠臼。而民间组织自主型群众文化活动品牌则是指各类民俗节庆活动或具有产业特征的文化经营项目。民俗节庆活动是依附民众的生活、习惯、情感与信仰而产生的一种文化活动,是广大民众集体创造、传承和享用的生活文化,是增强民族认同、强化民族精神、塑造民族品格的内在动力,更是展示地域形象、提升文化品位的重要手段。民俗节庆活动已经向特色化、个性化和多元化的方向发展,多数规模较大的民间庙会均已形成品牌,具有鲜明的活动特色,并在当地百姓中拥有较高地知名度。在节庆活动方面,嘉兴市自 1997 年以来,已先后举办南湖民俗文化节、南湖船文化节、江南文化节等节庆活动,突出地域性、民俗性,先后推出了赛龙舟、踏白船、水乡婚典、荷花灯会、连泗荡网船会、新塍民俗文化等特色民俗文化活动,一批民俗文化项目得到有效传承发展。特别是近年来,嘉兴各地按照常年化办节的理念,围绕春节、元宵、端午、中秋、重阳等民族节日挖掘传统文化,举办了一系列闹元宵、过端午、中秋赏月、欢度重阳等群众性的民俗文化活动。一些传统节日民间风俗重新走进了百姓生活,如端午节期间,市民又兴起了吃粽子、赛龙舟、佩香囊、挂菖蒲艾叶、熏苍术白芷之风。可以说,嘉兴民俗文化的传承保护一直没有间断,越韵吴风的群众文化活动品牌正在逐步恢复生机和活力。

从群众文化活动品牌的标志来看,群众文化活动品牌可以分为注册的群众文化活动品牌与非物质文化遗产类的群众文化活动品牌。如长兴"百叶龙"注册为文化活动类商标,为了保护"百叶龙"知识产权,林城镇文化站于 1999 年向国家商标局申报了"百叶龙"文化活动类商标,2001 年注册成功;2006 年长兴百叶龙演出有限公司向国家商标总局提出对百叶龙进行全类注册,目前已通过 22 类并获商标注册证。青田县素有"石雕之乡"之美称,近年来将"弘扬青田石文化,打造中国石文化之都"作为战略目标,以品牌创建提升产品质量,培育"青田石雕"成为我国首个石头雕刻工艺品原产地证明商标,并助创"奇石阁"、"石缘村"、"惜石斋"等经营商标,赋予"青田石雕"更多的个性。以品牌的使用理顺产销秩序,石雕证明商标的启用,对石雕原料以及成品的生产加工都提出了严格要求,特别是对商标注册人的介入管理,加强了对石雕生产、加工、销售等行业管理,避免了石雕行业的无序竞争、盲目发展,推进了石雕产业的健康发展。以品牌发展提升经济效益,使用证明商标的作品,即运用传统工艺加工生产的石雕更是备受消费者青睐,产品附加值有了很大的提高,作品能得到更多客户的认可,在出售价格上远远高出没使用证明商标的作品,并且具有更稳定的收藏价值。以品牌的保护提升市场美誉,不断提升品牌创优力度,以创优评优促进品牌的自身建设,增加品牌的法律保护力度。"青田石雕"已先后取得市、省著名商标称号,2006 年 5 月 20 日,青田石雕经国务院批准列入第一批国家级非物质文化遗产名录。其他均以申遗的方式列入国家、省级非物质文化遗产名录。非物质文化遗产名录是保护非物质文化遗产的一种方式。国家级非物质文化遗产名录,是经国务院批准,由文化部确定并公布的非物质文化遗产名录。近年来,浙江各地对民族民间文艺类的群众文化活动,大都以申报非物质文化遗产名录的方式打造品牌,提高知名度和美誉度。如绍兴大禹祭典、畲族"三月三"、湖州含山蚕花节、象山渔民开洋谢洋节、缙云张山寨七七会、衢州南孔祭典、杭州蒋村龙舟胜会、嘉兴网船会等民俗节庆活动均列入国家级非物质文化遗产名录。

从群众文化活动品牌的形式来看,群众文化活动品牌既包括静态的、可见可感的文化产品及艺术成果,又包括动态的过程性的表演艺术活动。静态类群众文化活动品牌主要包括:一是主题展览活动。依托各大博物馆、展览馆、美术馆以及其他展览场所展出涵盖文物、美术、书法、影像艺术、现代艺术、设计、海报、图片、服饰、收藏等各艺术门类。从纯造型艺术到传统民俗文化、从古代艺术遗产到现代社会生活影像,跨越了广阔的领域。特别是静态类民俗文化展示,以民俗物品的观览、品尝、选购为主.包括民居、民具、衣饰、民间食品、民间工艺品等,它借助静态的民俗物品展现一时一地的民间风俗。静态类民俗旅游最典型的代表即是当今各地的民俗博物馆,以陈列展览民俗中重要的标志性器物为主,呈献给游客的是静态的民俗画面。二是文艺创作活动。在群众文化发展的过程中,文学、美术、书法、摄影等创作的全过程均由个人把握的"静态"艺术门类,在整个群众性文艺创作中呈现出崛起之势,形成了中国·丽水国际摄影文化节、中国·舟山渔民画艺术节、中国兰亭书法节等群众文化活动品牌。嘉兴市秀洲区是浙江省民间绘画强区,多年来,秀洲区委、区政府一直把"创作一批农民画精品,培育一支农民画画家队伍,建设一批农民画创作基地,办好一个农民画艺术节"作为农民画文化品牌经营策略和方向,举办了由文化部主办的全国农民画大赛,连续举办了四届秀洲·中国农民画艺术节,以及和农民画相关的产业洽谈会,拥有两个农民画艺术创作基地,创作人数达 1700 多人,秀洲农民画成为浙江省重点民间艺术品牌项目。经历了 27 年的打造与发展,秀洲农民画已享誉海内外,拥有文化部 2001 年命名的"秀洲·中国农民画艺术中心";文化部 2000 年批准每两至三年举办一届中国农民画艺术节;2008 年文化部命名的"中国民间文化艺术之乡"以及刚获得国家级"群星奖"等 4 个"国字号"招牌。三是培训讲座活动。举办各类展览、讲座、培训等,普及科学文化知识,开展社会教育,提高群众文化素质,促进当地精神文明建设,这是图书馆、文化馆站的基本职能之一。"群星课堂"是浙江省宁波市群众文化的响亮品牌,自 2007 年推出以来,这个百姓身边的课堂已举办免费文艺培训 2000 余场,参与人数超过 10 万人。其中,快餐式公益培训将提高广大市民的审美水平,带动广场文化和社区文化活动的开展;自助式提高培训根据人群结构的不同,结合趣味性的辅导,将使市民在文化艺术教育方面得到较为深入系统的学习;定向服务式专修培训将有计划地对县(市)区文化馆、乡镇(街道)社区文化站干部和业务骨干进行表演艺术、视觉艺术以及非物质文化遗产类艺术等各门类艺术的培训辅导。动态类表演艺术活动主要有:民间音乐(十番音乐、江南丝竹、嵊州吹打、温州鼓词、舟山锣鼓等)、民间戏曲(越剧、绍剧、台州乱弹、松阳高腔、宁海平调、金华道情等)和民间舞蹈型(长兴百叶龙、永康十八蝴蝶、青田鱼灯舞、温岭大奏鼓、瑞安藤牌舞);还包括无形的、潜在的民间信仰与风俗,如五常龙舟胜会、龙湾汤和信俗、宁海十里红妆、石塘七夕习俗、嘉兴端午习俗、洞头妈祖祭典、遂昌班春劝农等等。

从群众文化活动品牌的性质来看,群众文化活动品牌可分为公益型和经营型两大类,所谓公益型是指政府买单或社会赞助的,以丰富群众文化生活,提高群众文化素质为主要目的的品牌性群众文化活动。如浙江省社区文化艺术节系列群文活动、浙江省排舞大赛、浙江省十大城市戏曲演唱邀请赛、浙江省社区群众文艺汇演等大型品牌群众文化活动,又如宁波市群艺馆打造的"群星"系列公共文化服务品牌,开设"群星课堂",践行文艺培训"零门槛";开办"群星展厅",践行艺术享受"零距离";搭建"群星舞台",践行百姓明星"零接触",全面推进文化馆免费开放和服务。所谓经营型是指通过市场来组织文化产品和服务的生产、传播和消费,来满足人民群众多方面、多样性、多层次精神文化需求的群众文化活动品牌。如长兴"百叶龙"演出活动,除满足部分公益性演出外,还通过整体营销策划国内外的商业演出、每年演出收入大都在 30 万元以上,在文化产业道路上越走越宽。又是嵊州民间吹打乐表演,既能在舞台上演出,又适合在庆典、剪彩、巡游等活动中表演,除参加本地重大文化活动外,目前多支吹打乐队已成功闯入嘉兴、宁波、杭州、上海等地的演出市场,全市 50 多支乐队,年创收已经超过 1000 万元,走出了一条与市场相结合的产业化发展之路。从本质上来说,群众文化活动品牌既具有公益性属性又具有商品属性。任何一个品牌都必须经受市场检验,在消费者心目中占有一席之地并拥有一定的市场份额和相对固定的消费群体;同时,相对地占领市场制高点,引导消费潮流并且具有较高的附加值,从而提高群众文化活动品牌的知名度和美誉度。

(二) 群众文化活动品牌的基本特征

在品牌经济时代,品牌本身就是一种传播力、生产力、竞争力和发展力。品牌是品牌主体的一种特定的形象及品牌主体所拥有的个性化的标志、符号或信息[1]。品牌特征是名称、形象、思想、理念和相关事物组成的框架。群众文化活动品牌具有不同的品牌属性,代表着不同地区群众的根本利益,凸显独特的文化核心价值观。作为市场交换的产品的品牌具有品牌的标识性、品牌的专有性、品牌的价值性、品牌的延伸性和品牌的转化性特征[2]。同时,任何产品的品牌均具有历史的累

---

① 刘伟.保定城市文化品牌的构建[J].经济研究导刊,2011 年,第 2 期,第 39—40 页.
② 生奇志.品牌学[M].北京:清华大学出版社,2011 年,第 3—50 页.

积性并凝聚着独特的文化气质,彰显应有的社会地位,具有独创性与不可复制性和珍贵的有形与无形价值。品牌本身不具有独立的物质实体,是无形的,是市场竞争的工具,品牌具有不确定性[①]。但品牌也具有一定的影响力、吸引力、权威性、显著性、独家性、感染力和扩散力等。具体到群众文化活动,我们认为群众文化活动品牌具有娱乐性、观赏性、持续性、业余性、专业性、本地性、传播性、表现性、参与性、群众性、通俗性、鲜明个性、创新性、国际性以及内容与表现方式的普遍可接受性等特征。群众文化活动如何才能吸引观众,如何能让观众踊跃、自发、积极地去欣赏或参与文化活动,不仅需要政府经济上的输血、政策上的扶持,还需要创建自己的"品牌"。而群众文化活动品牌实际上是文化特色化的项目品牌,除具有文化品牌的一般属性之外,还具有地域性、民俗性、广泛性、群众性、公共性、创新性等基本特征。

1. 地域性

民族是"人们在历史上形成的一个有共同语言,共同地域,共同经济生活以及表现于共同文化上的共同心理素质的稳定的共同体"[②]。这种稳定的共同体是以地域性为形成标志的。地域性是指一定区域的人们在文化、行为、语言、宗教、习俗等方面的共同方式,主要表现在行政区划、地理位置、地形气候和自然资源分布等因素的差异,以及生活习俗、消费特点的不同。群众文化活动品牌的地域性,是指流行于某些区域的、带有地方特色的或形成传统的群众文化活动项目。它包括由于地理、气候条件和文化等原因在某些特定地区或民族中流行的特色传统项目。从文化层面看,浙北水乡平原文化圈、浙中盆地和丘陵文化圈、浙南山地文化圈、浙东沿海平原和滨海岛屿南北错落、东西交织,分别承载着各具特色的民族民间文化。宁绍平原的民间戏曲清新秀美、婉约柔和、轻盈流畅,如嵊州越剧委婉清丽、缠绵隽永,体现了江

---

① 余明阳,戴世富.品牌战略[M].北京:清华大学出版社,2009年,第5—8页.
② 《斯大林全集》,第2卷,第294页.

南水乡的独特风味;而产生于金衢盆地的金华婺剧长期在农村草台演出,形成了"轻文重武、轻小重大"的风格;作为山地文化代表的松阳高腔则保留了民间戏曲的原始、质朴,表演粗犷、热烈、神秘,明显地反映出"村俗戏文"的特点;岱山渔民吆喝的渔歌号子粗犷、豪迈、浑然有力,且节奏性强,是粗朴的生活之歌、劳动之歌、海洋之歌。此外,浙江的剪纸、刺绣、染织、编织和灯彩享有盛誉。以嘉兴秀洲、宁波慈溪和舟山代表的农民画和渔民画更具影响力。浙江民间的舞蹈、音乐、器乐、戏曲、曲艺独具特色,群众文化的众多领域在全国颇有影响。全省涌现了一批"中国民间绘画之乡"、"中国民间艺术之乡"、"中国根艺之乡"、"中国民间曲艺之乡"、"中国摄影之乡"等群众文化活动品牌。

我们知道,品牌需要个性支撑,但是与一般意义上的品牌不同的是,群众文化活动品牌的个性必须包含鲜明的地域性,并从中提炼品牌的核心价值。群众文化活动往往局限于一个特定的区域。比如走过了十多个春秋的"舜江之夏"艺术博览月仅在余姚市的范围内,从品牌的名称上就体现了余姚的地域特色——舜江是余姚的母亲河,从西向东穿城而过;"鉴湖之春"文化艺术节仅限于绍兴市区。一个群众文化活动品牌要有生命力,要成为当地群众的情感纽带与心灵烙印,就必须富有浓郁的地方特色,体现"人无我有"或者"人有我优"的品牌要素,否则就失去了活动品牌的立足之本。

首先,群众文化活动品牌的文化内涵决定了坚持地域性的必要性。每一个品牌都有自己独特的文化内涵,使之与其他品牌区别开来,群众文化活动品牌也不例外。这种独特的文化内涵是在各自不同的环境中提炼出来的,从企业品牌来说,与企业的经营理念、奋斗目标、管理模式、成长历史等等密切相关,而对于群众文化活动品牌来说,则除了目标、理念之外,还需要从当地的历史地理、文化传统、共同的经济基础等综合因素中提炼出与众不同的文化内涵来。在交通发达、交流频繁的今天,如果离开了地域性,又从何处去寻找个性化的东西?又如何创建一个有着独特内涵的群众文化活动品牌呢?

其次,坚持地域性才能维系品牌强大的生命力与亲和力。情感依赖程度的高低决定着品牌生命力与亲和力的强弱。当我们在活动品牌上打上地域个性的烙印,该区域内的群众就会不自觉地产生情感依赖。这个烙印越鲜明,情感的依赖程度就越高。就好比海边的人一说起海鲜就会有共同的话题,陌生的人也会变得没有距离感;余姚人一说起余姚犴舞,就多了几分亲切感。又如象山每年举办的开渔节展示当地传统的渔业文化,得到了渔民普遍的认可。在某个区域内知晓度和公认度越高,该活动品牌就越是受到大家的信赖与追捧,其生命力与亲和力自然也就越强。

再者,地缘与人缘的内在关系决定了坚持地域性是科学建设群众文化活动品牌的重要支撑。俗话说远亲不如近邻,因为地缘关系,使居住在同一个地域内的百姓多了接触的机会,方便互相关心、互相帮助,从而建立起比较稳固的人缘关系,在长期的生活中又形成了共同的价值观。山东人的豪爽、江南人的细腻,等等,就是因地缘结成人缘,再形成共同的特征的。因此,只有坚持地域性,活动品牌才能产生强大的凝聚力。

坚持地域性,就是活动品牌的内涵随着时代的进步不断发展丰富的同时,要充分绽放地域的个性魅力,保持独特的文化内涵。

一方面,要牢记当地历史文化传统,提炼精华部分,融入品牌活动的文化内涵中,成为与其他地方活动品牌区别的标识之一。品牌的内涵集中体现的是——当地优秀的传统文化与文化传统;人们共同的艺术审美心理;符合真善美的风俗习惯,等等。比如泗门镇元宵灯会的文化内涵就体现了泗门悠久的历史与灿烂的文化以及长期积淀形成的文化传统。

另一方面,要牢记当地自然地理特征,高度概括后,融入活动品牌中,成为另一种区别于其他品牌的标志。比如在名称上,很多地方就把群众文化活动品牌取名为"滨海之韵"、"海岛之秋"、"高原红"等与当地地理特征密切相关的名称,让人一目了然当地的地理情况。同时,由地理特征形成独特的文化特征,如沿海地区形成的是与海相关的海文化习俗,居住在高原一带的人们则形成了高原文化,并深刻地影响到当地的历史发展、生活与生产状态以及风土人情。

2．民俗性

民俗是指一个地区在自己的历史发展过程中逐渐形成,反复出现并代代相袭的生活文化现象。其表现形式为民间戏曲、民间音乐、民间舞蹈、民间美术、民间风情等群众文化活动,它是群众文化活动品牌的基础。浙江是我国戏曲史上著名南戏的发源地,对民间戏曲的发展有着深远的影响。南戏,又称"戏文",是宋、元时期南曲演唱的戏曲,因最初产生于浙江温州地区,故也叫温州杂剧。一般认为,南戏是中国戏曲最早的成熟形式之一。目前浙江的民间戏曲主要有越剧、绍剧、婺剧、甬剧、湖剧、瓯剧、姚剧、温州乱弹、新昌高腔,以及流行于杭嘉湖地区的昆剧、评弹等。民间美术是广大人民群众创造的,以丰富民间活动为媒介,以美化生活和表达美好愿望为目的,在日常生活中应用和流行的美术。民间美术作为民俗文化的视觉形象载体,它的内容和形式大多受民俗心理和民俗活动的制约,使民间美术具有鲜明的民俗性特征。传统的民间文化活动因其形式和内容几乎已经固定下来并很少变化,如春节时的秧歌、花灯;端午节的吃粽子、龙舟比赛;八月节的赏月;七月十五的祭典活动等都属于这一类,它之所以很少变化,是由于这些传统活动早已在人们中间形成了被人们所接受、所承认的固定模式,因而形成了传统的群众文化活动品牌。又因各地的风俗习惯不同,便有不同形式和内容的群众文化活动品牌,如西湖狂欢节、象山开渔节、云和开犁节、温州的拦街福、畲族的三月三等等。

3．广泛性

群众文化活动品牌的广泛性是由群众文化的文化主体所决定的。群众文化的主体是全体社会实践者,是全民性的,它的文化内容和价值取向通过通俗的、丰富的活动形式,在社会各个阶层都能得到传播。

群众文化活动的开展,不受民族、区域、季节等时间和空间的限制,因而在全省各地均能得到发展。群众文化活动的这种广泛性,决定着群众文化活动品牌的内容与形式的丰富多样性,也决定着它的运行方式的区域化。从文化艺术节的活动种类和社会化程度及群众参与面的角度,文化艺术节具有广泛性和社会性。从活动种类上的广泛性来看,包括文化和艺术类别,如展览、文艺演出、比赛、讲坛等;从参加人员的广泛性来看,包括不同年龄、不同职业的人员;从参加部门的广泛性来看,涵盖了党政机关及企、事业单位以及工、青、妇、工商联等社会团体组织。

4. 群众性

从活动性质和活动方式的角度,群众文化活动具有群众性。群众性有三层含义:一是在本质上体现群众的主体地位;二是与专业文化相比,是一种以非职业性为主体的群众文化;三是在活动方式上与个体性相比,是一种以群体性活动方式为主体的区域文化活动。群众性表现在群众在群众文化中的主导地位和自主性以及在群众文化活动中的自我性,以群众自我娱乐、自我教育为主。文化艺术节基本上是一种集体活动,活动群体广泛,有较强的群体意识,这种集体意识使他们的感觉、思想和行动与每一个单个人处于孤立状态时的感觉、思想和行动截然不同,群体规范促成了群体成员行为的一致和协调。群众性要求群众文化的供给、服务对象面向全体群众,努力满足群众的文化需求,一切群众文化活动必须符合群众的意愿,不断提高群众的文化实践能力和占有水平。群众性是一个可以量化的指标。具体地说,群众性包含群众的参与度与受众面。参与度指的是直接投入到这项活动中去的人数;受众面是指观赏的人数和辐射各阶层群体的广度。这两方面更主要强调受众面。这是社会效益的最直接体现。"项目"与"区域"应按其规模大小制定量化比例。如每次活动市级项目,受众应不低于十万,区级项目应不低于一万,街镇级项目的受众应不低于千人次。

群众文化活动的目的是为了满足人们自身精神文化生活的需要。因此,群众是主体,活动要符合人民群众的意愿,在活动的设计和构架上要充分考虑其参与性和互动性,使群众能够乐在其中,没有群众的参与便不是群众文化活动。

首先,群众文化的本质特征决定了群众文化活动的对象必须是群众,其文化的归类属于非专业的。现在有些地方说是举办群众文化活动,但舞台上亮相的却是专业的演员,观看者是寥寥无几的一些关系户,普通群众被拦在了外面。这样的活动脱离了群众,所以不能称之为群众文化活动,当然也就不能作为一个群众文化活动的品牌去培育。

其次,建设群众文化活动品牌的目的决定了我们任何时候都要把群众受益放在首位。建设群众文化活动品牌是为了扩大活动的影响力,达到普通活动无法企及的高度,通过品牌无形资产的功效实现活动最大的社会效益,更好地满足人民群众日益增长的文化需求。

再者,坚持群众文化活动品牌的群众性也是构建中国特色社会主义和谐社会的需要。和谐社会,首先体现在人与人之间的和睦相处,只有当最广大的人民群众相互之间建立了友好互助的和谐关系,才有了构建和谐社会的基础。当我们把活动品牌的建设建立在广泛的群众基础上,把社会主义核心价值观、社会主义荣辱观潜移默化地植入每个人的心田,大力弘扬真善美,鞭笞假恶丑,人与人之间的关系就会变得单纯、透明而美好。

5. 公共性

公共性是一种公有性、共享性和共同性,它一方面来源于资源性,另一方面来源于人性。群众文化活动品牌对于本地区来说具有公共物品的性质,它是区域内全社会共同的无形资产,群众文化活动品牌一旦产生,全社会成员都会享受到群众文化活动品牌给它带来的利益。即无偿为人民大众提供健康、向上的文化服务。公共性既是服务型政府的基本属性和明显特征,也是文化以及文化产品和服务的内在本质。服务型政府的公共性和文化的公共性将文化发展与政府职责联系在一起。提供充分的公共文化服务、满足公众对公共文化的需求、保障公民的基本文化权利,是体现群众文化活动品牌公共性特征的根本要求。在组织和开展群众性文化活动中充分体现"人人享有文化"、"人人参与文化"、"人人创造文化"的精神,在全部活动中,提供公益性服务活动不少于80％。公共性必使品牌更受尊敬,品牌因公共性更具价值,可以说,公共性是群众文化活动品牌的显著特征之一。因为品牌一旦形成,也意味着公信力的确立。品牌需要独特性、个性化,而在低层次上,大家越来越趋同、一致,而进入高层次的品牌,它能够提供别人提供不了的表达、观念、价值。这个时候,也意味着更高的公信力。例如浙江图书馆讲座联盟等具有很高公信力的社会公益品牌。

6. 创新性

创新是一个品牌生存和发展的灵魂所在,对群众文化活动品牌亦是如此。在现代的群众文化活动品牌发展中,创新性这一特征已越来越明显地体现出来。一般的群众文化活动已不再能打动人们,群众文化组织进一步拓思路、出新招、重实效,着力构建群众文化活动平台,弘扬先进文化,扩大品牌效应,打造知名品牌。

首先,项目创新。依托地域深厚的历史文化积淀与人文资源,挖掘与创新民族民间文化艺术的个性特征,打造具有特色的群众文化活动品牌,这些项目群众的参与度高、艺术的亲和力强,深受市民百姓的喜爱。如浙江各地的元宵灯会在秉持传统工艺及传统文化的同时,适时注入一些创新元素,让群众在传统灯会中感受到耳目一新的灯会风采。特别是已连续举办了12届的"运河之春"元宵灯会,借力杭州运河综保工程中保护性开发建设的运河文化景观节点,以古运河厚重的历史文化积淀为创作源,对运河文化进行挖掘、整理、加工、提高,融入灯会之中。推出了具有古运河人文历史景观的"湖墅八景"及拱宸桥、香积寺塔、高家花园、珠儿潭等系列组灯和"十里银湖墅百米风情画卷"等创意彩灯系列。该类彩灯以景观和房屋为灯,艺术地再现了古运河畔帆樯卸泊、百货登市、行栈密集的繁华景象,再现了武林门外鱼担儿、米担儿的生动场面,结合运河两岸的火树银花及百余串大红灯笼的亮灯,营造了"十里银湖墅"和"天上银河落人间"的璀璨意境,受到了群众的欢迎和媒体的关注,已成为杭州市拱墅区打响"运河文化"品牌的活动之一,2008年被列入第二批杭州市非物质文化遗产名录,2009年成为浙江省民俗传统节日保护基地,并被列入全省民俗旅游项目。又如桐庐剪纸在传统剪纸飞禽走兽、花卉瓜果、神话故事的基础上,桐庐剪纸艺人大胆将当代现实题材纳入了创作视野,扬江南剪纸所长,逐渐形成了"凝练概括、厚中见重、玲珑剔透、含蓄华丽"的独特艺术风格和鲜明的地方特色。同时汲取了套色木刻、国画渲染及民间美术的斗色手法,创作出套色剪纸、染色剪纸和斗色剪纸,丰富了传统民间剪纸的表现方法。1998年浙江省文化厅命名桐庐为"浙江省民间艺术之乡"。2003年3月又被文化部命名为"中国民间艺术之乡"。

其次,科技创新。文化与科技的结合以及文化科技的创新,为培育群众文化活动品牌插上了腾飞的翅膀。科技创新使文化的表现形式更加多姿多彩。高新技术在文化领域的广泛应用,大大丰富了各类文化产品的表现力,显著增强了文化产业的发展活力。数字影像、声光多媒体、LED显示、数字三维虚拟展示等诸多高新技术的应用,明显提升了传统演艺、会展及大型文化传播活动的表现形式和感染力。3D、4D、电脑特技等数字技术在电影制作中的应用,大大丰富和增强了人们对传统影视产品的感受和体验,同时也为影视业的发展提供了更为广阔的空间。科技的每一次重大进步都给文化的表现形式、发展样式、传播方式带来重大变化。特别是数字技术、网络技术的迅猛发展,为思想文化传播提供了新的载体,催生了新的文化业态。要引导文化工作者反映现实生活,加强内容创新、形式创新、手段创新,提高文化原创力,创作具有深刻思想内涵、独特艺术魅力、群众喜闻乐见的优秀作品。

再次,形式创新。要善于运用现代技巧和群众喜闻乐见的形式增强文化的表现力,不断创造新的文化样式,催生新的文化品牌,实现文化品种、样式、载体、风格的极大丰富,使群众文化活动品牌更加多姿多彩。如长兴县举行"百叶龙"加工研讨会,会议请来了国家级、省级著名民间舞蹈艺术家和民间艺人共同参与"百叶龙"改编创新,确定了传承与创新、普及与提高相结合,注重舞蹈意境提升的改编创新方案,对"百叶龙"在原貌的基础上进行加工改编。2000年,根据"百叶龙"已跟不上时代要求的现状,长兴文体局邀请省舞蹈专家来长兴共同研究后,决定对"百叶龙"进行重新加工改编,重振"百叶龙"雄风,展示"百叶龙"风采。改编后的"百叶龙"有三大突破,演员人数扩大了3倍,变舞台舞为广场舞;原先的一龙独舞为双龙齐腾。同时还重新制作了伴奏音乐,无论是服装还是道具,均以全新的阵容出现。2000年12月4日晚,"百叶龙"代表浙江省,与来自全国13个省市的代表队一起,参加了在台州市举行的世纪之交我国社会文化舞蹈艺术活动的盛会。以全新阵容出场的"百叶龙"融传统民间艺术和现代舞蹈技艺于一体,其清新秀美的江南水乡意境成为此次盛会一道亮丽的风景。民间艺术奇葩"百叶龙"以其神奇的艺术魅力一举夺得政府最高奖——全国第十届"群星奖"舞蹈大赛金奖。

三、群众文化活动品牌在经济社会发展中的影响力

改革开放以来尤其是党的十七大以来,浙江各地竞相举办了具有地域特色、传统特点、时代特征的群众文化品牌活动,形成了并在催生着包括活动、设施等诸多方面的品牌。这些品牌以其特有的吸引力、凝聚力,丰富活跃了广大群众的精神生活,推动着城乡群众文化事业的改革创新,也扩大了当地的知名度,推动了当地经济社会的发展。

(一)团队效应

群众文化团队是建设群众文化活动品牌的主体,既是城市社区品

牌性群众文化活动的骨干力量,更是农村品牌性群众文化活动的主力军。改革开放三十年,浙江群众文化团队从少到多,从弱到强,不断发展壮大。到 2013 年,全省农村活跃着 59741 多支业余文体队伍,集聚了 100 多万余名业余文体骨干,涌现出了一批特鲜明、成果突出的群众文艺创作群体。这些团队活跃在浙江大地,积极参与区域文化品牌建设,不仅数量众多,而且日渐成熟,形成各自特色。如杭州市上城区为整合队伍资源、提高队伍素质、规范队伍管理,为群众种文化提供优良环境,更好地发挥它们在和谐文化建设中的作用,在上城区委、区政府重视支持下,于 2007 年 6 月成立了上城区文艺团队联合会,有文艺队伍 346 支、会员 9800 余名,下设直属团队 36 支,街道社区团队 310 支。团队会员中已获得过国家级奖项的 183 人次,省级奖项的 316 人次,市级奖项的 581 人次,这是浙江省首个正规化、合法化的县区级文艺团队联合会,标志着该区群众文化队伍品牌建设进入新阶段。又如长兴"百叶龙"是浙江省代表性龙舞之一,源于清光绪初年流传在民间的《花龙灯》,龙身以一节节荷花灯组成,能在很短的时间内组合成龙身。2005 年,长兴县举行了规模空前的"百叶龙"大赛,12 个基地的 15 条龙参赛,500 多名演员齐集,由省文化厅组织民间艺术专家和舞蹈艺术家组成评委评选各项奖,进一步促进了"百叶龙"品牌建设。2008 年,"百叶龙"被列入首批国家级非物质文化遗产名单。等等。这些特色群众文化团队,正引领着全省群众文化团队向特色化、品牌化、规模化方向发展,从而使群众文化团队实现了由无规律、自发性活动到有规律、自觉性活动的转变,实现了由无主题、单一性活动到有主题、多样性活动的转变。

(二)辐射效应

"辐射"效应是指群众文化活动品牌所形成的氛围,通过向外围和周边扩散影响,促进或带动其他领域逐步实现整体进步。辐射效应是一个连锁反应的过程,从纵向和横向两个方向进行深度和广度的扩展。就纵向来说,辐射效应的产生是从无到有、从小到大、从弱到强的过程。地处东海之滨的象山县从1997年起成功举办了17届中国象山开渔节,通过祭海典礼、妈祖巡安、中国渔文化大巡游等系列活动,展现渔区古老的传统民俗文化,展示现代渔民的精神风貌,体现人与海洋和谐发展的主题,把中国开渔节办成了全国知名、国际有影响的渔民的节日、渔文化的大典、海洋旅游的盛会。开渔节的活动内容,在改革传统习俗的基础上,赋予体现当代渔民精神风貌和社会文化特色的积极成分。以祭海、放海(放鱼苗和海)、开船等仪式表达政府和社会各界欢送渔民出海,祝愿他们出海平安,满载而归;引导广大渔民热爱海洋,保护和合理开发海洋资源。开渔节以"开渔"为号召,请来四方客人,举行带有"海"字文化特色的文艺活动,利用开渔节这一文艺舞台,演奏开发海洋、保护海洋、经贸洽谈、滨海旅游、学术交流等推动发展经济的交响曲。2005年度荣获中国节庆50强、中国旅游节庆市场游客满意十佳品牌,2006年度中国十大自然生态类节庆,2006年度中国十大最具潜力节庆,2007中国十大品牌节庆,在人民网"2008年最受关注地方节庆"评选活动中名列首位,在首届节庆中华奖评选中荣获组织奖……开渔节打响了象山的品牌,象山对外的知名度不断扩大,象山的海洋文化和渔文化得到了弘扬。从横向扩展看,如"中国畲乡三月三"传统节庆活动,自2001年开始,景宁"畲族三月三"逐步实现与旅游的结合,并开始走上常规化、档次化之路。统一使用"中国畲乡三月三"品牌名称,形成了主题品牌;政府主导、企业支持的组织模式逐步走向成熟,经济社会效益向良性循环发展;文化内涵与载体设置有较大扩展,除祭祀、对歌两种固定保留形式外,传统体育与趣味农活竞技、原生态文化踩街、畲族非物质文化遗产展示、大型篝火晚会等延伸性内容使每次活动各有侧重,呈现亮点;活动外向性层次也逐步提高,全国畲族服饰设计大赛、山歌大赛、摄影大赛,畲族文化与旅游研讨会等载体将节庆推向了全国;宣传模式手段进一步提升,与知名艺术团体及媒体合作也走向新的层次,先后与中央民族歌舞团、央视七频道"乡村大世界"、台湾少数民族艺术团、浙沪知名作家、音乐家、书法家协会等进行了合作,大大提升了"中国畲乡三月三"节庆品牌的知名度。

(三)社会效应

社会效应是由群众文化活动形成自身的品牌后,引发、带动相关产业或产品价值提升的一种后发效应。随着群众文化活动在众多节庆活动中的知名度和影响力的进一步提升和扩大,它的品牌效应可以扩展到四个层次:第一,群众文化活动各个举办方的名气的提升,对进一步提升当地的知名度,充分展示城市全新形象,提高外界对浙江的了解程度将产生强大的影响力;也对提高市民素质、提高市民热爱本土的意识、提升热爱这座城市的荣誉感和责任感有很大的促进作用。第二,参加群众文化活动节会的各个展商的知名度的提升;第三,借用节会进行自身宣传的产品或企业可收到较好的经济、社会效应;第四,当地区域的整体形象将进一步提升,大型节会活动的成功举办,都将吸引来大批政界名流、知名企业、商界巨子和学术精英,为城市之间提供了一个相互探讨、协调立场、促进合作的平台。如全国独一无二的"平湖西瓜灯艺术节",每届都通过瓜灯这张名片,接待了来自全国各省市、自治区,以及全球几十个国家和地区的客商、政要,还有本地及周边地区的市民百姓数万至十几万人。2002年"西瓜灯文化节"由于提升了艺术品位,时间在中秋、国庆期间,参节人数高达40余万。每届瓜灯节的经贸活动都有几项至十几项中外商合资或独资项目达成协议,招商引资额达数千万元至上亿元不等,2002年"西瓜灯艺术节"更高达40亿元,创了历史最高纪录。2005年春节期间,平湖西瓜灯随平湖市人民政府文化代表团访问台湾,所到之处,受到台胞广泛而热烈的欢迎。平湖西瓜灯应邀参加了台北市的元宵灯会,观众达30万,瓜灯成了连接海峡两岸同胞手足之情的信物。日本NHK电视台在平湖拍摄了瓜灯专题片,在日本播出后受到日本民众的好评,直接推进了中日文化和经济的交流,促进了平湖外贸经济的发展。又如浙江省未成年人读书节,自 2005 年首届未成年人读书节举办以来,全省公共图书馆共开展各类活动 3000 多场,直接或间接参与读书节活动的读者数量高达数十万人次,读书节已经成为全省 900 万未成年人的阅读盛会。卓有成效地促进了公共图书馆的青少年服务向纵深发展。读书节通过研究未成年人的阅读兴趣特点,创新设计多种贴近青少年生活、拓展青少年视野、满足青少年求知渴望的读书活动,为未成年人积极参与、发挥创意提供了广阔的空间;形成了公共图书馆新的发展引擎。读书节积极整合社会资源,邀请省妇联、省作协、省关工委、团省委、省市教委以及各地相关单位参与协办,广泛聘请各领域专家学者参与讲座、荐书等活动,并努力将合作常态化,形成了推动公共图书馆事业发展的新力量,带动了全省公共图书馆事业的整体发展。搭建了公共图书馆新的均等化服务平台。开展特殊群体捐赠书活动,为外来务工人员子女和贫苦地区学生募捐图书数万册。未成年人读书节已成为促进公共图书馆服务均等化的新平台。

(四)传承效应

培育群众文化活动品牌的过程,实际上就是弘扬、传承民俗民间文化的过程,通过举办民俗展示展演活动,既弘扬了民族民间文化艺术,又激活了人们对民族民间文化艺术的热爱和崇尚,使民众在欣赏和参与中对非物质文化遗产保护和传承的意识得到增强。传承效应的产生是通过利用民间重要的节庆品牌活动,组织民间艺术大师、民间艺人当场表演传授各类技艺来实现的。当前,传统民间工艺大都是个体手工作坊,家庭式世袭相传的,一些闻名遐迩的民间艺术由于纹样、版式、工艺的失传失去了原有的品味和魅力,有的后继无人、风光不再。但是一些民间艺术和工艺还是适合现代社会的。我们将这些单兵作战的民间艺术通过组织手段,相对集中起来,进行大兵团作战,通过宣传、包装,产生轰动效应,使民族民间文化艺术赖以生存和传承。如温州的拦街福、嵊州的艺术村、桐庐的民间剪纸艺术节、秀洲农民画艺术节、青田石雕文化节等是传承民族民间文化艺术的有效平台。而中华民族的传统节日,尤其是民间庙会,则是人们对民间记忆的一种历史重复和寻根意识的场合,那些在民间庙会上展示的民间工艺品都是参会群众实实在在握在手里的美好记忆。比如永康方岩庙会纯粹是民间文艺体育大汇聚和民俗风情大展示,规模大,范围广,涉及大半个浙江省,其中不少优秀节目如十八蝴蝶、九狮图等得到传承发展,已走出浙江,走出国门,成为世界级的区域文化品牌。因此,民间庙会既是展示、宣传、交流民族民间文化艺术的最佳舞台,也是培育民间文化艺术爱好者的肥沃土壤,同时,也使民族民间文化艺术不同程度地得到了传承和保护。

第三章　浙江省群众文化活动
品牌发展历程

改革开放三十多年来,群众文化活动品牌经历了启蒙、酝酿和发展时期。在这个过程中,浙江各级党委政府和文化部门及广大群众文化工作者逐渐意识到了品牌战略的重要性,经历了一个从无意识到有意识、从感性认识上升到理性认识,从自发行为走向自觉实践,从品牌战略缺失到实施品牌战略的过程,并通过平台建设、精品战略、非遗传承、群众参与、宣传推介、文化交流等途径,大大推动了群众文化活动品牌从无到有、从少到多、从小到大的蓬勃发展。

一、浙江省群众文化活动品牌发展的历史回顾

群众文化活动品牌发展真正兴起于 20 世纪 80 年代,源自于改革开放和市场化经济的发展。改革开放以来,浙江省群众文化活动品牌从无到有,从少到多,大致经历了以下三个发展阶段:

(一) 启蒙阶段(20 世纪 80 年代)

党的十一届三中全会以来,在改革开放的浪潮中,浙江的群众文化工作得到全面恢复,全省群众文化活动发展迅猛,涵盖广泛,内容丰富,形式多样。这一时期,恢复并举办新项目的全省性大型业余文艺会演、调演,包括戏剧、曲艺、音乐、舞蹈、器乐等综合的或单项的检阅

与竞赛,同时还有摄影及各类美术作品的展览与评比。通过汇演、调演和展出、评奖,促进了群众文化活动品牌的形成。改革开放的头 10年,较有代表性的品牌如始于 1980 年的上虞市"娥江之春"音乐会,以其延续时间长、参与面广、影响力大而成为响亮的群众文化活动品牌;始于 1981 年的庆元县"月山春晚",比央视春晚还悠久,是中国最山寨春晚;始于 1983 年的武义县"文艺百花会",一直鲜活上演原生态的乡土节目,成为当地农民的一道文化大餐;始于 1985 年的绍兴市"中国兰亭书法节",为传统书法文化的当代转换,寻找了一条科学的演绎之路;始于 1986 年的常山、江山、玉山三县(市)的"三山艺术节",是一项联合举办的省际毗邻地区的群众文化联谊活动,开创了当代中国文化走亲的先河;始于 1987 年的杭州市"三江歌手大赛",立足本土草根选秀,历史相当悠久,比湖南卫视的大众歌手选秀赛"快乐女声"早 22年;始于 1988 年的慈溪市"艺术节",是集展示、展演、展评于一体的群众性的文化艺术盛会,等等。

这一时期,由于经济发展刚刚起步,文化机构大都处于重建阶段,群众文化活动继续贯彻"业余、自愿、小型、多样"的方针,各种群众文化活动呈现规模小、档次低、影响力弱和品牌数量少的特征,因而消费群体对品牌的理解还处于一知半解,这个时期对品牌的认识处于启蒙期。究其原因主要有:一是政治因素。群众文化在粉碎"四人帮"以后的 2 年时间,处于徘徊的阶段,1978 年 12 月党的十一届三中全会召开,开启了群众文化发展的新篇章。1981 年 8 月 15 日,中共中央发出《关于关心人民群众文化生活的指示》(即中发〔1981〕31 号文件),批转了中央宣传部、文化部、共青团中央《关于活跃农村文化的几点意见》。这是新中国成立以来中央关于文化建设颁发的第一个红头文件,提出了"加强领导、积极发展、因地制宜、量力而行、讲求实效、稳步前进"的群众文化工作方针,要求各级党委和有关部门重视人民群众的文化生活,切实解决在这方面存在着的各种有可能解决的困难问题,引导人民群众的文化娱乐活动走上更加丰富、更加健康的轨道。

1982年党的十二大对农村文化建设提出了具体要求,将实现"县县有文化馆、图书馆、乡乡有文化站"列入了"六五计划"。1983年9月10日颁发了中共中央批转中央宣传部等四部门《关于加强城市、厂矿群众文化工作的几点意见》(即中发〔1983〕34号文件)。这两个文件是群众文化振兴时期强有力的推手和保障。这一时期,农村文化中心和乡镇文化站逐步建立,文化活动空前高涨,汇演、调演形成制度,各类文化单位频频建立,文艺刊物、研究著作不断问世。二是经济因素。在这一阶段,浙江各地认真贯彻改革、开放、搞活的方针,农村普遍推行家庭联产承包责任制,城镇逐步突破禁区,放宽政策,个体经济开始发展。昔日农民但求温饱,如今农民富而思乐。市场经济的快速发展,各级相继出台惠农的政策,大大地改善了广大农民的物质生活,祖祖辈辈"吃饱穿暖无它求"的庄户人,萌生了丰富精神生活的愿望,各地农村纷纷建起了文化活动场地,有的还办了业余剧团,以供农民休闲娱乐,极大地丰富了群众文化活动的活力。三是文化因素。1979年10月16日,浙江省文化局颁发了《浙江省文化馆工作试行条例》和《浙江省公社文化站工作试行条例》,对文化馆、文化站的性质、工作任务、服务对象、干部、经费等作了具体的规定,对于浙江文化馆、文化站工作的开展起到了很好的规范作用和推动作用。"六五"期间,我省有文化馆93个、文化站3505个,提前一年完成国家"六五"计划"乡乡有文化站"的目标。1984年,浙江省有群众业余演出组织1841个,群众业余创作组织1543个,已初步形成了一个比较完善的群众文化队伍网,标志着群众文化活动已发展到一个新的阶段。文化馆站通过组织、辅导群众文化艺术和娱乐活动,丰富了群众文化生活,造就了艺术人才,成为当地群众文化艺术活动中心。

(二)酝酿阶段(20世纪90年代)

随着市场经济的不断发展和群众文化需求呈现的多样性,各级文化部门开始意识到品牌对于发展群众文化的紧迫性和必要性,国内理论界和消费者的品牌意识也逐步增强,群众文化活动品牌出现了向专题化、系列化方向发展的趋势,逐渐形成了按时序、按活动内容、按艺术形式等划分的系列或专题活动的局面。一是按时令、节庆开展的系列群众文化品牌活动。如始于 1997 年的杭州西湖狂欢节,它是西湖博览会中的一项重要群众文化活动,也是一项充分展示中外民间艺术成果、活跃和丰富广大人民群众文化生活的标志性城市文化活动品牌。它由 2000 年西湖踏歌活动沿袭发展而来,作为西博会一项已连续举办六年的活动,是深受广大群众喜爱、杭州市群众参与面最广的重要国际性文化艺术交流和大型群众文化活动。狂欢节传承了历年踏街巡游、艺术展示交流等活动,注重活动内涵的深化、扩展,形式的创新、变革,使之更具艺术性、时代性、人文性、开放性、休闲性。始于 1998 年的"运河之春"元宵灯会,以运河文化为主题至今已连续举办了十多年,其规模和效应逐年有了扩大和提高。每年还会结合运河文化和当年生肖,呈现出不同的内容。灯会期间,运河拱墅段两岸沿线 10 多公里张灯结彩,水波倒映。成千上万盏彩灯,点亮了运河沿线、湖墅南路繁华街区以及小河直街、拱宸桥边运河文化广场、信义坊广场等地,异彩纷呈。曾荣获杭州市政府等颁发的最佳灯区奖、最佳创意奖等多种奖励;被有关专家誉为最具文化特色和区域特色品牌的灯会。始于 1998 年的中国·象山开渔节,每年一届举行的"开渔节"开创了中国独一无二的海洋庆典活动,具有浓郁的渔乡风情和海滨旅游特色,是中国著名民间节日之一。东海渔民自古以来就有开捕祭海的民俗。当地政府和有识之士将渔民的自发仪式上升为一个海洋文化的盛大典礼,集文化、旅游、经贸活动于一体,赋予其丰富的文化内涵和鲜明的渔乡特色,锣鼓齐鸣、千帆竞发的开渔盛况吸引了来自全国的数十万游客。2008 年象山被授予"中国渔文化之乡"称号,2010 年被文化部命名为国家海洋渔文化生态保护实验区,2010 年荣膺新世纪十年首批中国节庆名县。始于 1995 年的绍兴大禹祭典,主办方以公祭大禹陵典礼,带动中国兰亭书法节、绍兴风情旅游节、中国绍兴茶文化节,实行一节带多节,整合节会资源,实现资源共享。利用各类媒体和互联网等手段,创设一些活动载体,开展丰富多彩的群众文化活动,增强公祭活动的互动性,努力扩大活动的参与面,增加社会公众对活动的知晓率,真正使得这次大规模的国家级的祭祀活动,让各级领导满意,群众满意,社会各界满意。2006年5月,"大禹祭典"入选第一批国家级非物质文化遗产名录。2007年公祭大禹陵典礼由国家文化部、浙江省人民政府共同主办,绍兴市人民政府承办,公祭大禹陵典礼升格为国家级祭典。

二是按内容开展的专题群众文化品牌活动,如始于1991年的平湖西瓜灯文化节。刻瓜制灯在平湖一带已有200多年的历史。所谓西瓜灯,就是将西瓜瓜瓤挖去,在瓜皮上雕出各种精美的图画,内点蜡烛(或灯泡)而成的一种特殊的季节性观赏灯。一年一度的西瓜灯文化节,不仅成为平湖传承传统文明的重要佳节,也成为广交四方客商的重要盛会。平湖西瓜灯在全国独一无二,更是中国一绝、华夏一奇。始于1997年的洞头县"渔家乐"民俗风情节,依托洞头风情民俗,融合异域文化,寓于渔家乐活动中,更加突出参与性、趣味性、娱乐性、文化性、休闲性,多层面展示洞头独特的自然、人文旅游资源,提高洞头旅游文化内涵。始于1999年的桐乡菊花节,以菊迎客、以菊会友、以菊兴旅,主要活动包括菊风、菊商、菊展等观赏旅游、经贸洽谈、商品展销、文化活动等。举办菊花节,旨在充分发挥桐乡特有的经济、文化、旅游资源优势,弘扬传统文化,拓展桐乡旅游事业,提高城市品位,推动地方经济特别是传统杭白菊产业的发展,让世界了解桐乡,让桐乡走向世界,吸引更多的中外游客来桐乡观光、经商、旅游,促进桐乡对外开放和经济、文化、旅游事业的发展。始于1999年的嵊州中国民间越剧节,以"越剧为媒、广交朋友、促进发展、繁荣嵊州"为宗旨,举行了越剧演出,戏迷演唱大型广场文艺晚会,越剧理论研讨,科技交流,经贸洽谈,越乡风情游等活动。嵊州市的中国民间越剧节荣获"2010中国十大著名节庆"称号。三是按艺术形式开展的专题群众文化品牌活动,始于1992年的中国·青田石雕文化节,通过征集确定了文化节的吉祥物"封门娃"、主题口号"青田·美石美刻都精彩"、节徽"凝固的花"。遵循"石雕牵线,文化搭台,市场运作"的办节思路,把石雕节办成溶文化、旅游、经贸于一体、在国内具有一定影响的雕刻艺术节。还有始于1992年的乐清音乐舞蹈节,始于1995年的中国·浦江书画节,等等。

这一阶段,从时代背景和社会条件上看,1992年邓小平视察南方重要讲话发表和党的十四大召开,标志着我国改革开放和现代化建设进入了一个新阶段。深化改革,扩大开放,发展社会主义市场经济,为文化发展奠定了基础,注入了活力。进入90年代以来,随着改革开放的不断深入,各地纷纷推出文化搭台、经贸唱戏的各种活动。由于商品经济的发展、知识经济的确立和文化产业的异军突起,突出文化的基础地位和经济的主角身份,因而"文化搭台,经济唱戏"是这一时期群众文化活动品牌的主题,以文化艺术节为主要形式的群众文化系列活动品牌的内涵、特征及其内在规律正被人们逐步认识并加以发展和完善。这不仅有力地促进了文化事业的发展,而且带动了地方经济的发展,从而使群众文化活动品牌建设在探索中大步前进。

(三)发展阶段(2000年至今)

进入21世纪以来,浙江省积极扶持重大文化节庆活动,对各地已举办多届、具有鲜明地方特色和广泛影响力的18个重大文化节庆项目给予指导和协调扶持,努力打造节庆文化品牌并发挥积极效应。组织开展浙江省社区文化艺术节系列群文活动、浙江省排舞大赛、浙江省十大城市戏曲演唱邀请赛、浙江省社区群众文艺汇演等大型品牌群众文化活动。开展了"图书馆服务宣传周"、"浙江省未成年人读书节"、"世界阅读日"等全民读书活动。成功打造了"钱江浪花"艺术团文化直通车巡演、"雏鹰计划"优秀儿童剧演巡演、"新年演出季"、民族艺术和高雅艺术进校园等服务品牌。"十一五"以来,组织"钱江浪花"艺术团文化直通车下基层演出 1200 余场,"雏鹰计划"优秀儿童剧进校园巡演 4200 余场,高雅艺术、民族艺术进校园演出 500 余场,"新年演出季"300 余场。目前已经形成了服务农民的文化品牌,受到农村基层群众的广泛欢迎,得到中宣部、文化部的表彰。与此同时,在全省扶持和引导以农民群众为主体的各类文化活动,对在农村文化活动中贡献突出的农村各类文艺团队,政府予以一定奖励。办好农村传统节庆文化活动、民间艺术活动、社团文化活动、文体竞赛竞技活动等,打造富有特色的农村文化活动品牌。浙江省涌现了如"中国·桐庐民间剪纸艺术节"、"宁波群星舞台"、"杭州群众文化网"、"嘉兴新农村嘉年华"、"中国·秀洲农民画艺术节"、"中国湖州国际湖笔文化节"、"中国·诸暨西施文化节","中国·衢州孔子文化节"等 100 多个具有知名度和美誉度的群众文化活动品牌。2010 年 3 月,中国群众文化学会发起了首届"群文品牌"展示评比活动,全国共有 90 余个群众文化项目推荐参评。经组委会评审,北京市推荐的"社区一家亲"系列文化活动、天津市推荐的"和平杯"中国京剧票友邀请赛、浙江省推荐的农村文化特派员驻点联村活动等 20 个项目被评为全国首批"群文品牌"。这是全国"群文品牌"首次集中亮相,预示着群众文化品牌化时代即将到来。

　　这一阶段,浙江省委、省政府高度重视文化建设,1999 年提出了建设文化大省的战略目标;2000 年颁布了《浙江省建设文化大省纲要》;2003 年部署了文化体制改革综合试点工作;2005 年省委十一届八次全会作出了《关于加快建设文化大省的决定》。2008 年 6 月省委召开工作会议,专题研究部署兴起文化大省建设新高潮、推动浙江社会主义文化大发展大繁荣的工作,出台了《浙江省推动文化大发展大繁荣纲要(2008—2012)》。这一系列政策文件,从不同侧面提出了文化建设的目标任务,并将文化建设由部门行为上升为政府行为,把文化建设的领导责任、规划、建设任务、投入(包括资金投入和政策投入)落到了实处,为形成一批以政府采购公共文化产品为主导的公益性文化品牌打下了基础,群众文化品牌建设呈现出系统化发展的态势。

二、浙江省打造群众文化活动品牌的成功实践

群众文化活动品牌建设不是一蹴而就的,必须立足于各地深厚的历史和现实基础。它离不开各级党委政府的重视、文化部门的指导和广大群众的积极参与。近年来,在全省上下的共同努力下,文化工作取得了快速发展,群众文化活动品牌建设也逐步从感性认识上升到理性认识,从自发行为走向自觉实践,主要通过平台建设、精品战略、宣传推介、文化交流等途径来实现。

(一)以加强平台建设为重点,构筑群众文化活动品牌支撑力

近年来,浙江各地围绕省"十一五"文化规划布局,打造一批展示平台、人才平台和网络平台,使之成为提升公共文化发展水平的重要保障。一是展示平台。为打造群众文化活动品牌,各地十分注重平台建设,一批集收藏、研究、创作、教学、交流、展示于一体的展馆相继建成,如秀洲中国农民画艺术中心、桐庐剪纸艺术馆、象山张德和竹根雕艺术馆、黄岩翻簧竹雕艺术馆、海宁皮影戏馆、丽水摄影博物馆、温州鼓词馆和宁海十里红妆博物馆。这些展馆发挥民间艺术的娱乐功能、教育功能、传承功能和文化交流功能,使过去分散、自发、个别的民间艺术活动走上有组织、有规模的展示平台,逐步形成了秀洲农民画、桐庐剪纸、丽水摄影等群众性、地方性、民俗性的特色文化品牌。特别是秀洲区委、区政府一直把"创作一批农民画精品,培育一支农民画家队伍,建设一批农民画创作基地,办好一个农民画艺术节"作为农民画文化品牌经营策略的方向,积极开展农民画艺术的展示和传播,以中国农民画艺术中心和农民画村(社区)为展示平台,充分展示秀洲区各个农民画基地和优秀农民画家的作品,使其成为秀洲文化有形的特色资源品牌。二是人才平台。浙江各地大力"实施文化人才工程",形成了

一套完整而行之有效的人才培养机制,建立人才培养专项资金,评选民间艺术家,把民间文化引进中、小学第二课堂,创办建立培训基地,积极组织各类培训活动。如长兴县出台了《长兴百叶龙艺术培训基地建设实施方案》,筹措资金100多万元,选择具备民间艺术传承条件的学校、部门和乡镇成立了12个百叶龙艺术培训基地,对首批475位业余演员进入基地训练,为打响百叶龙文化品牌提供人才支撑。又如青田县为培养一大批石雕人才,与中国美术学院、丽水学院开设青田石雕技艺进修班、培训班,以及成立青田石雕艺术学校,加强青田石雕艺人业务培训,进一步拓展艺人的知识面,激发创作灵感,提升石雕品牌的文化内涵。三是网络平台。互联网是建设社会主义先进文化的新阵地、公共文化服务的新平台和公众精神文化生活的新空间,发展健康向上的网络文化是推动文化大发展大繁荣的迫切任务之一。而在互联网技术迅猛发展这样一个大的时代背景下,浙江各地的文化互联网站一直通过植入传统文化、地方特色文化基因,在传播文化信息的同时,将群文网站打造成了交流传播、展示教育、资源保护、品牌推介和网络互动的新平台。据了解,目前,全省初步建立了100个群文信息网站,市级群文网站覆盖面达到60%以上,涌现了如中国青田鱼灯、曹娥庙、梁祝、海洋文化等专题网站。这些网站用现代网络手段及时发布各地文化动态,促进了区域之间文化资源的共享与互补。2007年,浙江省艺术网策划并承办了首届全省城市雕塑评选活动,此次活动采用网络发布和网络投票的方法,引起了全社会的关注,群众参与积极性高,短短一个月时间投票人数达20万,充分显示了网络开展活动的优势,同时也很好地体现了群众性和广泛性,取得了良好的群众文化活动品牌效应。

(二)以打造文化精品为重点,提升群众文化活动品牌感召力

编排创作为现代人所接受的精品力作,既是传承历史文化遗产的内在要求,也是增强群众文化活动品牌时代特征的必然趋势。一是通过规划立项实施文化精品工程。2005年,浙江省委作出加快建设文化大省的决定,明确提出实施文化建设"八项工程",作为其中一项的文化精品工程,就是扶持和推动文艺、社科、新闻、出版四类优秀文化产品的创作、生产和传播。重点扶持一批体现国家和浙江创作水准、具有全国影响的作品,一批在文化产业发展中具有良好社会效益、市场发展潜质和积极导向作用的项目,一批深受基层群众欢迎的公益性文化服务项目,一批弘扬浙江优秀传统文化、具有传承和创新意义的文化艺术成果,一批围绕中心和大局、研究重大理论和现实问题、具有突出贡献的文化项目。通过5年努力,精心组织创作生产了100项左右的各类文化精品。具体来说,文化精品工程通过规划与立项、监督与管理、考核与奖励三个环节的工作,对全省文化精品创作进行总体规划和宏观指导,对重点精神文化产品的创作、生产、传播过程实行全方位扶持,提高创作水准,确保精品质量。近年来,温州市积极推进文化大市建设,瞄准"五个一"等国家和省级重大奖项组织创作生产,积极扶持重点作品和签约作家创作,推出全省民族民间音乐歌唱比赛和温州民间音乐歌唱比赛,美术、书法、摄影成就作品展等一系列活动,打造了一批优秀文艺作品和有影响的文化品牌活动。二是通过节会赛事搭建文化精品展演载体。近年来,浙江省举办了两届中国越剧艺术节、两届浙江文化艺术节、两届浙江省社区文化艺术节、两届浙江省农民文化艺术节,每年轮流举办省戏剧节、省音乐舞蹈节、省曲艺杂技节及各市县主办或承办的各类节会(赛事)活动,不仅使之成为推动文艺创作生产、推出艺术创作表演新人、活跃城乡文艺舞台的重要载体,而且成为创建、培育和提升群众文化活动品牌的重要平台。三是通过设立奖励机制实施文化精品工程。根据浙江省基层公共文化建设"十二五"目标任务,省文化厅、省财政厅共同制订了《浙江省基层公共文化服务建设专项补助资金管理办法》(浙财教〔2011〕208号)。对群众文化活动品牌培育进行专项奖励:全省每年安排100万元,重点用于对一类地区的省级重大文化节庆活动的补助;扶持省本级重点群众文活动项目,对浙江省农民文化艺术节每届补助 50 万元(隔年举办),浙江省民俗民间艺术展示(花会)50 万元(隔年举办),浙江省社区文化艺术节每届补助 30 万元(隔年举办),浙江省合唱节 50 万元(隔年举办),浙江省"群星奖"系列活动每年补助 40 万元;对省文化厅评选出的为农服务"八个一百"优秀作品和创作群体等——给予补助。浙江省文化厅还下发了《关于省级群众文化活动及作品评奖有关事项的通知》,规范群文活动及作品评奖过程中的评委会组成、评奖程序、奖项设置等。特别要求各级文化部门对各类文艺比赛参赛对象的身份资格进行审查,严肃责任追究机制,以确保广大文艺爱好者公平参赛。我省在公共文化服务方面开展的重要奖项有:群星奖、优秀业余文艺团队、优秀群众文艺队伍、公共文化服务创新奖等。各地普遍制定了繁荣文学艺术创作的具体意见,激励广大民间文艺工作者潜心创作,打造一批体现优秀历史文化、反映时代精神、具有一流水准的文化精品力作。如海盐滚灯、舟山锣鼓《沸腾的渔都》、长兴百叶龙、临安水龙、嘉善田歌《五姑娘》、歌舞剧《畲家谣》、莲花落《一只红木箱》等品牌项目均获得过国家级大奖。

(三)以传承民俗为载体,不断提升群众文化活动品牌凝聚力

一是挖掘民俗文化。传统文化中,民俗是最具民族性的文化遗产。在现代人追逐时尚、全球性文化趋向同化的时候,民俗的丰富多样和其中包含的文化自信和民族自豪又重新为人们所认知,民俗回潮渐成时尚。浙江有着源远流长、绚烂多姿的民俗文化。如绍兴的大禹祭典,象山和岱山的渔民开洋、谢洋节,景宁的畲族三月三,桐乡的含山轧蚕花,德清的扫蚕花地,浦江的民间迎会,绍兴的水乡社戏,余杭的龙舟胜会,宁海的十里红妆婚俗等,——这些是已被列入国家级非物质文化遗产名录的,还有无数正列入或还未被列入省、市、县级名录的本土民俗,它们历经千年,却仍活色生香,得到了人民群众的广泛参与、认可和支持。二是挖掘节日资源。2012 年浙江各地在春节、元宵节期间广泛开展系列主题活动，大力叫响"我们的节日"品牌。在春节、元宵节期间，各地抓住外出群众返乡团圆的有利时机，广泛开展群众性基层文化活动，积极提供各类文化服务，满足了群众节日精神文化需求，营造了富有浓厚文化气息的节日氛围。杭州市在主城区四大广场举行2012年元宵灯会及丰富多彩的写春联、猜灯谜活动。温州市组织科技、文化、卫生、法律、计生"五下乡"开展送电影、送春联、送大戏、种文化等活动，并组织开展拦街福、猜灯谜、对对联、观灯会等市民游园活动。慈溪市级文化部门开展迎春团拜会，组织"瓯乐"专场演出，迎新年"百场戏剧进农村"，"新老慈溪人　共度欢乐年"文艺表演，"上林之韵"春节广场文化等多姿多彩、特色鲜明的群众性文化活动。余姚市开展丰富多彩的购书读书活动，开展送春联、自娱自乐吹拉弹唱、送戏下乡等活动。瑞安市以"欢度新春佳节共建幸福瑞安"为主题，在春节期间全力打造具有地方特色的节庆文化，丰富节日期间群众文化生活，营造欢乐喜庆、祥和文明的节日氛围。乐清各地相继上演舞板凳龙、划龙船、踩高跷、猜灯谜等文化活动，让市民热热闹闹过了个大年。平阳县隆重举行首届"龙腾平阳"2012平阳县春节联欢晚会，为全县人民奉献了一道精美且富有家乡风味的节日文化大餐。海盐县在"我们的节日"期间广泛开展送电影下乡、送戏下乡、送文化下乡等活动。嵊州市以市区广场文化为"龙头"，引领龙年新春文化；以乡镇部门种文化为"龙身"，深化越乡春节民俗文化；以镇村俗特色文化为"龙尾"，延伸节日文化进万家。龙游县在元宵节当日，推出以"龙灯龙舞闹龙城，龙年龙子兴龙游"为主题的龙游龙年元宵舞龙大赛活动，以活动展示的形式大力弘扬民间龙文化艺术。椒江区开展"十场讲座百场戏剧千场电影万幅春联"进社区、进农村、进企业活动，活跃基层群众节日文化生活。磐安县文联、县书法协会组织十多名书法家到盘峰乡榉溪村、尖山镇管头村和陈界村开展"送春联下乡"活动，为当地村民送去新年的祝福。江山市峡口镇把婺剧大戏送到老百姓家门口，把"看大戏"打造成为每年的新春"习俗"，从而增加年轻一代对婺剧这项国家级非物质文化遗产的认识，感受传统艺术魅力。遂昌县为各地游客献上以"乡村过大年"为主题的乡村休闲旅游丰盛大餐,伴随广大游客在遂昌度过了一个欢乐、祥和的春节。

(四)以群众参与为目的,不断提升群众文化活动品牌的辐射力

一是广泛开展广场文化活动。广场文化,顾名思义为城市广场所呈现的文化现象以及在广场之中所展示出来的文化。它包含富有文化气息、表现出较高美学趣味的广场建筑、雕塑以及配套设施;在广场上进行的专业或民间的各种艺术性表演或展示;广场中群众性的各种娱乐、体育等休闲活动,等等。广场文化的主要载体是各种含有文化与审美意味的艺术性活动。广场文化具有公共性、节庆性、群众性、自发性和广泛性等特点,因此能最大限度地动员、吸引群众参与其中。地处繁华闹市中心的武林广场,是浙江省群众开展广场文化活动最早、影响力最大的地方。从 1969 年建成至今,短短 36 年间,广场面貌几经变化,这里的文化活动也随之变化不断。武林广场作为杭城广场文化的风向标,具有典型性特征。打造文化大省,广场文化有着不可替代的作用。新时期的广场越变越美,新时代的广场文化越办越红火。广场文化活动的不可估量性、群众参与的直接性和广泛性,使它受到许多宣传媒体的青睐。如《钱江晚报》在武林广场举办的"激情夏夜名车闪耀"、"西博会广场茶艺展示活动"、"百琴齐鸣、走近七艺"百架钢琴大型广场演奏会等,是商业和文化结合得较好的典型代表。人们争先恐后地积极参与、观赏,在休闲娱乐中,净化心灵。广场文化从无到有,从形式单一到如今的丰富多彩,越来越为人们所关注。就杭城来说,目前开展广场活动较活跃的有武林广场、吴山广场、庆春广场、黄龙广场,以及正在建设中的西湖文化广场、运河广场……大大小小十几个广场;从全省来看,几乎每个城市、乡镇都有大大小小的广场,通过群众性的广场文化活动,进一步活跃了城乡群众文化活动,全面推进群众文化的繁荣与发展。使群众文化形成城市与乡村交融互动,传统与现代互相辉映,精品生产与大众文化并进荟萃的社会文化新格局;

并使群众文化活动形成社会化、经常化、网络化、规范化、制度化、品牌化的新型群众文化新体系。二是深入开展"种文化"和"文化走亲"活动。全省组织开展了"千镇万村农民种文化"活动。通过组织文艺骨干培训、农民文艺汇演、民俗活动展示等方式，发挥示范和引导作用，大力培育农民自办文化，极大提高了农村文化自我发展能力。许多地方的农民群众成立了腰鼓队、舞狮队、秧歌队、舞蹈队、民间乐队等，自己制作道具，自编、自导、自演，因地制宜开展了一系列群众性文化活动，对满足各年龄段农民多层次的文化需求起到积极作用。在"种文化"的基础上，我省还推行了以文艺演出和特色文化交流为主要形式的"文化走亲"活动，通过各市、县（市、区）对本区域的文化资源进行有效整合、提炼，自行组织品牌节目、代表人物到其他相邻或相近的市、县（市、区）开展文化交流，创新"种文化"载体，有效发挥基层文艺骨干主力军的作用，促进了市际、县际、镇际的联系与合作。三是大兴读书活动。以"我读书，我快乐，我智慧"为主题的，自 2005 年开始举办，每年举办一届的"浙江省未成年人读书节"。在浙江省委省政府的关怀、社会各界的支持下，由浙江省文化厅主办、浙江图书馆承办的浙江省未成年人读书节，充分展示了公共图书馆在提升未成年人文化素养方面进行创新性探索的可贵精神，塑造了新的浙江读书文化品牌，成为我省文化事业建设中的一件大事，赢得了社会各界的广泛好评。温州市图书馆作为中小型城市公共图书馆，近年来在坚持公益性讲座的基础上，积极拓宽渠道，联合社会力量，扩大社会影响，树立品牌形象，开展各类内容丰富的讲座。每年开展讲座、报告、竞赛、展览等公益性读者活动数量 200 余场，并形成以"温州学人讲坛"、"籀园讲坛"、"大榕树市民学堂"、"民营企业思想道德大讲坛"、"文明大学堂"、"女性课堂"等一系列比较成熟的讲座品牌，其中"籀园讲坛"被评为 2009 年浙江省优秀讲座品牌，"文明大学堂"被评为"浙江省全民阅读活动优秀项目"。读书节活动以其贴近读者、贴近生活、贴近百姓的特色而成为城市文化品牌和各界群众学习充电的助推器和加油站，最大限度地调动起社会各层面群体参与读书活动的积极性,不仅丰富了广大人民群众的精神文化生活,有效提高了市民的综合素质和文明程度,营造出浓厚的读书文化氛围,而且更好地保障了市民的文化权利,使社会文明和谐的氛围更加浓厚。

（五）以创新宣传推介为重点,扩大群众文化活动品牌影响力

各地在不断挖掘、保护和利用民族民间文化的过程中,充分发挥媒体的业务推介、形象推展和舆论支持作用,有针对性地加大推介宣传的力度、密度和广度,充分利用当地电视台、电台和报社等主流媒体以及各类报刊、网络的舆论辐射优势,积极构建全方位、立体化的推介宣传网络,多角度宣传推介自身的群众文化活动品牌,取得了较好的宣传收益。长兴百叶龙《泥土的芳香》、《皮影王》、《浦阳江畔闹元宵》、嘉善田歌《乡韵》等被拍摄成电影纪录片,萧山楼塔《细十番》被拍摄成休闲电视专题片,还曾在中央人民广播电台"故事新天地"栏目播送。此外,各地还利用文艺作品、专题活动、出版普及读物、画册影集、交通要道设立大型宣传广告等形式和途径,进行品牌的整合宣传,提高公众对品牌形象的认知度和美誉度,做大做强群众文化活动品牌。温州是南戏的故乡。2011 年 5 月,温州人着力打造戏曲故里品牌,举办了"中国戏曲南戏故里行",启动仪式上分别举行大型文献电视专题片《南戏八百年》开机仪式、高则诚故居纪念馆修缮动工仪式和祭拜南戏鼻祖高则诚仪式,国家文化部艺术司、省文化厅领导出席启动仪式;9 月开始陆续组织了南戏故里行的剧目展演等各项活动,先后邀请上海京剧院、上海昆剧院、浙江小百花越剧团、北京京剧院等名团展演《成败萧何》、《班昭》、《陆游与唐琬》、《群星会》等名剧;10 月举办首届全国戏曲票友联谊演出,来自全国 26 个省市的 200 多名戏曲爱好者集聚南戏故里的古戏台唱戏,演出 135 个折子戏和剧目片段;12 月中旬举行闭幕式暨南戏故里行戏曲晚会;2012 年春节期间温州电视台播出了《戏曲故里话南戏》两期新年特别节目,大力提升了中国戏曲故里的知名度。

（六）以推动文化交流为重点，增强群众文化活动品牌渗透力

近年来，浙江省委、省政府从建设文化大省的总体部署出发，把"走出去"作为提升区域文化品牌竞争力的重要战略任务来抓，积极参与国家重大文化交流活动，着力打造"浙江文化节"文化交流品牌，每年举办一个国外的"中国浙江文化周"和"台湾·浙江文化节"活动。"十一五"以来，交流项目和交流人次平均以 15% 和 51% 的速度递增。目前，浙江已与 112 个国家和地区开展了文化交流，与 58 个国家和地区建立了相对稳定的交流关系。交流的辐射面扩展到以美洲、欧洲的主流国家为主，近五年交流项目总量的 80% 在西方主流国家进行，有力地服务了中央以及省委、省政府对台工作的大局，构筑了浙江文化亮丽的海外风景线，基本形成了特色鲜明、优势互补、竞相发展的对外文化交流格局。在 2003 年至 2005 年的中法文化年中，来自全省新农村的民间广场舞蹈《长兴百叶龙》和民间绘画作为交流项目在法国展演，临安市山口镇、青山镇的《临安水龙》、《吴越双狮》和《猪八戒背媳妇》等民间舞蹈节目也先后赴法国尼斯参加国际民间艺术节表演。这些民间演艺、展览产品和服务项目，通过政府搭建的渠道和途径，进一步丰富了浙江省对外文化交流的内容和项目，扩大了浙江群众文化活动品牌在国际上的渗透力。2010 年，浙江省在海外举办的"欢乐春节"文化活动正成为在海外宣传中国和推动浙江文化"走出去"的重要品牌。杭州余杭滚灯艺术团赴新西兰参加"元宵灯会"，受到当地民众的热烈欢迎。浙江省积极发动各地和社会各界参与文化交流，据统计，2010 年全省共实施对外、对港澳台文化交流项目 747 起、8070 人次，项目数量创历史之最，其中引进项目 599 起，派出项目 148 起。

浙江省还在在全省范围内推广"文化走亲"活动，以文艺演出为主要形式，由各市、县（市、区）自行组织一台具有各自地域特点的综艺节目，到其他相邻或相近市、县（市、区）演出，开展市际、县际、镇际的文化交流活动。通过"文化走亲"活动，对本区域内的文化资源进行有效

整合,创新"种文化"载体、促进民间文艺创作繁荣,有效发挥基层文艺骨干主力军的作用,加强市际、县际文化交流与合作,进一步打响了各地的群众文化活动品牌。

三、浙江群众文化活动品牌的创建策略

当今时代,文化与经济、政治、社会相互交融程度正在不断加深。文化自觉的程度、文化建设的水平,深刻影响着群众文化活动品牌发展的内涵和进程。在新的历史起点上,培育群众文化活动品牌需要综合考虑多种因素,有主观原因,也有外部条件;有理念层面的,也有物质层面的;有内容,有形式;有初始效果,也有后续效应,等等。因此,群众文化活动品牌的形成不是一种"线性"的过程,而是多层面的、多因素协同作用的结果。基于这样的认识,在考虑群众文化活动品牌创建策略时,可从文化自觉、团队培育、特色营造、资源整合、项目创新、社会运作等六个方面入手寻找途径。

(一) 文化自觉是创立群众文化活动品牌的前提

所谓文化自觉,主要指一个民族、一个政党在文化上的觉悟和觉醒,它包括对文化在历史进程中地位作用的深刻认识,对文化发展规律的正确把握,对发展文化历史责任的主动担当。高度的文化自觉,不仅是培育文化活动品牌的思想基础和先决条件,而且决定着一个品牌的发展方向和文化内涵。经过多年的探索与努力,全省虽然初步形成了一批群众文化活动品牌,但是在文化创新方面还存在许多不足。一是领导重视程度不够,对文化品牌缺乏战略性思考和长远规划。在新农村建设中,不可避免地使一些文化资源面临威胁,有的甚至在开发性建设中彻底消失,出现了"重建设、轻保护,重当前、轻长远"的现象。二是社会各界关注程度不够。公众参与面不广,品牌发展的战略意义还远没有被更多人所领悟，更没有在发展战略和文化建设中深深扎下根，落实在行动上。三是文化自身发展意识不强。干部群众品牌观念淡薄，发展文化产业带动文化品牌创新的意识不强，观念不新，经验不足，在一定程度上制约了群众文化活动品牌的培育和知名度的提高。因此，只有培养全民高度的文化自觉，群众文化活动品牌建设才能获得不竭的生机和动力。从全省的情况看，要发展群众文化品牌，必须培养干部群众高度的文化自觉。一是在深刻认识群众文化活动品牌培育的地位作用上要高度自觉；在新发展阶段，须更加重视群众文化活动品牌的影响力，把群众文化活动品牌建设作为公共文化服务体系的重要组成部分，作为增强文化软实力、推动文化大发展大繁荣的题中应有之义。如果对浙江的民族文化底蕴和群众文化需求模糊不清，对建设浙江文化强省的指导思想、重要方针、目标任务等不甚了解，那浙江的群众文化品牌将很难走出浙江、走出国门。二是在准确把握群众文化活动品牌建设的内在规律上要高度自觉。文化的发展须紧贴时代适应群众要求，与人民群众工作生活紧密结合，让群众喜爱；必须由全社会共同推动，通过引导人民群众树立正确的文化消费观，形成全社会的文化共识。三是在承担推动群众文化活动品牌发展的历史责任上要高度自觉。这是打造群众文化活动品牌的前提条件。如果一个领导者、文化人没有强烈的文化自觉意识，不重视群众文化发展，文化品牌建设就无从谈起。

（二）团队培育是夯实群众文化活动品牌的基础

业余文艺团队是群众文化发展的生命线。是开展群众文化品牌活动的源泉和动力，缺乏团队建设意识的群众文化是缺乏生命力的。浙江现有59741余支文体团队，凝聚了100余万名业余文艺骨干，覆盖老、中、青各个年龄层次，在构建公共文化服务体系、打造群众文化活动品牌中发挥了主力军作用。全省虽然群众自发性文艺团队数量多、规模大、类型丰富，但普遍面临经费、人才、设施和场地等问题，自发性文艺团队呈现规模参差不齐、质量高低不一、品牌团队不多的状况。因此，必须加强对全省自发性文体团队的管理和扶持，推进自发性群众文艺团队向多样化、社团化、品牌化的趋势发展。温州市在建设全省一流民间文艺团队方面的经验值得各地借鉴：近十多年来，温州民间文艺团队蓬勃发展，百花齐放，成为温州公共文化建设的一支生力军。温州民间文艺团队建设，在农村形成了"村村有团队，队队有特色"的发展态势，在城市文艺团队组织越来越规范，艺术水平越来越高。温州市民间文艺团队的发展如火如荼，艺术水平不断攀升，离不开文化部门的高度重视和大力支持。第一，文化馆设立社会团队部。在温州市文化广电新闻出版局的指导下，温州市文化馆于 2010 年 5 月设置了社会团队部门，配备专职干部负责民间文艺团队工作。据了解，在文化馆专设社团部在全省文化系统还是首创之举。第二，文广新局设团队专项经费。从 2009 年开始，温州市文化广电新闻出版局每年有 20 万专项经费用于局属团队建设，2011 年增加到每年 30 万，2011 年对温州市合唱团日常运行经费近 70 万。第三，优秀团队发挥示范带动作用。当前挂靠在温州市文广新局的团队共有 11 个，其中温州市合唱团达到了全国一流的合唱团队水平，温州市流行乐团、温州市朗诵艺术团都达到省内同类团队领先水平。在温州市合唱团的带领下，几年来温州市成立了 40 多支业余合唱团队，老年合唱团、少年合唱团，以及各行各业的合唱团都如雨后春笋般成长，频频在全国合唱赛事中获得大奖。如瓯海区老年合唱团、温州市合唱二团分别获得了2007 年、2009 年第九、十一届"中国老年合唱节"金奖；温州大学合唱团、温州市鹿城地税局合唱团还分别获得了 2010 年第十届中国合唱节金、银奖；温州市外国语学校合唱团、温州市实验小学合唱团分别获得了 2008 年、2010 年"第三、四届中国少儿合唱节"金奖。各类合唱团在全国独领风骚，并呈现出良好的发展态势。2011 年 6 月 26 日，举行了"永远跟党走"温州市庆祝建党 90 周年大型红歌合唱音乐会，共有 48 支优秀合唱团队、3500 多人参加，上海大剧院交响乐团担任现场伴奏,规格高、规模大、参演人多,充分显示了温州合唱的整体实力。《浙江日报》7月7日第8版专版以《重温不朽记忆 传承红色精神 红色交响曲震荡温州》为题,对我市红歌合唱音乐会盛况作了专题报道。温州市流行乐团常年活跃在民间,开展大量公益性演出,如在温州大剧院承办了2012年温州市春晚。温州市朗诵艺术团每年春节都举办一场较大规模、高质量的新春朗诵会。在这些优秀文艺团队的示范引领下,温州数千支业余文艺团队更加健康蓬勃发展。

(三)特色营造是做强群众文化活动品牌的源泉

特色文化是当地人民的独特精神生活方式,是反映一个地方文化水平的重要标志,是一个地方文化发展的品牌,决定着一个地方的文化影响力。品牌就是力量,品牌的力量来自其内涵与价值。群众文化活动必须具有鲜明的地方特色和文化取向,才能塑造出富有长久生命力的群众文化品牌。我们应根据地理位置特点和传统文化渊源"量身定做",把活动与当地的历史文化、民俗风情结合起来,打造富有个性的文化活动精品,形成他无我有、他有我优的态势。浙江各地高度重视特色文化建设,以"一乡一品"、"一村一品"为目标,以特色文化乡镇、特色文化村建设为抓手,运用组织开展民间文艺评奖竞赛活动、"民间文艺之乡"评选命名、举办民间文化产品促销活动等手段,积极倡导、鼓励农民充分利用本地文化资源,办有特色的文化,取得了良好的成效。现全省拥有经文化部命名的"全国民间艺术之乡"、"中国民间绘画之乡"23个,有彩船、花灯、舞龙、锣鼓等常年活动的特色农民文艺团队5000多支,单慈溪市就有业余文艺团队489支。奉化县葛岙乡的壁画村等剪纸村、农民画村、渔民画村、木雕村、石雕村、竹编村等各类特色文化产业遍布全省。泰顺的竹木艺术玩具、镇海的龙鼓、诸暨的板凳龙、秀洲的剪纸、象山的竹根雕、宁海前童的抬阁、慈溪的三北雄狮等特色文化形式和产品,名闻遐迩。青田石雕节、景宁畲乡文化节、云和木制玩具文化节、龙泉剑瓷文化节、普陀民间文化大会、舟山渔民画节、海宁市许村镇塘桥村的民俗文化艺术节等民间自办文化节会常办不息、精彩纷呈,不仅丰富了群众的文化生活,也为特色文化产品打入市场起到了推介的作用。

(四)资源整合是构建群众文化活动品牌的路径

资源是品牌建设的载体。资源整合的深入程度决定了品牌的高度。现行行政体制下群文资源条块分割、资源利用率不高,群文工作各自为政、形不成合力的问题尤为突出,这也是在全国范围内群众文化工作中普遍存在的问题。这些问题,相当程度上制约了我市群众文化的发展。我们要充分挖掘区域内优势文化资源,推出特色群众文化活动:要对群众文化资源进行相对集中,形成有机统一的整体,实现群众文化资源的整合与共享,构建重大节会的群众文化活动格局;要加强中外、区域、城乡之间的交流与合作,继承和借鉴一切优秀文化成果,增加品牌的价值含量。杭州市群众文化工作以"集约化、一体化"运作为总体目标,从全市整体视野出发,通盘考虑全市群众文化工作,增强全市各级群文机构的协调配合,加强全市群众文化资源要素的合理配置和资源的整合利用,形成既能体现公共文化服务特征,又能适应市场经济要求;既能体现群文工作个性特色,又能充分发挥群众文化工作整体效益的政府主导、社会参与、优势互补、共建共享的新型群众文化工作运行方式。杭州市在各区县(市)群众文化团队管理工作的基础上,建立了全市群众文化团队评级管理制度,通过评定杭州市群众文化星级示范团队,加强对这支队伍的管理。杭州市群众文化星级示范团队每两年评定一次,评为"示范团队"的队伍,市文广新局给予一定的资金补助,市群众艺术馆在业务上给予重点辅导。评级管理制度的实施大大促进了各团队间的交流、竞争和互动,增强了优秀群文团队的示范、带动和辐射作用。在优秀群文团队的带动下,群众参与文化活动的积极性越来越高,群文活动的参与面越来越广。评级机制的形成和培训辅导机制的强化,还促进了杭州群众文艺水平的提升。为了充分发挥这支队伍的作用,市、区县(市)各级文化部门针对群众文化团队的特点,为它们量身打造了杭州市社区艺术节、杭州市群星大舞台,上城区吴山文化大舞台、萧山区镇街品牌文艺团队巡演等一系列展示平台,使得群众文化团队不仅只是群众自我娱乐、自我陶冶的团体,也成为文化主管部门开展公益文化活动、丰富城乡文化生活、推动群众文化活动品牌建设的重要力量。

(五)项目创新是激活群众文化活动品牌的关键

有好的创意,才会有活力。参与新型节会的群体是多元的,对于群众文化产品的价值品位、审美取向的诉求也是多元化的,因此要求群众文化活动必须不断地推陈出新。长期以来,由于定位不清、急功近利等原因。活动"同质化"问题严重,横向表现在众多节会的内容千篇一律,纵向表现在同一节会各届的形式相似。缺乏新意,不能给节会带来新的生机和活力。因此。我们要鼓励文化人变革思维方式,拓展创意视野,融合多种文化诉求,推出新型群众文化活动。要鼓励大众参与实践,拓展广阔空间,深化创意深度。利用优势资源进行现代包装,创造出新的作品。目前浙江各地群众文化活动品牌,成为当地百姓耳熟能详的群众文化活动、文化服务项目,扩大了群众文化工作的社会影响。这些叫得响的群众文化活动品牌,为当地的百姓提供了实实在在的文化服务,为百姓带来文化方面的实惠。群众文化品牌建设,成为这些年浙江群众文化可圈可点的工作亮点之一。这些群众文化品牌,或扎根于深厚的传统文化沃土,或源于群众当前的文化需求,创造性地开展公共文化服务,具有创新的价值与推广的意义。宁波市群艺馆的"群星展厅"、舟山市定海区的"唱响定海·全民K歌赛"等,立足当地文化实际,群策群力,富有创意,吸引了当地百姓的广泛参与。在舟山群岛的海边,人们曾经亲身感受到"唱响定海·全民K歌赛"现场火爆的气氛,台上台下良好的热烈互动。该项百姓喜闻乐见的文化活动,成为当地文化工作的一件盛事,受到了百姓的普遍欢迎、领导与专家的好评。杭州市群众文化集约化一体化运行机制创新、义乌市"文化专家联百村"工作、东阳市"百姓文化茶坊"、安吉县"乡村文化展示馆"现象、嘉兴市城乡图书馆一体化服务等,在全国与省内均有一定影响。

在做好经常性的公共文化服务工作基础上,许多地方着力于文化服务工作创新,探索文化惠民的新途径、新举措,取得了显著的成效。在浙江省 2011 年群众艺术馆馆长联席会议上,浙江省群众艺术馆、宁波市群众艺术馆等把群众文化工作创新作为工作的着力点。浙江省群艺馆在年度工作考核中,专门设立文化工作创新奖的奖项,鼓励各业务部门、各业务干部的工作创新积极性,以期通过这样的考核项目和制度设计,将文化工作创新内化为群众文化干部的自觉意识。宁波市群艺馆 2010 年工作总结中,介绍该馆以创新为着力点,惠民服务稳步推进,强化公共文化服务品牌建设的做法与经验。数年前,宁波市文化广电新闻出版局在浙江率先推出文化工作创新奖,浙江省文化厅随后也推出省级群众文化创新奖评选,其导向作用不言而喻,有效推动了各地群众文化工作创新。至今浙江省群众文化创新奖已经评选了两次,推出了一批有一定知名度、美誉度的群众文化活动品牌。

（六）社会运作是建设群众文化活动品牌的动力

新型节会活动往往采取市场运作的运行机制。这就要求其配套的群众文化活动与之相适应,实现经济与文化相互融合。群众文化活动经费来源不是政府的直接拨付,而是进入市场运作。所以务必要树立"成本与利润"的理念,把活动大力向社会推介,以赞助、联办、招标等各种方式吸引社会力量参与,使之上档升级,增强后劲,形成"投入—产出—发展"的良性循环模式,以适应现代发展。温州许多民营企业家对公益性文化活动的大力支持,是温州民间文化发展的有一个特色和亮点。每年温州市大量的文艺晚会、书画展览等公益性文化活动,都会有协办单位或者赞助单位,这些单位往往是出资单位。这些单位会出资数万到数十万,甚至上百万不等,给予的回报不过是一个"冠名权"或者"协办、赞助"上写上企业名字,仅此而已。企业家是自愿的,他们没有需要更多的回报,除了他们热衷于文化事业、爱好文化艺术之外,体现的是一种社会责任感、个人价值和高尚的情操。2012年温州春节联欢晚会在大剧院举行,晚会由温州的凤凰城房地产公司出资80万,报喜鸟服饰公司出资70万。此外冠名"正泰"、"德力西"、"康奈"、"奥康"、"红蜻蜓"等当地民营企业名称的晚会比比皆是。温州民间投入做公益文化活动,减轻了政府的负担,吸引了更多的社会力量参与到文化建设中,增添了城市文化建设的氛围。

第四章 浙江省群众文化活动
品牌的培育与塑造

一、群众文化活动品牌的形成条件

（一）品牌培育与塑造的概念与内涵

一个文化品牌的培育与塑造就是如何打造一个知名成功品牌的过程，即一个成功的品牌需要有一定的美誉度、忠诚度和较高的品牌知名度。群众文化活动品牌的培育需要有一个好的文化活动创意与策划，要有一个科学性、思想性、艺术性俱佳的素材，要有一个从无"品牌"意识到树立"品牌"意识的过程，要力争遵循文化活动开展、传播规律和广大人民群众对文化活动的喜好与偏爱心理，以贴近生活、服务群众、弘扬文化、提升品质为宗旨，在搞好市场调查研究，科学进行品牌定位的基础上，增加文化活动的吸引力，使文化活动品牌成为当地群众喜爱的、津津乐道的主要文化消费内容之一；要保持品牌活力，以文化活动带动品牌推广；要认识到品牌塑造过程中的种种困难，从细致、细微处着眼，通过不懈的努力去经营与建设，最终要获得群众充分信任，方可称之为一个卓越的品牌。进行群众文化活动品牌的塑造还需要有一套完整的方法，必须树立正确的群众文化活动理念，依托创建群众文化活动品牌的优势，发掘自身的创作能力与活动的文化价值，通过宣传与推广，不断为群众文化活动品牌形象、声誉与影响力的塑造创造条件。总之,群众文化活动品牌的培育与塑造需要统合各种条件,不断进行改进与创新,努力提高群众文化活动的文化与艺术水准,提升品牌知名度,丰富品牌内涵,扩大品牌的影响力,为推进群众文化活动作出贡献。

(二)品牌培育与塑造的途径

高度重视群众文化活动品牌的建设,着力扩大品牌的影响力。品牌培育与塑造的主要途径:一是围绕特色塑造品牌;二是挖掘内涵提升品牌;三是丰富载体打响品牌;四是加强体制改革和机制创新。同时,要不断创新运营模式,搭建发展平台,创新开发手段,打造文化精品,创新体制机制,强化人才支撑①。品牌有很多种类,按知名度和辐射区域可划分为地区品牌、国内品牌;按品牌来源可划分为自有品牌、外来品牌、组合品牌;按生命周期可分为短期品牌、长期品牌;按原创性与延伸性可分为母品牌、子品牌;按特性可划分为个人品牌、产品品牌、国家品牌、国际品牌等。仅从商业产品品牌发展的历程而言,世界品牌发展主要经历了四个阶段:第一个阶段是 1874—1929 年,这时期是品牌管理的兴起阶段;第二个阶段是 1930—1945 年,品牌经理出现阶段;第三个阶段是 1946—1985 年,这时期是品牌研究与管理方式成熟的阶段;第四个阶段从 20 世纪 80 年代至今,是品牌整合管理方式阶段②。群众文化活动品牌的形成一般经历了品牌创建、品牌展示、品牌评价、品牌延伸等发展阶段。品牌的形成并非一日之功,是人民群众长期在生产实践过程中积累起来的、有着深厚文化积淀、经久不衰,拥有一定知名度与发展潜力的品牌。群众文化活动品牌的形成需要有先

---

① 马思伟.江西瑞金:创先争优推动红色文化产业发展[EB/OL].中华人民共和国文化部,2012[2011-12-01].

http://www.ccnt.gov.cn/xxfbnew2011/xwzx/qgwhxxlb/201112/t20111201_194460.html.

② 薛可.品牌扩张:延伸与创新[M].北京:北京大学出版社,2004 年,第 8—20 页.

进的思想理念、较高的文化活动水平和社会各方面的大力支持与协调。群众文化活动品牌包括了群众文化活动形式、内容与活动风格等要素;品牌节目是维系一个群众文化活动的关键要素,没有杰出的品牌节目设计和精彩的内容创作,就不可能有优秀的品牌,而品牌包装设计与品牌建设也有着不可分割的联系。品牌的塑造是一项系统工程,反映品牌塑造的指标应该是明确的(Specific)、可量化的(Measurable)、可完成的(Achievable)、现实的(Realistic)和具有一定的时效性(Timed)。[①] 对于品牌生存的环境,可以从政治、经济、社会与科技环境等方面加以分析[②]。

文化活动品牌是衡量一个地方文化事业是否繁荣发展的重要指标之一,打造一系列具有全国性影响力的本土特色文化品牌,扩大知名度和美誉度,是浙江创建群众文化活动的基本出发点。浙江各地文化底蕴深厚、人文气息浓郁,具有打造地方特色文化品牌的良好历史资源和现实基础。从品牌的生存环境角度分析,浙江省群众文化活动品牌的塑造主要来自如下几个渠道:一是依托各类政府文化站、文艺馆等三馆公共服务优势资源,进行培训、培养人才;二是依托各类民族文化传统节日培育精品;三是依托各类民间艺人、农民画家、音乐家、舞蹈家形成特色文化活动精品;四是依托各类民间民俗文化培育精品;五是依托地域特色做大做强精品;六是依托地方旅游文化资源做大做强精品;七是依托企业文化建设做大做强文化精品;八是依托非物质文化遗产宣传与保护做大做强精品;九是依托群众文化广场做大做强精品;十是依托各类群众性的自娱自乐文化活动做大做强精品。

广大农村是浙江省群众文化活动品牌产生的孵化器,浙江农村有着悠久的传统文化和人民群众开展文化活动的历史。比如,早在 1991

---

① (新西兰)戴维斯,(新西兰)鲍德温著.陆以理,李柏英译.品牌概论[M].沈阳:辽宁科学技术出版社,2011 年,10 月,第 42 页.

② (新西兰)戴维斯,(新西兰)鲍德温著.陆以理,李柏英译.品牌概论[M].沈阳:辽宁科学技术出版社,2011 年,10 月,第 73 页.

年 1 月,《人民日报》《光明日报》《文汇报》就报道了浙江丽水缙云县有 7000 多"泥腿子"登台唱戏,被文艺界权威人士称为"文艺史上罕见的农民文艺热",从缙云席卷丽水,历经 2 年时间,全县 45 个乡、634 个村,先后上演农民自编、自导、自演的戏剧、小品、舞蹈等文艺节目 949 个。7600 多名泥腿子登台唱戏,人人争上舞台,个个竞相表演,场面非常热闹。地方政府也及时推出"村村有节目,乡乡一台戏","县市大会演,地区总会演"等鼓励群众文化活动的措施,从 1991 冬到 1992 春,全县演出共计 2650 场节目,创作节目达 6000 个,4.2 万农民上台演出,观众达 195 万人次,掀起了"农民文化热"①。

由此可见,群众文化活动品牌都具有活动内容的丰富性、开展活动的长期性、活动方式的独创性和表现方式的艺术性等特征,群众文化活动品牌有旺盛的生命力和群众基础,成为满足人民群众文化需求、构建公共文化服务体系重要的组成部分。

一个好的群众文化活动品牌的培育与塑造主要包括形象塑造、品质塑造、个性塑造与文化塑造四个方面。

1. 形象塑造

群众文化活动品牌的形象塑造,首先要制定形象战略与形象定位,如何在群众中塑造稳定、永恒、积极的形象是品牌战略的基本出发点。

其次,要进行具体的形象设计。按照通俗易懂,醒目易记忆,人性化与个性化相结合,科学性与艺术性相结合的原则,通过创意将品牌战略思想与设计结合起来。要对品牌名称、商标、图案、色彩、字体、标识、广告、团队、成员、信誉、价值理念、活动模式、规模、成长环境、舞台形象、效率形象、服务形象等品牌形象要素进行合理的设计与表达。群众文化活动品牌的形象设计主要应突出个性、简洁、明快、通俗、情趣;表现的形式可以多种多样,可以结合群众文化活动的内容,以歌

---

① 徐仁俊,焦光华.丽水——开发中的宝地[M].杭州:浙江人民出版社,1995年,第 34—100 页.

唱、诗词、故事、戏剧、舞蹈、绘画、展示、讲座等生动活泼的情景表现形式，并通过电视、广播、网络、杂志、报纸、广告等视听媒体进行宣传。群众文化活动品牌形象设计应坚持如下原则[①]：一是创新性原则。品牌名称和标识图案贵在标新立异，具有独特的个性和不落俗套，这样才有利于宣传品牌；缺少个性与特色的品牌直接导致群众文化活动的创意无法得到实现。二是传播性原则。名称及标识等是群众文化活动组织对外交流、进行经营宣传的重要途径，因此，要突出"意美、音美、形美"这"三美原则"。品牌标识要蕴涵美感、富有感召力，形成独特的视觉化语言，产生强烈的视觉冲击力；三是理念性原则。群众文化活动品牌要能传递群众文化活动组织创立的基本宗旨与社会责任和使命，即以服务广大人民群众为理念，以人为本，追求完美、信任、愉悦、忠诚、真实、自然、和谐，以提高人民大众的精神文化素质、树立社会新风为理念；四是文化导向性原则。文化是群众文化活动品牌的出发点与立足点，品牌名称及标识是品牌文化含义的集中体现与表达；五是情感导向性原则。群众文化活动品牌的形象要以群众的认可与接受为前提，以群众喜爱的形式进行包装与形象设计。

第三，加强群众文化活动品牌形象的宣传管理。根据品牌形象（Brand Image）的相关理论与方法，在品牌形象的创作、设计、展示和结果反馈等各阶段，定期对品牌形象进行跟踪调查。要不断创造差异性，明确品牌定位，体现品牌的核心价值，以提高文化活动品牌在群众心目中的地位。

2. 品质塑造

品质包含着"品味"、"品位"、"品性"、"品行"、"等级"等含义。群众文化活动的质量、创新程度、在群众心目中的地位、活动效应以及在市场中的竞争力、美誉度、知名度、受欢迎程度等特性，是群众文化活动品牌品质的重要表现内容。品质卓越、思想领先、顾客亲和力强，是

---

① 王永龙.21世纪品牌运营方略[M].北京：人民邮电出版社,2003年,第1—70页.

群众文化活动品牌价值取胜的基本要素。品质代表着高超的技艺、高素质的人才、高品位的文化、高雅的文化活动、高水平的服务与高质量的作品、崇高的荣誉与可信赖的信誉。品牌的品质反映了品牌的使命、思想和精神。群众文化活动品牌的品质塑造是品牌的灵魂，品质对于群众文化活动产品品牌的塑造来说永远是第一位的。品牌塑造应遵循从一般品牌打造知名品牌，进而发展到打造精品经典品牌的循序化发展过程。群众文化活动品牌品质的塑造还应以改善群众文化生活质量、改变生活观念为基础与前提，通过群众对文化活动品牌的观赏与参与，激发人们的生活情趣，实现人、自然、社会与品牌的高度和谐统一[①]。要使品牌的品质得到提高，必须加强群众文化活动的品质管理，使品质与服务能够始终保持一贯的作风，使品牌的历史、文化、艺术以及市场影响力与号召力都能得到提升。品牌的创业历史，往往能超越具体的物质限制，这种精神往往与人们的价值观契合。此外，需要强调的是群众文化活动组织要创造出一种对品质追求的组织文化、行为准则、思想意识、象征符号和价值，使行动根深蒂固，从而保证品质过硬，使人为误差降到最低点，并最大限度地发挥人员的积极性[②]。

3. 个性塑造

品牌的个性塑造必须借助一系列的因素来积极驱动，一般包括与产品相关的因素和与产品不相关的因素两类[③]。由于群众文化活动品牌类型多样，故品牌个性内容也丰富多彩：有和谐的、温馨的、负责任的、严谨的、创新的、有文化的、动感的、奔放的、新颖的、粗犷的、欢乐的、吉祥的、乐观的、积极的、很酷的、时尚的、高雅的、浪漫的、气派的、

---

① 刘阳.中国品牌之道[M].北京：中国工人出版社，2006年，第1—292页.

② 王苏洲.品牌延伸的理论与战略管理研究[D].湘潭大学硕士学位论文，2005年，第1—57页.

③ David Aaker, Building Strong Brands [M] New York ：The Free Press, 1996。转引自：李永强.品牌个性塑造的策略[J].电子科技大学学报（社科版），2005年，第3期，第42—44页.

有魅力的等个性；品牌战略个性具有开放性、发展性和继承性的特点。品牌个性有利于品牌识别、能够激发群众的观赏兴趣、可以有效地开展品牌传播、增强品牌的吸引力、有效地维持群众对品牌的忠诚度，增强品牌的竞争力、有利于品牌个性形象突出，使群众喜爱与满足①。"制造欢乐"一直是享誉全球的迪斯尼品牌的核心，群众文化活动品牌个性虽然多种多样，但共性也很突出，这就是通过丰富多彩的文化艺术等活动形式和内容为广大的受众"带来欢乐与愉悦"。

群众文化活动品牌的个性包含在品牌的形象设计、商标标识、宣传推广、艺术水准、服务品质、受众欢迎程度之中。群众文化活动品牌不同于一般活动项目的最大区别在于能够突出品牌的存在价值与服务价值理念，具有高度的自觉性与社会责任意识，在为广大人民群众服务过程中能与时俱进、无时不闪耀着智慧与道德的光辉。

要培育群众文化活动品牌的个性，应该加强品牌形象策划，提高群众对品牌的忠诚度，不断进行品牌创新，大力开展品牌宣传，适应形势的变化，使品牌的个性长期保持竞争活力②。

4. 文化塑造

"文化是一种力量，文化是一种影响，文化是一种情怀，文化是一种温暖"③。文化品位由品牌的文化丰富性和顾客的文化修养共同决定。文化品位不同决定着品牌的质量与优劣程度。群众文化活动品牌属于群众文化精品，具有较高的文化价值和丰富的文化内涵，深受广大群众喜爱。文化价值有着相当宽泛的含义，它包括一切文化思想、文化精神、文化体验、文化认同、文化素养等，是一切文化产品与文化

---

① 张雁白等.品牌文化战略与创新[M].北京：经济科学出版社，2011年.

② 王永龙.21世纪品牌运营方略[M].北京：人民邮电出版社，2003年，第1—60页.

③ 孟繁华.媒体文化与精神生活的重建——以媒体文化中的"小品"为例[J/OL].文艺争鸣，2011年，14期[2011-08-12]. http：//www.cnki.com.cn/Article/CJFDTotal－WYZM201114002.htm

服务所表现出的共性的一面①。品牌文化是指凝结在品牌中的价值、情感、观念等文化因素的总和②。群众文化活动品牌的本质功能在于它能塑造人的精神灵魂,缔造人的心灵,在人民群众心中树立起正确的价值观、人生观。这种本质特性决定它在内容上要代表先进文化。正如邓小平同志所要求的那样:雄伟和细腻,严肃和诙谐,抒情和哲理,只要能够使人得到教育和启迪,都应该在我们的文艺园地里占有一定位置。无论是教育品牌、演艺品牌、媒介品牌还是其他文化活动品牌,自身都蕴藏着孵化心灵、完善道德的价值取向。品牌文化的传播是品牌文化塑造的重要内容,品牌文化传播的水平直接决定品牌文化塑造的效果。在代表先进文化的文化品牌传播过程中,文化品牌的先进性不断渗透在普通受众的心中③。

群众文化活动品牌是群众文化的载体,品牌本身就是一种文化。群众文化活动品牌不仅有核心的价值观,还应具有文化的导向、凝聚、团结、约束与教育等功能,品牌文化是品牌生存与发展的核心。品牌是群众文化活动团体长期以来一直坚持的思想观念和独特的风格,群众文化活动品牌不仅是各地群众文化活动的形象代表,更是地方精神文明的重要支撑。文化内涵是几乎所有品牌生命力的象征;大众文化、品牌文化与时尚流行文化一样都是文化结构中的一部分。群众文化活动品牌所代表的文化是通过生动活泼的活动与事件所体现与传播的文化,是一种消费文化。

文化塑造是群众文化活动品牌长期服务于人民大众所积淀的思想、艺术与知识含量。群众文化活动品牌的文化内涵不仅体现在其形象与表演艺术的展示方面,更多的是体现在品牌所具有的无形与有形的历史文化价值以及品牌所受到的广大人民群众的喜爱方面。群众文

---

① 王钧,刘琴.文化品牌传播[M].北京:北京大学出版社,2010年,第40—41页.

② 生奇志.品牌学[M].北京:清华大学出版社,2011年,第156页.

③ 王钧,刘琴.文化品牌传播[M].北京:北京大学出版社,2010年,第166—168页.

化活动品牌应充分体现大众文化以人为本、服务于大众的理念。通过各种文化活动内容与形式，不断提升与弘扬祖国的传统文化与民族优秀的文化，并在群众文化活动的宣传与传播中提升与改善人民群众的综合文化素质。从理论上讲，群众文化活动品牌文化的塑造不是一个简单的范式，更不是一场演出或一句口号就能完成的任务，而是群众文化活动创新与奋发向上精神的挖掘与创造过程；群众文化活动品牌需要在长期的文化活动实践过程中，有针对性地对群众文化活动进行总结、归纳、凝练理念，并加以推广与宣传；一切从群众中来，经过创作与艺术加工，再回到群众中去，以更加完美的形式、丰富的内容和高尚的品位，服务于群众，满足群众精神文化的需求。群众文化活动品牌的理念塑造先于文化塑造，文化塑造先于形象塑造，形象塑造先于品牌塑造。加强群众文化活动品牌的理念塑造与文化塑造，能给品牌带来更加长久的生命力，群众文化活动只要以服务于民族大众为宗旨，以弘扬社会主义精神文明为目的，必将能够塑造出一个又一个有影响力的品牌。和谐文化也是群众文化活动品牌塑造的基本点，和谐文化以和谐为思想内核，以奉行与传播和谐理念为主要内容的文化形态、文化现象和文化性状。所谓面向大众，即指面向人民群众，依靠人民群众，服务人民群众①。群众文化活动品牌的文化塑造应包括对行为文化、品质文化、管理文化、服务文化、创新文化、精神文化等内容与方面的塑造。文化核心价值统帅一切群众文化活动，要将群众文化活动的价值转化为品牌价值，需要突出品牌文化核心价值，注意品牌文化故事与人物塑造，关注品牌形象的鲜明性、展示情节的完整性和环境背景的具体性等内容。

在注意力经济迅速发展的今天，物质产品品牌影响着消费者的购买欲望与购买行为，而随着人民群众物质与文化生活水平的提高，满

---

① 贺善侃等.国际大都市公益文化比较研究[M].上海：学林出版社,2010年,第16—35页.

足人民群众日益增长的对精神与文化产品的需求已成为社会的一种广泛共识。层出不穷的群众文化活动品牌正是为了适应这种形势发展的需要,在地方传统的群众文化活动的基础上,经过长期坚持、不断开拓创新,从自娱自乐、民间的地方文化活动起步,发展到具备一定思想、文化与艺术水准的品牌活动,影响的范围与影响的深度在不断扩大,成为当地精神文明一道亮丽的风景和家喻户晓的精神文化产品。像所有的品牌塑造过程一样,群众文化活动品牌的塑造背后都有一个令人惊叹、发人深省的经历与故事,同时,群众文化活动品牌也是在群众心中搭建一个理解、兴趣、爱好的认知过程。

打造"群众文化活动品牌"是推行"公共文化服务"的基础,坚持"为群众服务"是推行"群众文化活动品牌"的宗旨,做到"群众满意"是推行"群众文化活动品牌"的保证,而宣传"社会主义大众文化"是"群众文化活动品牌"创建的目的[①]。

二、群众文化活动品牌诊断

群众文化活动品牌的诊断主要体现在三个方面:即价值传递、市场表现与生命力。价值传递是群众文化活动品牌的物质基础,只有满足群众的认可与需要,才能实现群众文化活动品牌价值的传递与沟通,才有广泛的群众基础与表演市场,才有观众的忠诚与活动的不可替代,才有生命力。群众是一个地区真正的主体、核心和灵魂,是城市或乡村品格的真正承载者和传承者。群众文化活动品牌运作没有当地政府的主导,没有群众的支持与良好的环境是不可能取得成功的。

著名的品牌研究专家大卫·爱克于 1996 年提出,品牌诊断主要由四个层面构成:一是作为产品的品牌,包括产品类别、产品属性、品质

---

① 张雁白等.品牌文化战略与创新[M].北京:经济科学出版社,2011年,第2—5页.

价值、用途、使用者、生产者；二是作为企业的品牌，包括企业特性、本地化或全球化；三是作为人的品牌，包括品牌个性、品牌与顾客之间的关系；四是作为符号的品牌，包括视觉标识、品牌传统。它们共同构成了品牌识别的三个层次，即延伸识别、品牌核心和品牌精髓①。

品牌诊断或识别决定品牌延伸范围，品牌扩展识别影响品牌延伸的内容，品牌延伸充实品牌识别。标识是品牌识别的外在表现，设计色彩鲜艳、时尚活泼，是品牌标识设计的基本要求。品牌识别强调沟通和娱乐、本土化色彩浓厚、年轻时尚、富有活力、注重实用、扩张性强②。大卫·爱克还提出从品牌忠诚度、品牌认知质量或领导能力、品牌联想或品牌差异化、品牌认知和市场行为等五个角度来衡量和评价品牌。

品牌的品质是品牌形成的真正核心，品牌要以人文关怀为核心，以人为本、注重民生，求真务实、不断创新，以及需要正直、卧薪尝胆、发愤图强的志向等等③；这些都是创建一个群众文化活动品牌需要坚持的人文精神。由于品牌认可度不同，品牌有多种不同层次、不同标准的品牌，最小的是社区、村级文化品牌，如杭州市和全省许多地方都提出要推行"一社一品"、"一村（镇）一品"，打造家门口文化乐园。杭州市通过"一社一品"这个"点"，推动"一社多品"这个"面"的展开，做到"点上突破，面上推进"，全面推进社区文化品牌的建设，促进社区文化建设的发展和繁荣。例如，杭州市江干区在全区范围内打造了 126 个特色社区文化品牌④。湖州市打造"欢乐湖州"的群众文化活动品牌，

① （美）阿尔·里斯，劳拉·里斯著，火华强译，品牌之源[M].上海：上海人民出版社，2005 年，1 月。转引自：牛雯雯.对我国网络品牌管理的反思——以腾讯为例[D].暨南大学研究生学位论文，2006 年，第 16 页.

② 牛雯雯.对我国网络品牌管理的反思——以腾讯为例[D].暨南大学研究生学位论文，2006 年，第 24 页.

③ 汪俊昌，陈立旭等.人文浙江——加快建设文化大省[M].浙江人民出版社，2006 年，第 1—80 页.

④ 杭州市文化广电新闻出版局.制定规划加大投入，提升服务全面惠民[R].2010 年.

通过举办吴兴区龙泉街道"戏迷月月擂台赛"、"幸福大妈舞比赛",培育出吴兴区"吴兴之星"等社区文化品牌;嘉兴市连续八年坚持举办嘉兴市"社区之声"文艺调演,培养、扶持了一大批社区文艺新人新作,其中老年舞蹈《心中的旗帜》曾获全国社区文艺汇演铜奖及"群星奖"。绍兴市着力打造社区精品,柯桥排舞队连年代表绍兴县参加全省排舞大赛,取得了金奖的好成绩;金华市连续举办了八届金华市文化艺术节,六届金华市社区文艺汇演;义乌文化艺术节已连续举办 19 届,"江滨戏曲大舞台"每周二、四、六演出,已连续举办了七八年;东阳市"东城之夏"活动已连续举办 19 届,"百姓文化茶坊"开办近两年,越来越受到社区群众的追捧;永康市展示当地文化建设的"华溪春潮"晚会连续举办 24 届,影响不断扩大,北美多家华文电视台都进行转播;每周六演出的永康"紫薇园水上舞台"开办一年多,社区群众为早日安排演出排起了长队;兰溪市"兰花节"、武义县"温泉节"、"百花会"、磐安县"药交会"等活动深受当地群众的喜爱,也打响了金华各地群众文化活动名牌①。舟山着力打造"市民大舞台"这一群众文化活动品牌,走进社区、走向广场、走进基层,为社区群众演出 16 场,观众约达 30000 余人次②,这才是群众文化活动品质形成的基础与前提。

三、群众文化活动品牌的开发与培育

从商品品牌的角度,群众文化活动品牌的开发也应该从品牌知晓、品牌知名、品牌美誉和品牌忠诚四个方面体现群众文化活动的价值③。品牌是一种口碑、一种品位,也是群众文化活动组织的一种承诺和信仰,

---

① 金华市文化广电新闻出版局.保基本,广覆盖,可持续[R].2010 年.
② 舟山市文化广电新闻出版局.强化城市社区文化建设,完善公共文化服务体系[R].2010 年.
③ 王钧,刘琴.文化品牌传播[M].北京:北京大学出版社,2010 年,第 195 页.

品牌是建立在公众对它的认识基础之上的,品牌的知名度与美誉度是用心打造出来的结果。因此,群众文化活动品牌的开发要面向人民群众,依靠人民群众,服务人民群众[①],以群众文化活动品牌的打造为目标,不断提升群众文化活动的品位。在具体的开发中应明确目的性,从细节入手,整合现有资源,遵循群众文化活动开展的规律,坚持群众文化活动开展的战略性、系统性、独创性、连续性以及人文关怀原则。品牌创建受到很多因素的影响,因此,可以从有形性、可靠性、信任性、不可替代性、适宜性、完美性、服务性、达标性等方面对品牌进行评价。衡量一件产品是否是品牌,主要看以下几个方面的内容:一是名气要大、知名度要广、服务质量要好、美誉度要高;二是作品质量过硬,能够展现品牌的文化品位;三是群众信赖,品牌活动在群众心目中占有重要地位;四是品牌有个性、富有特色;五是品牌形象好,为大多数人所接受[②]。群众文化活动品牌的开发既要彰显古老传统文化的魅力,也要展现当代群众文化不断创新、充满活力的风采。在确定把群众文化活动作为一个品牌来开发时,首先需要各地领导对品牌开发引起高度重视,真正把品牌看作是群众文化活动的核心,实行政策倾斜;其次,要建立强有力的群众文化活动品牌营销策划班子,加强对群众文化活动品牌的策划、营销工作;第三,是要加大对群众文化活动品牌的投入力度[③]。韦红玉认为[④]:群众文化品牌是群众文化活动可持续发展的时代要求,打造群众文化品牌、是一个不断认识、不断创新和不断实践的过程。品牌的形式既是打造者认识、实

---

① 贺善侃等.国际大都市公益文化比较研究[M].上海:学林出版社,2010 年,第2 页.

② 薛可.品牌扩张:延伸与创新[M].北京:北京大学出版社,2004 年,第10 页.

③ 杨俊豪.以品牌活动扩大地方电视台影响力[EB/OL].圣才学习网.2012[2011-7-15].http://xwcb.100xuexi.com/ExtendItem/OTDetail.aspx? id＝663829BF-0ECC-48C0-9004-155F9FD45088

④ 韦红玉.打造群众文化品牌的启示[J/OL].学习时报,第 11 版.2012[2011-11-21].http://www.studytimes.com.cn:9999/epaper/xxsb/html/2011/11/21/11/11_26.htm.

践、完善的过程,更是一个群众认知、接纳、欣赏的过程。因此,打造群众文化活动品牌决不能急功近利、急于求成,要遵循品牌形成的规律:第一,群众文化品牌建设要遵循群众文化自身发展的规律。作为群众文化承载的历史和社会进步的内容从根本上说是为了老百姓的满意、人民的欢迎,群众文化品牌的建设必须兼顾民族性、地域性、行业性和季节性,在不同行业、不同规模、不同人群中制定不同的品牌战略,循着先进文化前进的方向,持之以恒、循序渐进、因势利导、因地制宜创建符合各种社区民性的文化品牌的模式。第二,品牌建设是一个系统工程。在打造群文品牌中,必须全面关注各种相关要素,倡导文明、科学、健康、进步、和平、向上的主旋律,展示真善美。第三,要注重塑造群众文化品牌个性鲜明的品牌魅力。要研究、聚合、树立相对统一和相对稳定的品牌形象。要十分重视民俗文化宝藏的发掘、整理、扬弃和加工,真正做到古为今用,兼收并蓄。第四,群众文化品牌建设要搭上国际化的轨道。既要吸收外国健康优秀的文化因子,也要有效地将我国优秀的传统文化输送给外国友人。群众文化活动品牌的开发与培育要准确定位,科学规划;整合优势,形成特色;优化载体,形成系列;健全机制,长效管理。

在群众文化活动品牌的成功开发上,浙江宁波市作了很多努力,该市从 2001 年起每年或两年举行一届社区文化艺术节,社区文化艺术节以"人人享受文化"为宗旨,以"大众创造、全民参与、人人享受"为主题,由展演、研讨、评选等活动组成。通过社区文化艺术节品牌的打造,如今全市共有 1000 多支社区文化队伍,这些文艺团队不仅数量增长,规模也逐步扩大,质量也在不断提高,如镇海区后大街社区的"龙鼓"队表演的节目,荣获全国民间艺术最高奖——山茶花奖;由 818 人参与表演的大型婚嫁民俗打击乐《十里红妆》成功申报上海大世界基尼斯的中国之最[①]。

---

① 宁波市文化广电新闻出版局.人人享受文化,人人参与文化,人人建设文化[R],2010 年.

第五章　群众文化活动品牌保护

随着"文化强国"理念的提出,我国公共文化服务体系建设正面临着前所未有的机遇。全国各地的群众文化活动开展得有声有色,生机勃勃,如火如荼。在广泛开展群众文化活动、向人民群众提供优质的文化产品和服务的同时,各地纷纷因地制宜打造"艺术节"、"歌舞节"、"民族风情节"等各种类型的群众文化活动品牌。那么,这些群众文化活动品牌能否成功打造,品牌树立之后能否持续发展,是否具有更旺盛的生命力,除了该品牌自身的实力和魅力之外,还要寻求一种外在的保护,通过采取各种行之有效的品牌管理,使群众文化活动品牌具有稳定性、持久性和长效性,更好地发挥群众文化活动品牌的引领、示范、辐射、带动作用。

一、群众文化活动品牌保护的意义

当今社会,文化资源、人文环境、民族素质在实现经济社会发展的过程中发挥着越来越重要的作用。群众文化活动品牌是先进文化的有机组成部分,也反映了人民群众的智慧和创造力。在新时期打造群众文化活动品牌,既是当地文化行政部门和群文工作者对群众文化活动的一种创新实践,也是群众文化活动几十年来发展到一定阶段的一种现象或者是一种发展趋势。通过对群众文化活动品牌的保护,使优秀民族民间文化薪火承传,将极大地增强中华民族的自豪感、自信心和凝聚力,提高整个民族的文化素质,维护健康的文化生态,为实现经济、社会全面、协调、可持续发展发挥重要作用。

(一)有利于维护群众文化活动品牌的生命力

从全省群众文化活动品牌创建情况来看,时间长的达几十年之久,时间短的也有三、五年不等;类型上包括群文活动、文艺作品创作以及群文团队建设等诸多方面;名称上有艺术节、音舞节,或者与当地地名相连的,或者与当地的特色文化相连的各种名称。这些群众文化品牌的知名度和影响力不尽相同,但是它们相同的是都处于一种被动的、弱势的保护状态,绝大多数品牌没有受到应有的保护。针对众多刚刚起步的、品牌效应还不够突出的群众文化活动品牌,通过保护、扶持和推动它们的成长;针对已经有一定知名度的群众文化活动品牌,通过保护,确保它们不被侵权;针对有地域特色、有发展前景的群众文化品牌,通过保护,促使它们走上"阳光大道"。只有通过各种途径的管理与保护,才能维护群众文化活动品牌的生命力,也就是维护群众文化活动品牌的稳定性、持久性和长效性,进一步发展和壮大群众文化活动品牌。以杭州市打造"风雅颂"民间艺术展示品牌为例,2000 年杭州市文化局制定了《2000 年至 2020 年杭州市群众文化和图书馆事业发展规划》,提出了打造"风雅颂"群众文化活动品牌,作为杭州建设"文化名城"的重要内容来抓。为保证"风雅颂"活动顺利进行,1999 年"风雅颂"创办伊始,就建立了由市局领导为组长,各有关部门、各区县(市)文化部门为成员的领导小组,加强"风雅颂"工作的领导和协调。同时,在市非遗保护专项资金中拨出专款用于"风雅颂"各项工作的开展。各区县(市)在人员安排和经费保障方面给予大力支持和积极配合,以保证将当地的民间艺术佳品充分展示给广大观众。在节目创编方面,历届"风雅颂"坚持把握历史渊源、文化内涵、民间传统和民俗民风,又进行大胆创新,使"风雅颂"节目在继承传统的基础上,又具有鲜明的时代特征。为使"风雅颂"具有延续效益和延伸效应,杭州市将其与全市公共文化服务体系融合,建立了长效运作机制,使"风雅颂"不仅在高雅的舞台上演出,还直接下基层为广大社区、村落群众服务。通过十年的磨砺,"风雅颂"终于推出了一批领导肯定、群众欢迎,专家赞赏的精品力作,培育了 50 余个优秀民间表演艺术节目,先后有近 10 个节目获得全国奖,20 余个节目获得浙江省级奖,参与各级演出活动 512 场次,带动和影响全市开展各类群众文化活动的队伍 6500 余支,参与演出和观看演出的群众累计达 50 万人次,其品牌影响不断扩大。许多濒危的特色文化项目因"风雅颂"而存活、因"风雅颂"而复活,也因"风雅颂"而焕发青春,显示出特别旺盛的生命力。

(二)有利于增强群众文化活动品牌的影响力

群众文化活动品牌的稳定性得到保证后,可以寻求各种途径加强品牌建设,提高品牌的知名度和影响力,发挥品牌辐射功能。事实证明,随着经济的快速发展,城乡群众文化活动的日益活跃,很多群众文化品牌已经越来越响亮,并以其独有的魅力吸引着广大群众,一定程度上推动了区域的文化建设和经济发展。尤其是在法律的保护下群众文化品牌的认同感越来越强,政府部门可以由此申请注册系列性的商标,以点带面,以文化品牌带来文化和经济双重丰收。如温州市文成县的"刘基文化节",经过数年打造,"刘基文化节"越做越大,从原来的群众文化活动扩展到现在的旅游等领域,做成大规模的系列活动。同时,文成县还先后以刘基、刘伯温等名号注册商标,并开发了"刘基贡茶"、"伯温家酒"、"伯温古剑"等系列特色产品来推广刘基文化,刘基这个名人品牌,每年在这些产品上产生的直接和间接效益就超过亿元。而以刘基文化为龙头的旅游业发展迅猛,近年来,文成县旅游业接待人数、门票收入和社会综合收入,年均增长都超过了 30%。刘基文化现在已成为文成重要的旅游资源,为当地的旅游发展注入了新鲜的血液。旅游的发展同时也促进了刘基庙及墓的保护及刘基文化品牌的挖掘和开发。

（三）有利于提升群众文化活动品牌的竞争力

群众文化活动品牌竞争力是指一个地区的品牌拥有区别或领先于其他竞争对手的独特能力，能够显示品牌内在的品质、艺术、性能和完善服务，可引起公众的品牌联想并促进其多样化的文化需求。保护群众文化活动品牌，除了维护稳定性，以及促使品牌产生外在的效应之外，还有一个作用是有利于提升群众文化活动品牌的竞争力，促使其更好地生存和发展。当某一群众文化活动品牌通过法律保护或者政府的保护之后，特别是经过登记注册后，每年行政执法部门对该文化品牌的年检、审查，都是一种无形的监督，有利于保证其健康发展。另外，有些地方会出现群众文化活动品牌在树立起来之后却难以持续下去的现象，原因包括该群众文化活动品牌所开展的各类活动或者推出的文化产品，没有与时俱进或者主方向不够明确而导致对群众的吸引力不够，这种情况下该品牌就会逐渐走下坡路。而在多方的保护和监管下，这些品牌会增强责任意识，竞争意识即生存和发展意识，受保护的品牌相对未受法律保护的品牌便会具有更强的生命力。因此，从维护群众文化活动品牌竞争力的角度来看，要想在纷繁复杂、名目众多的群众文化活动品牌竞争中取得一定的地位，必须把握以下几个关键环节：一是把提炼群众文化活动品牌的核心价值作为品牌的 USP，提升品牌在竞争中的识别度。品牌的核心价值是指品牌所具备的不同于其他品牌的优势，而 USP 是指品牌独特的销售说辞，把群众文化活动品牌的核心价值作为品牌在竞争当中的独特推介说辞。二是提升品牌竞争的辐射力，展开全方位的整合营销策略，使品牌竞争力得到延伸和拓展。在确立品牌竞争力的核心价值以后，要开展的就是全方位的整合营销策略，提升品牌在全省范围内的影响力，加强品牌竞争的辐射力。三是加强品牌竞争的创新力，给群众文化活动品牌赋予新的生命力。在市场竞争日益加剧的今天，公众接收到的信息是日新月异的，如果群众文化活动品牌一直停留在原来的样子不加以创新，就会被公众厌倦和抛弃,只有不断地创新才能让品牌保持旺盛的生命力。四是丰富群众文化活动品牌的文化内涵,使品牌的竞争力与品牌的文化力结合创立了群众文化活动品牌之后,还需要在群众文化活动品牌中注入民族民间特色文化,一方面可以增加群众文化活动品牌的内涵,另一方面可以增强群众文化活动品牌的内在文化力和凝聚力。

二、群众文化活动品牌保护面临的困难与问题

浙江省群众文化活动品牌建设起步比较晚,虽然群众文化活动品牌的数量较多,但在全国有较大影响力的群众文化活动品牌很少,其品牌的影响力一般只在省内或本县市,群众文化活动品牌培育面临着法律保护不足,与之发展相关的管理条例、管理办法、指导性业务文件、优惠政策以及经济政策等不健全,由此造成其在发展过程中出现品牌保护意识淡漠、品牌保护经费不足、品牌保护氛围不浓、品牌保护尚未形成机制、文化品牌专业人才缺乏、文化品牌理论研究落后等问题。

(一)品牌保护意识淡漠

文化活动品牌保护意识,在许多文化工作者和管理者心目中至今仍然相当薄弱,多数没有上升到法律意识,对文化活动品牌价值的认识及其开发意识欠缺,这也正是当前文化活动品牌资源保护所面临的最大问题。以长兴"百叶龙"群众文化活动品牌为例,长兴百叶龙是中国民间艺术的一朵奇葩,她源于浙江省长兴县林城镇天平村一个美丽的民间传说,200多年来,经过几代民间艺术家的挖掘整理和加工改编,特别是近年来通过建立健全传承保护的有效机制,使百叶龙艺术得到不断创新发展,频频亮相于国内外大型活动的舞台,享誉海内外,成为国家非物质文化遗产项目及浙江对外文化交流的金名片。这样一

个知名文化活动品牌,却成为商标贩子"蚕食"的新目标,赫赫有名的长兴"百叶龙",被一位福建人注册成第 25 类服装鞋帽商标,网上公开叫卖转让价 300 万,引起社会普遍关注。但是也不足为怪,一个文化活动品牌几十年沿用下来一直没有想到去注册登记,对于商家趁机占用行为也是无能为力。据了解,群众文化活动品牌从品牌的创意、策划、打造、宣传推广,得以打造成一块公众认可的文化品牌,期间到底投入多少人力、物力、财力,估计相关部门也无法准确统计,更何况形成品牌后,其品牌价值这笔无形资产更是无法用资金来衡量。但不难想象,恶意也罢,善意也好,抢注者的用意暂且不去揣测,但作为文化部门的品牌保护意识不强,在许多文化工作者和管理者心目中至今仍然相当薄弱,没有认识到品牌这种无形资产的价值,而给抢注者留下了可乘之机。虽然长兴百叶龙、青田石雕等已完成了商标注册,但浙江省有大批知名的地方文化设施、文化项目或文化活动、文化遗产、文化节目等,均未在法律上采取品牌保护的措施。因此,群众文化活动品牌保护重在增强全社会的保护意识,而这一工作需要从政府和公众两个层面着手。从政府的层面来讲,要营造保护群众文化活动品牌的文化氛围。各级政府应采取有效措施,帮助公众尽快树立群众文化活动品牌保护意识,使其自觉利用、依法保护群众文化活动品牌。从公众的层面讲,要让保护群众文化活动品牌成为公众自发自觉的行为。目前,由于公众对保护群众文化活动品牌意义的认识不足,有些地方还出现了有损群众文化活动品牌的现象。必须使公众从思想上认识到群众文化活动品牌是公共文化服务体系的重要组成部分,绝不能急功近利而无视群众文化活动品牌的长效性,要自觉地将其做强做大,对各类文化项目、活动、设施、节目等进行全面的梳理,该注册登记的就应积极办理,以免造成不必要的损失。

(二)品牌保护经费不足

投入欠缺、资金困难是制约品牌创新的瓶颈。用于创建群众文化活动品牌的基本经费难以保障,特色资源开发利用的速度与知名品牌创新的要求之间仍有一定的差距。近年来,浙江省各级党委和政府虽然也在发展文化事业和产业资金等方面对有的品牌给予了倾斜和扶持,但与先进省份出台的政策力度和资金投入比例相比差距较大。而文化部门自身对打造品牌的投入也是"杯水车薪",后劲不足,难以承受注册之重,即使有了保护意识,却拿不出注册资金,是浙江省大多数文化单位面临的尴尬。据了解,商标注册类别共有 45 类,每注册一类文字商标所需费用在 2000 元左右,注册成功者受保护期为 10 年。然而,图形商标的价格更高,而且要申请一批图形商标还要进行大量的整理和设计,这些费用对于一个群众文化单位来说往往是力不从心、难以承受的。

(三)品牌保护氛围不浓

一个文化品牌的力量是无穷的,它所发挥的效用远远超出文化活动自身的力量,除了能够以其自身辐射功能带动区域文化建设和经济发展,还会提高区域知名度和影响力。由于群众文化品牌还没有引起社会足够的关注,对品牌的保护意识淡漠,没有形成一种保护氛围,所以导致品牌固有的辐射功能和价值难以得到体现。这种保护氛围由政府部门、活动直接参与者,以及社会群众这样三者构成,当前三者都没有真正进入对品牌的保护角色,也忽视品牌所产生的社会效应。另外,群众文化活动品牌的评选不规范也给原本脆弱的品牌保护带来诸多戕害。事事办节,行行评选,层层评奖;设奖随意,标准不高,把关不严,评选不规范。一些不知名的单位和团体也开展冠名"某某大奖"评选活动,金奖银奖满天飞,几乎家家文艺团队都有几个金奖、银奖的牌子。这是一种非良性循环,这种并不理想的保护氛围,在阻碍品牌保护和开发的同时,也严重阻碍了品牌价值的体现。

(四)品牌保护尚未形成机制

主观上,群众文化活动品牌保护意识不够,影响群众文化品牌的保护、开发和利用；客观上，社会对品牌的保护没有形成合力，增强了品牌保护的难度和进度。主要体现在两方面，一是法律、法规不健全。属于知识产权范畴，但是与知识产权又有所区别。就群众文化活动品牌自身而言应该属于知识产权中的《商标法》范畴，而品牌中如创作品牌的创作内容、活动品牌中活动的策划方案又属于《著作权》范畴。从经济社会的发展步伐看，对这两部法律的适用已经相对滞后，群众文化活动品牌在注册、申请法律保护等方面有不适宜之处；群众文化活动品牌法律保护有自身的特殊性，在两部法律的使用客体上也有不适宜之处。二是政府保护机制不完善。到目前为止，政府部门没有推出有力的措施和规章制度来保护群众文化活动品牌，也就是对群众文化活动品牌的扶持力度、保障力度远远不足。三是品牌反馈机制缺失。总体而言，浙江省的群众文化活动品牌设计还缺少常态化的公共文化需求信息反馈制度，公共文化服务供给方对服务对象的文化需求往往只有感性认识，缺乏量化评价，忽视对群众文化活动品牌的针对性和有效性的评估。

（五）文化品牌专业人才缺乏

在浙江建设文化强省的大背景下，构建公共文化服务体系、培育群众文化活动品牌，将极大提升各地区的文化软实力和经济硬实力。培育群众文化活动品牌的瓶颈在于策划、创意人才的匮乏，开展群众文化品牌活动需要的不仅仅是有一定技能的文化艺术专业人才，更需要能策划、管理文化活动的经营人才，比如演艺经纪人、项目策划师、推广创意人等。而目前，既有产业营销理念，又具有文化专业知识的经营人才极其短缺。由于绝大部分文化馆站没有专门的品牌管理人才，类似工作或者没有有意识地开展，或者由活动辅导部的人兼任，从而导致一些群众文化活动的品牌建设处于很低的层次和水平。品牌建设要搞好，必须要进一步完善人才政策，鼓励文化部门培养和引进品牌经营、品牌运作、品牌危机管理等方面的高级人才，加快建立高素质的品牌人才队伍。引导群众文化工作者增强品牌意识，充分发挥其在品牌创造、品牌经营、品牌提升方面的重要作用。鼓励大专院校和有关机构组织开展品牌知识、品牌经营和相关法律法规等方面的培训,提高群众文化活动品牌的创牌能力和水平。

（六）文化品牌理论研究落后

文化品牌的创新与维护须借助于现代科技的推动,并以知识产权的开发和利用为基础,是一个特别依赖于人力资源的现代学科体系。近 20 年来,特别是进入新世纪以来,公共文化相关理论已经在群文理论界成为新的热点,并日益显示出当代学术研究的多学科交叉和综合的特点,以及理论联系实际的独特品格,在政策研究领域产生了广泛影响。但是全省文化研究机构对群众文化活动品牌的相关研究较为落后,学科建设和人才培养机制远远落后于现实需要,在对群众文化活动品牌创新研究的巨大需求与建设性成果的有限供给之间,依然存在巨大的落差。因此,培育群众文化活动品牌,迫切需要完备的制度设计。对群众文化活动品牌制度设计进行研究,既是学术探索,也是实践需要。加强群众文化活动品牌建设,让人民享有健康丰富的文化生活,离不开公共文化体系的发展和完善,离不开群众文化活动品牌制度建设。

三、群众文化活动品牌保护的基本原则

群众文化活动品牌是公共文化服务体系建设的重要载体,其创建与完善,对加快我国公益性文化事业发展,优化人文环境,建设社会主义核心价值体系必将起到积极的促进作用。近年来,随着浙江省文化大省建设的不断开展,全省各地已陆续创建一批知名的群众文化活动品牌。如何有效地对其进行维护和完善,使其真正成为展示先进文化的平台,代表地方形象的文化名片,是建设公共文化服务体系的重要任务,其维护应坚持以下原则:

（一）公益性原则

公益性原则是指群众文化活动品牌维护的出发点、依据和最终目的是满足广大公众的公共文化权益需求。群众文化活动提供的是公益性极强的公共物品，群众文化活动品牌追求的是公共利益的最大化，体现的是全体社会成员的共同利益。公益性原则是群众文化活动品牌建设的根本原则。举办公益性群众文化活动是文化部门的基本职能，构建公共文化服务体系必须发挥政府的主导作用。群众文化品牌活动的策划、组织和举办应主要由政府或政府资助的公益性文化机构来承担，并且免费或优惠提供给全体公民，以弥补市场的不足，保证公民享有必要的精神文化生活。

（二）普惠性原则

群众文化活动品牌维护应确保普惠性，组织和举办的群众文化活动项目与服务不是面向某个群体或个人，而是面向大众，面向社会各个群体，使每个人都享受到获得公共文化服务的权利。政府应不断加大财政资金投入，扩大公共文化服务的覆盖和辐射力，尽可能让广大群众都充分享受到各种文化成果，参与各种公益性的群众文化活动，使公共文化服务体系真正惠及全民。要优化地区之间、城乡之间的公共文化资源配置，特别是要加大向基层尤其是低收入和特殊群体提供免费文化服务的力度，着力丰富农村、偏远地区、进城务工人员的精神文化生活，让文化建设成果惠及全体人民。

（三）多样性原则

由于经济社会发展水平的差异，必然导致不同时期、不同地区对维护群众文化活动品牌的具体要求有所不同，不同群体对群众文化活动项目的需求也往往存在差异。因此，培育群众文化活动不能搞"一刀切"，应注重差异性。针对不同时期、不同地区、不同群体的需求，区别对待,采取有针对性的举措,促进协调发展。要在实现基本文化权益和文化福利的同时,通过产业政策培育文化市场,鼓励和引导广大群众参与更高层次、更具个性特色的群众文化活动。

(四) 有效性原则

群众文化活动品牌维护的有效性原则包括两个层面的含义,一是指群众文化活动项目服务具有实际的社会效益,即有实效,公共文化服务部门所提供的群众文化活动项目能够有效地实现组织的既定目标,最大限度地满足民众的公共文化需求。二是指群众文化活动品牌具有运营的经济效应,即有效率。所以应在群众文化活动中引入市场竞争机制,使公共文化服务组织能够运用较少的成本投入,有效地维护和供给群众文化活动项目和服务。政府应建立科学的群众文化活动品牌绩效评价制度,提高公共文化服务运行效率。

(五) 公共参与原则

群众文化活动品牌维护的公共参与性原则是指在群众文化活动品牌的创建过程中,政府有责任保障公民能够充分地参与群众文化品牌活动的各个环节。公民参与一方面是指公民参与群众文化活动品牌保护政策的制定、执行和监督过程,使公民的文化利益诉求得到充分及时的表达,以实现公民合法拥有的民主权利。另一方面是指公民参与群众文化活动的举办、文化成果的创造,使自己的文化理念得到张扬、文化创造力得以发挥,从而实现公民创造文化成果的权利。参与不仅仅是公民个人的依法参与,更希望公民通过组成民间社团、非营利性文化服务机构等社会组织的形式,合法地、有组织地进入公共领域,形成公共文化服务的共同治理结构,实现公共文化服务中政府与公民社会的良性互动。

四、群众文化活动品牌保护的对策

所谓群众文化活动品牌保护，就是对群众文化活动品牌的所有人、合法使用人的品牌实行资格保护措施，以防范来自各方面的侵害和侵权行为，包括群众文化活动品牌的法律保护、非遗保护和社会保护三个组成部分。具体来说，就是要健全品牌保护制度，加快品牌保护的法制化进程，推进品牌保护立法工作，建立较完善的品牌保护机制和本地法律体系，协助品牌企业异地维权，依法维护各类品牌的合法权益。加强各类品牌的自我保护意识，提高企业品牌的自我保护水平，加大对品牌的依法保护力度，坚持创牌与保牌并举，充分发挥相关部门的职能作用和行业协会、自律组织的积极性，形成单位自我保护、政府依法保护和司法维权保护三位一体、相互结合的品牌保护体系。本书借鉴商业品牌运作的理论和品牌保护的成功经验，结合品牌创建的实践活动，认为品牌保护是巩固并提高群众文化活动品牌的竞争力与市场影响，使品牌资产不断增值的有效手段，并提出了法律保护、经营保护、非遗保护和社会保护等保护策略。

（一）品牌的法律保护策略

品牌是实施名牌战略的基础，要有效地保护品牌，应确定公益性文化品牌公益性的法定地位，加速公益性文化事业立法进程，以法律、法规的形式规范文化事业及其相关领域的所有行为，使公益性文化事业投入、管理、运行的各个环节早日步入法制化轨道，最大限度地降低决策者对公益性文化事业发展的随意性。通过完善相关政策和法律法规，提倡和鼓励社会捐助，积极引导社会力量以多种方式参与公共文化建设。在北美、西欧及日本，政府常常通过制定优惠税制政策、政府陪同资助政策等措施，在社会上广开财源，以寻求社会对公益性文化的支持和捐助,取得了良好的社会效果。另一方面,市场经济从某种意义上说也就是法制经济,对品牌的保护首先就是法律的保护,它包括从法律上和从商标注册上两个内容。立法保护是指通过制定和颁布有利于品牌保护的法律来实施对品牌的保护。从立法重点来看有两种类型:一是鼓励性立法,即对品牌保护从正面提倡、鼓励和促进品牌发展和名牌战略的法律。这些法律主要是从正面积极引导、扶持和促进产品质量的提高、品牌的健康发展;二是惩罚性立法,也就是指对危害品牌正常发展、破坏品牌运行正常机制的一切违法犯罪活动进行惩罚和打击的法律,两种类型的立法是有区别的,但两者又是互相联系的,前者有惩治假冒的条款,后者也有鼓励保护知名品牌产品的条款。我国改革开放以来,对品牌的立法保护做了大量的工作,制定了一批有利于品牌保护的法律法规,但与市场经济发展的实际要求相比,有些应该制定的法律还没有制定,已经制定的法律法规对假冒伪劣产品打击的力度还不够,出现了许多法律盲点,必须补充。所以,必须进一步加强对品牌的立法保护,进一步加强打击伪劣产品的力度。司法保护是指依据现有的法律对品牌进行保护、打击假冒的实际司法行为。司法保护主要是由司法机关来实施,其主要方式是通过司法程序,以法律为准则,以事实为依据,对假冒伪劣的违法犯罪行为进行法律制裁,从而保护知名品牌产品的声誉。

(二) 品牌的经营保护策略

群众文化活动品牌形象的塑造和市场地位的确立是在一系列文化活动中完成的,因而群众文化活动组织者要在实施过程中树立品牌保护意识,采取有效措施对品牌实施保护。保护措施要根据各地群众文化建设的实际而定,文化的内外环境不同,保护措施也要有所不同;文化环境变化了,保护措施也要随之变化。不能保护不足,也不能保护过度,要有效而适度。大体说来,这些措施主要有以下几点。

1. 以满足群众文化消费需求为目的

品牌保护要以满足人民群众多样化的文化消费需求为目的，因为品牌不仅是群众文化工作者的品牌，也是人民群众的品牌。品牌的经营保护与人民群众的兴趣、偏好密切相关，如果群众文化活动项目不能满足人民群众的口味要求，品牌就会被市场无情地淘汰。许多文化建设不是花钱就会有正向效应，许多文化生产不是汇聚文化资源就会有市场，许多群众文化活动品牌规划不是有良好动机或专家学者参与就必定结出硕果。

应该看到，最大限度地满足人民群众的精神文化需求是文化建设的根本任务，不从群众需要出发，群众文化活动品牌就会出现"政府是投资主体，领导是基本观众，评奖是主要目的，仓库是最终归宿"的荒谬现象。如果对人民群众多样化的文化消费需求没有真实的、正确的理解，不知"日益增长需求"的种类、结构、规律，仅凭决策者个人兴趣爱好与经验积累而盲动，就会从根本上违背以人为本的原则，还会在实践中忽略人民群众在文化建设中的知情权、表达权、参与决策权，无视这一领域公益性、基本性、均等性、便利性等系列特点。来自人、为了人、服务人的文化，倘若脱离开需求、创造、生产、消费文化的主体，群众文化活动品牌发展活力便如同无源之水会变得无声无息。

2009 年以来，定海区立足海岛现状，创新基层大型文化活动参与机制，发展基层公共文化品牌，通过连续三年举办"唱响定海"大型群众文化活动，带动海岛文化阵地建设，壮大海岛文化队伍，全区形成了"人人参与文化，人人共享文化"的浓厚氛围。赛前开展大赛口号、吉祥物、主题歌等宣传元素征集；比赛中，综合运用现场比拼、短信投票、视频展示等方式引导群众评选人气"民星"；赛后开展"为我加油"亲友团签名活动，选手们走街串巷展示"民星"风采。注重互动环节设置，打破专家权威垄断，引入民间评委给予群众话语权，将活动打造成"自编、自导、自演、自赏"的舞台。500 余场次赛事覆盖全区所有城乡社区（村），22000 余人次登台表演，70 余万人次参与观看。该活动荣获首届浙江省基层公共文化服务创新奖,受到各级媒体的广泛关注。"唱响定海"活动将群众从以往文化活动的接受主体转变为组织和表演主题,将群众的聚焦点转移到健康积极的文艺活动中来,有效缓解了群众文化的供需矛盾,促进邻里之间、新老居民之间感情融合,为海岛社会营造了团结和谐氛围。

2. 维护高质量的品牌形象

质量是群众文化活动品牌的基石和本质。提高品牌的知名度需要高质量,维护品牌形象、保持品牌的市场地位也需要高质量。许多品牌形象受损,市场份额降低,都是因为质量出了问题。对品牌经营者而言,维持高质量的品牌形象可以通以下途径:一是运用 ISO9001 质量管理体系认证。在群众文化活动项目实施过程中按照体系要求确定了职能范围,其中包括文化展览、文化讲座、文化辅导、文化艺术培训、文化交流展示演出、节日文化活动等,并针对每项职能建立一个包含全部业务过程的 PDCA 管理办法,即每个品牌项目过程都能通过建立目标、策划、实施、检察、改进、再实施的闭环循环得以持续改进。并将群众满意度调查结果作为考评体系的主要依据。二是提升群众文化活动质量与水平。以繁荣群众文艺创作为中心,鼓励扶持群众文艺创作和生产,通过举办不同艺术门类的群众艺术创作、民间艺术评奖和展示活动,为基层文艺骨干、群众文艺创作者、民间艺人队伍提供培训、学习、交流研讨、展示才艺的平台,有计划、有组织地培养新一代群众文化工作者。三是指导群众文化活动的规范运作。组织文化指导员赴社区、村镇培训、辅导基层文艺骨干。同时,根据群众需求,组建不同专业、多种层次的群众文艺队伍,形成遍布城乡的公共文化服务队伍体系。对由社会团体组织举办和群众自发组织的各种文化活动,要积极加强引导和管理。建议由相关部门牵头,整合各方资源,设立群众文化活动专业网站,强化"组织、指导、展示、培训、服务"五大功能,提供一个登记、发布、交流、沟通、互动、监督、检查的基础平台。

3. 群众文化活动项目的严格管理

严格管理是群众文化活动品牌形象塑造，也是群众文化活动品牌保护的重要手段。群众文化活动特色项目创建活动是推动群众文化事业发展、提高群众文化活动水平的重要载体，也是落实公共文化服务体系建设的重要组成部分。群众文化活动特色项目申报立项工作要以科学发展观为指导，以满足人民群众精神文化需求为宗旨，以文化创新为动力，努力开拓具有时代特点、浙江特征、区域特色的群众文化品牌项目，以增强群众文化活动的吸引力、影响力和生命力。群众文化活动特色项目应具备下列条件：一要有鲜明的品牌效应。具有独创性、引领性，形成较广泛的社会影响力和辐射性，能够代表本市当前群众文化活动建设的新水平。二要有广泛的群众基础。群众文化活动有相对固定的骨干队伍，群众参与面广，普及率高，为广大群众所喜爱。三要有良好的社会效益。已经形成相对稳定和持续发展的条件，具有比较显著的文化艺术成果，在公共文化服务体系建设中起到积极作用，受到表彰和社会的好评。四要有完善的管理机制。有明确的发展规划，完善的管理制度，齐全的数据文件，在资金投入运行、设施设备建设、人才管理培养等方面具有良好的措施，能保障其可持续发展。

（三）品牌的非遗保护策略

群众文化活动品牌有不少是非物质文化遗产项目，具有传承性、民俗性、地域性的特征。因此，群众文化活动品牌的保护不能脱离广大人民群众的实际生产生活，要在民间"活"的生活之中进行活态保护，将其转化为当下的生产生活方式。

1. 抢救性保护

所谓"抢救性保护"是指对散落在民间的非物质文化遗产进行采集、记录、整理、立档、保存、研究等，是非物质文化遗产保护中的基础性工作。要实现对非物质文化遗产的活态保护,使其得到传承和发展,抢救性保护是非物质文化遗产保护的基础性工作,一切传承、振兴、利用、发展等都要以保存好文化基因为前提。首先,通过普查基本摸清非物质文化遗产资源的家底,并通过建立资料库、数字博物馆、专题博物馆,对挖掘、整理出的文字、影像、实物资料进行归档,为日后的研究、保护工作提供资料;同时,出版有关典籍、编制各类非物质文化遗产形式的科学资料片,通过向社会开放的形式进行宣传。其次,在普查的基础上,通过国家、省、市、县四级非物质文化遗产名录体系的方式,对存续现状堪忧、具有重大价值的非物质文化遗产进行重点保护,可以提高全社会对它们的认知和重视,促进社会各界开展研究和保护工作。再者,通过扶持濒危项目的代表性传承人,对其口述史、作品等有关资料的记录、采集和建档,使其将这些即将消失的珍贵技艺、技能和知识延续、传承下去。这一举措是抢救保护非物质文化遗产类品牌项目的最有效途径。

2. 生产性保护

所谓"生产性保护",是指通过生产、流通、销售等方式,将非物质文化遗产类群众文化活动品牌及其资源转化为生产力和产品,产生经济效益,并促进相关产业发展,使非物质文化遗产在生产实践中得到积极保护,实现非物质文化遗产保护与经济社会协调发展的良性互动。非物质文化遗产保护根本目的在于"活态传承",这是衡量非物质文化遗产保护方式合理性的基本准则。生产性方式保护的前提要有利于这些遗产的活态传承,也就是说,要以尊重非物质文化遗产的原真形态和文化内涵为前提。譬如,工艺类项目本身具有生产性,采取生产性保护方式是符合其传承特点的;表演类专案,包括传统音乐、舞蹈、戏剧、曲艺以及游艺与杂技等类别的非物质文化遗产,其本身具有表演性,在节庆、旅游活动中展演或进行舞台表演,以期产生经济效益,也属于"生产性方式保护"的范畴。但是,不是所有的非物质文化遗产类的群众文化活动品牌都可以进行"生产"或与经济效益挂钩。

属于民俗类的庆典、习俗、礼仪等在特定的时间、场所以特定的规则进行的专案,就不能人为地肆意改动,也不能随意搬上舞台。在保护工作实践中,我们要采取具体问题具体分析的办法,因地、因类制宜,根据群众文化活动品牌本身的特点,选择合适的保护方式。

3．整体性保护

所谓整体性,就是针对一些传统文化积淀丰厚、非物质文化遗产类群众文化活动品牌较为集中、特色鲜明、形式和内涵保持完整、自然生态环境保护良好的特定区域,提出整体性保护的方式。我国以建立"文化生态保护区"的方式来实现非物质文化遗产的整体性保护。在文化生态保护区的建设实践中,首先要将完善国家、省、市、县四级非物质文化遗产名录体系作为首要工作,并做好名录专案保护的各项配套工作。这是保障非物质文化遗产整体性保护和文化生态保护区文化基因生命力的坚实基础。其次,做好非物质文化遗产专案代表性传承人的保护工作,注重对他们开展传承活动的重点支援,激发他们进行文化传承的主动性和自觉性,并调动他们参与保护区的管理。第三,保护好文化生态保护区内与非物质文化遗产传承密切相关的物质文化遗产。相关的遗址、遗迹和文物是非物质文化遗产开展传承活动的空间场所和载体。保护好这些遗址、遗迹和文物,对传承非物质文化遗产和保持良好的文化生态具有重要作用。第四,保护好文化生态保护区内各级自然保护区。自然保护区是保存有完整的综合自然生态系统的区域,是当地自然环境的代表区域,因此是文化生态保护区的重要组成部分。

（四）品牌的社会保护策略

社会保护一般是指政府、有关部门、团体及个人在保护品牌中如何发挥作用。这是一项综合性极强的系统工程,需要把全社会的力量动员起来,形成科学的社会保护机制。

1. 政府主导，建立保护机制

公益性的群众文化活动品牌的公益性质决定了它的发展必须以政府为主导。政府的主导应是整体的、宏观方向的主导，而不是对具体的文化活动的主导。在一些公益性文化活动品牌项目的启动和发展初期，先由政府部门主导，政府先投入，在新的投入主体加入后，政府应当成为公益性文化活动品牌创建的投入主体之一，体现对公益性文化品牌发展的领导、管理和监督作用。首先，对历史文化资源进行有效整合，制定保护性规划、纲要，列出明确的保护名录，并开展专题研究，量身定制商标保护方案，实行"个性化"保护，如进行集体商标注册；其次，开展创品牌活动。建议在著名商标、知名商号的认定工作中，给予传统品牌、老字号、服务业商标更多的倾斜政策。如浙江省文化厅在2008年对入选的18项重点扶持文化节庆活动给予参与、指导、宣传、经费补助及优先审批等扶持措施，并从提升影响力、体现特色、健全长效机制、扩大群众参与及加强安保等方面对举办文化节庆活动提出了要求。第三，制定政策保障。群众文化活动品牌建设工作涉及方方面面，需要整合多方面的资源。要制定政策，加强打造群众文化活动品牌相关资源的整合，特别是要加强各相关部门、单位及文化资源的横向联合，把文化渗透到各行各业中去。要加大财政扶持力度，落实好鼓励文化发展的相关优惠政策，保证群众文化活动品牌培育工作的顺利实施；要积极引入市场化运作机制，多渠道筹措资金，逐步形成以企业投入、财政资金、银行贷款、文化基金、证券融资、民间捐助等相结合的多元化投入机制，共同推进群众文化活动品牌建设。要积极鼓励推进文化产业项目招商，以招商引资促进群众文化活动品牌打造实现新突破。坚持群众文化活动品牌建设与文化产业发展相结合，只有形成产业才能为文化事业提供经济支持，才能形成长远的、有竞争力的群众文化活动品牌。

2. 设立联合保护机构或建立联席会议制度

群众文化活动品牌建设和打造是一项系统工程，关系到方方面面，要求全省各级各部门树立文化品牌意识,根据全省文化品牌建设的总体要求,分级负责,分级实施,切实担负起群众文化活动品牌培育工作的责任。要建立健全党委和政府统一领导,发展改革、财政、人事、文化、广电、新闻出版等部门分工负责,工会、共青团、妇联、文联、作协等人民团体积极参与的工作机制,形成打造群众文化活动品牌的强大合力。

3. 充分发挥行业协会的作用

充分发挥群众文化学会、图书馆学会、文学艺术界联合会等行业协会在品牌培育过程中的行业保护、自律、协调和服务作用。一是研究分析行业品牌发展情况,与政府有关部门协同,帮助解决群众文化活动品牌发展过程中的困难和问题,通过制定行业品牌培育计划,交流群众文化活动品牌建设经验,力争创造出更多的强势品牌。二是经常组织开展法律法规和品牌业务知识的宣传、培训和咨询等活动,提高群众文化活动的商标品牌意识。履行好商标所有人的职责,做好商标的使用、保护、宣传等管理工作,扩大品牌的知名度和美誉度,提高品牌忠诚度,为历史文化遗产锦上添花。三是加快建立品牌联盟,加强行业自律,保护会员单位的品牌专用权,依法维护会员单位的合法权益和行业整体利益。与此同时,行业协会可对群众文化活动品牌实行动态监测,增强维权意识,建立以商标为核心的知识产权保护体系,保护其合法权益。四是充分发挥政府和文化部门之间的桥梁纽带作用,积极搭建服务平台,为文艺社团提供商标、专利、版权等知识产权信息、品牌评价、推广、交流合作等服务,在确定品牌名称、办理商标注册等方面为文艺社团提供指导。

总之,一个知名的文化品牌往往要经过数十年甚至上百年的文化积淀和几代人的不懈努力,具有深刻的文化内涵和影响力。一个知名群众文化活动品牌的形成也是如此,需要十几年、几十年的积淀,需要人民集体智慧的结晶,需要无数群众共同的认可和维护。在经济快速发展,文化备受重视,生活迈进小康的今天,群众文化活动品牌的地位逐渐提升,它已经成为人们精神生活中一个重要的品牌。群众文化活动品牌的重要性也逐渐突现,对群众文化活动品牌的保护也应当倍加重视。

第六章 浙江省群众文化活动品牌战略

　　浙江历史悠久,文化底蕴深厚,文化遗产资源丰富。改革开放以来,2000 年浙江省委就制定颁布了《浙江省建设文化大省纲要(2001—2020 年)》,2005 年,作出了《关于加快建设文化大省的决定》以及《浙江省推动文化大发展大繁荣纲要(2008—2012 年)》的战略思想,为全省群众文化活动开展指明了方向和目标。从此以后,浙江各地先后开展了创建文化大县和文化大市活动,制定群众文化活动品牌战略也提到了议事日程。创建群众文化活动品牌是地方文化大发展大繁荣的重要标志之一。而战略是品牌成功所面临的最大挑战①,战略永远是第一位的,群众文化活动品牌战略是指在群众文化市场中,为谋求品牌长期生存和发展,以正确的指导思想,对品牌发展的目标、方向、方针、策略和实施步骤作出长远的、系统的和全局的谋划,其目的就是创立和发展群众文化活动品牌,并使品牌成为全省和全国知名品牌。群众文化活动的品牌战略主要包括品牌发展战略、品牌形象战略、品牌延伸战略等②。群众文化活动品牌战略具有长期性、相对稳定性、创新性等特征。群众文化活动品牌战略是强化群众文化活动质量、增强群众文化活动宣传效果、塑造群众文化活动自身形象、提升群众文化活动竞争实力的重要途径。品牌战略需要通过品牌定位、品牌

---

① 余明阳,戴世富.品牌战略[M].北京:清华大学出版社,2009 年,第 36 页.
② 余明阳,戴世富,品牌战略[M].北京:清华大学出版社,2009 年,第 30—36 页.

形象包装、品牌宣传、品牌延伸等策略来实现①。浙江各地群众文化具有丰富的历史文化积淀,是打造特色群众文化活动品牌的重要资本,但长期以来由于缺乏对群众文化活动"品牌"进行战略性谋划,各地拥有的在省内外有影响力的群众文化活动品牌还很少,群众文化活动品牌的知名度和美誉度还很低,为了使群众文化活动产生更大的活动力、感染力和号召力,有必要对群众文化活动品牌战略进行分析研究,以提高各级管理部门对创建群众文化活动品牌的重视。

一、浙江省群众文化活动品牌定位

（一）概念、内涵与意义

群众文化活动品牌定位就是对群众文化活动项目进行组织文化设计、思想艺术品质加工、内容形式宣传传播、整体形象塑造、服务对象确定等内容的战略规划过程。群众文化活动品牌对确立创建目标、树立品牌个性,向现实与潜在的受众传递品牌的形象、文化、品质与理念等信息至关重要。群众文化活动品牌定位的目的就是将群众文化活动精品从普通的活动项目转化为省市或国家级品牌,以利于广人人民群众在文化生活中对品牌的识别与了解。

文化品牌是衡量一个地方文化事业是否繁荣发展的重要指标之一。打造一系列具有全国性影响力的本土特色文化品牌,扩大浙江文化大省的知名度和美誉度,是建设"文化大省"的内在要求。然而浙江省很多群众文化活动品牌没有注册商标,对品牌的认识也仅仅停留在知名度上,对品牌的价值不够了解;而品牌能使价值直观化,品牌是能

---

① 魏奕沁,周红莉.电视娱乐节目的成功之路——品牌营销战略[J].新闻世界, 2011年,第3期,第91页.

将有影响力的理念带到各处的东西①。对群众文化活动品牌进行定位与传播,目的就是更好地宣传推广群众文化活动,提高群众文化活动在各地文化建设中的地位与作用。品牌既可以创造、也可以继承,因此,要实现群众文化活动品牌化,必须要遵循一定的程序或规则,要对品牌进行定位并实施相应的品牌战略,以便采取措施与手段向观众展示群众文化活动品牌的价值。

群众文化活动品牌定位与品牌战略是品牌获得认可的基础与前提。品牌定位分为战略定位和战术定位两个层面,品牌定位的主要目的是为了能够在众多的群众文化活动产品的思想性、艺术性、科学性、文化性、娱乐性等方面脱颖而出,获得竞争优势,故作为品牌创建工作的首要环节,品牌定位首先要明确品牌的价值,即服务对象、品牌品性与实施的战略与策略②。群众文化活动品牌定位需要描述的方面包括③:文化活动品牌所针对的目标群体、提供给目标群体的核心品牌利益、品牌获得竞争优势的独特性与品牌的社会认同。品牌的社会认同包括声誉、可接受性和权威认可三个方面。品牌只有获得一定范围内的群众满意与社会的认同才具有一定意义上的品牌价值,而品牌的文化艺术与科学价值是驱动品牌创建成功的关键。群众文化活动品牌定位除应该注重发挥个性外,还需要注重可持续发展,在不断创新的基础上保持相对的稳定。比如浙江嵊州的民营剧团能够红遍省内外,深受群众喜爱,其创建剧团的目标首先定位在满足普通老百姓的需要。多年来,嵊州的民营剧团能够不畏艰辛,跋山涉水,入乡随俗,常年活跃在山区、边区、海岛与农村,走村串乡,轻车就简,上山下乡,不怕山高路远与风险,尽可能满足农民的文化需求,村庄、广场、船头、庙堂处

---

① (新西兰)戴维斯,(新西兰)鲍德温著.陆以理,李柏英译.品牌概论[M].沈阳:辽宁科学技术出版社,2011年,第32—34页.
② 余明阳,杨芳平.品牌定位[M].武汉:武汉大学出版社,2008年,第5页.
③ 郑宗成,汪德宏,姚承纲.品牌知行:微观品牌管理和研究[M].广州:中山大学出版社,2004年,第5页.

处都有他们的演出舞台，可以演出三、四十个剧本戏，如生日戏、寿年戏、体面戏①等；他们还能与时俱进，根据时代的发展、社会的进步和群众的喜好，编演二、三百种"路头戏"，演出名目繁多，充分满足了不同层次、不同地方的群众需求②，嵊州民营剧团的"草根"演员具有中国传统农民吃苦耐劳的精神，剧团组织精干，活动灵活，由此巩固了在群众文化市场上的地位③。

（二）群众文化活动品牌定位的方法

广告创意理论（USP）认为一个好的广告应该有一个独特的销售主张。要将群众文化活动品牌植入人心，首先要找出该品牌独有的特性（Unique），其次，进行迎合消费者需求的销售（Selling），最后是提出强有力的建议（Proposition）④。品牌定位的方法有很多，但对群众文化活动品牌创建来说最主要的方法还是首次定位、特色定位与关联定位。首次定位强调品牌建设要充分利用原有群众文化活动项目的优势，高度重视品牌形成的历史文化渊源，打好基础，突出长项，以现有的观众作为品牌服务的对象，再逐步扩大群众文化活动服务范围和服务领域。特色定位是以传统的特色节目或特色活动形式等为定位的目标，不断推陈出新，以独树一帜、更加鲜明的特色赢得观众；所谓特色，就是"人无我有"，"人有我特"，高人一筹，独树一帜。关联定位是将自身的品牌发展与地区政治、经济与社会文化活动紧密地结合起来，将群众文化活动品牌的打造与地方优势和地方发展结合起

---

① 陈立旭，潘捷军等.乡风文明：新农村文化建设——基于浙江实践的研究[M].北京：科学出版社，2009年，第183—190页.

② 胡精伟.嵊州市文化产业发展中的政府行为研究[D]上海交通大学公共管理硕士论文，2010年.

③ 邢明霞，袁秋飞.关于发展民间文化演出产业的实践与思考[J].理论与市情研究，2009年，第9期，第4—5页.

④ 百度文库.广告创意理论[EB/OL].[2011-8-9].http：//wenku.baidu.com/view/26c4b60d76c66137ee06193c.html.

来，互相促进、共同提高，借船出海，发挥关联与互补效应，提升品牌的知名度。

　　品牌定位的核心是提高群众文化活动品牌的知名度、美誉度、满意度与忠诚度。群众对文化活动满意度包含了理念认同、行为满意和视听满意三个方面。如果群众文化活动品牌的社会声誉受到影响或产生贬值，品牌的顾客感知价值就会流失，顾客的满意度就会下降与损失①。因此，群众文化活动品牌定位的目的之一就是要能产生巨大的号召力以赢得群众的青睐与喜欢。品牌定位具体体现在产品定位、形象定位与传播定位等方面，群众文化活动品牌的形象定位首先要确定活动品牌的发展战略，在注重政治性、思想性、艺术性与服务性的同时，兼顾群众的欣赏水平与传统风俗习惯，充分体现个性与自身的特色，要在不断的群众文化活动过程中改造与完善。美国传播学者托尼·哈里森在《传播技能》一书中指出："传播定位是指一个传媒的特点在受众心目中的总体反映。它包括传媒的特质或价值"②。群众文化活动品牌的传播定位就是要竭尽全力在群众心目中树立良好的品牌形象，以获得最大的影响力与感召力。影响群众文化活动品牌定位的因素众多，既有品牌定位缺失、定位错误、定位过窄过泛等原因，也有定位与运作需要的资金、人力、物力等投入条件和其他困难与风险等限制因素，领导与组织的支持与否也是群众文化活动品牌定位或再定位成功与否的重要方面③。群众文化活动品牌定位还需要关注品牌的类型，是单一品牌还是复合品牌、是传统品牌还是延伸品牌，因为，不同品牌定位所采取的战略策略与战略措施是不同的，其所塑造的品牌形象也是有区别的。

　　具体而言，要做好群众文化活动品牌定位，可以关注以下三个方面

---

　　①　王永龙.21世纪品牌运营方略[M].北京：人民邮电出版社，2003年，第1页.

　　②　魏奕沁，周红莉.电视娱乐节目的成功之路——品牌营销战略[J].新闻世界，2011年，第3期，第90页.

　　③　余明阳，杨芳平.品牌定位[M].武汉：武汉大学出版社，2008年，第5页.

标准：一是群众文化活动品牌定位是否清晰、个性生动、形象独特，具有浓郁的地方特色与文化特色；能否扎根本土、主题鲜明、有较高的思想艺术水准；是否发挥了群众文化活动在群众中的正面宣传、舆论引导、文化教育、社会服务和审美娱乐等多重功能。群众文化活动是品牌构建的第一推力，有了品牌的群众文化活动，其社会美誉度也会随之提高。群众文化活动品牌定位所依赖的资源要有独特性和资源利用的专属性，不仅要学会利用特色资源，而且要能够发扬吃苦耐劳的精神，通过不惜的努力，成功的创建品牌。此外，要使特色战略的"特"字得到充分体现，除了资源本身的特色外，还要利用其他的手段、方法实现品牌创建的目标①。二是所定位的群众文化活动品牌是群众喜闻乐见并广泛参与的活动。虽然群众文化活动品牌最终只是一个宣传活动项目，但通过活动的宣传推广能够最大限度地提升群众的认同感、归属感，以达到陶冶情操、提高群众文化素质等目的。群众文化活动品牌体现了所在地广大人民群众共同的信念、价值观和行为方式。群众文化活动品牌的创建，既需要地方政府的大力支持，也需要对品牌进行不断的创新。三是群众文化活动品牌定位要能促进社会和谐。群众文化活动品牌要能发挥群众文化活动引领风尚、促进和谐、振奋精神、愉悦身心、提高社会主义精神文明等作用。

（三）品牌定位的要素与过程

群众文化活动品牌定位主要涉及六个方面的要素：即品牌战略、群众需求、品牌精神与理念、品牌形象塑造、品牌传播、品牌延伸等。群众文化活动品牌的精神理念与战略贯穿了品牌定位及品牌管理的始终，品牌定位能否发挥品牌的影响力与凝聚力，品牌是否具有战略性与前瞻性都直接关系到品牌的健康发展。

---

① 艾群.说说文化产业的战略问题[EB/OL].中国文化报,中国网.2012[2011-6-27].http://cul.china.com.cn/chuangyi/2011-06/27/content_4293273_3.htm

　　一个群众文化活动品牌的诞生经历了从定位、调研、设计、策划、运作与展示等不同的过程。为了生动形象地阐述品牌的发展历程，我们以丽水市创作的畲族第一部大型风情歌舞剧《畲山风》品牌不同寻常的创建过程与经历，来说明品牌定位的要素与过程的复杂与艰辛①：四幕畲族风情歌舞剧《畲山风》品牌，是一部具有较高文化品位和审美价值的大型民族歌舞作品，是具有突破性意义的畲族第一部大型歌舞剧。该节目 1998 年 11 月应文化部、国家民委邀请晋京演出，1999 年 12 月获浙江省第六届精神文明建设"五个一"工程奖，2001 年 9 月参加第二届全国少数民族文艺会演获得创作、演出双金奖和其他单项奖共 15 项，2002 年获浙江省第四届鲁迅文学艺术奖。在《畲山风》品牌众多荣誉的背后，折射出的是品牌创建过程的艰辛与组织者的坚忍不拔与不懈追求。从 1996 年开始，丽水群艺馆领导与专家们为了进一步搞好群众文艺创作，争取在大型剧目创作上有所突破，于是着手对本地的传统优秀剧目进行审视，他们根据丽水畲族文化的特色以及全区文化工作者 40 年来对畲族文化挖掘整理的工作基础，发现反映畲族文艺活动的题材具有较大的发挥与想象空间，于是创作了以畲族民俗风情为题材的大型综合型歌舞节目。品牌定位明确了之后，群艺馆于 1998 年正式成立了创作小组和剧组，筹措了经费并引进了相应的艺术人才，制定了品牌创作的工作班子和工作步骤，从此开始了艰辛但又高效的艺术创作过程。1998 年初，项目组确定了剧目的创作宗旨、主题、风格、体裁；1998 年 3 月，组织创作采风组，赴丽水、云和、景宁、泰顺、文成及福建省福鼎、福安、霞浦、南平、宁德等畲族地区采风，收集素材和资料；1998 年 4 月初，创作进入了剧本构思和写作阶段，经过多次反复修改与论证，广泛征求了相关文艺专家、畲族人士、民族工作者的意见，经过多次协作、沟通与决策，最后将剧名定名为《畲山风》。

----

　　①　丽水艺术网. 畲族第一部大型风情歌舞剧《畲山风》创作亲历. [EB/OL]. [2010-5-7]. http://www.lsart.com.cn/showart.asp? art_id=497.

1998年5月,剧本送审,确定了《畲山风》品牌的目标是要将该剧打造成反映畲族民族文化的传世之作与艺术精品,并力争在同年11月将《畲山风》作为全国文化交流活动的节目之一在北京演出。具体的目标明确之后,一支高效、精干而又肯吃苦耐劳的团队组建成功,团里所有的管理者、音乐、编导、演职人员在艰苦朴素的环境下,以崇高的敬业精神,不计个人得失,高效快捷地完成了各方面的准备工作;1998年6月完成了《畲山风》剧本的最后定稿并将其付诸排练,1998年8月1日第一批来自景宁、云和、缙云、丽水、师专、农校等地清一色的纯业余演员加入到剧组,他们由音乐教师、文化员、干部职工、大专学生、农民、待业青年等40人组成。盛夏的丽水,烈日似火、热浪滚滚,挥汗如雨,而《畲山风》剧团的演职员们,顶着酷暑,在极其简陋的条件下进行艰苦的排练。2001年9月,在全国55个少数民族的37个代表团、共3500多名演员、42台剧目评奖表演中,《畲山风》成为这一届汇演中唯一的一支由业余群众人员创作、编导、作曲、演出的大型歌舞剧,获第二届全国少数民族文艺汇演创作金奖、演出金奖以及其他单项奖共计15项;2002年,《畲山风》获浙江省第四届鲁迅文学艺术奖。2006年新创作的四幕畲族音舞诗《畲家谣》,参加了第三届全国少数民族文艺汇演,也获了创作金奖。《畲山风》民族群众文化活动的品牌创作过程充分展示了一个定位科学准确、特色鲜明、取材于地方传统文化的群众文化活动品牌,具有旺盛的生命力,真正受到群众喜爱,其所获得的荣誉必将永载畲族文化和丽水文化的史册。

二、浙江省群众文化活动品牌个性化战略

群众文化活动的特色铸造了品牌个性,品牌个性是品牌识别体系中的重要内容。因此,打造个性化的品牌战略具有重要意义。群众文化活动品牌的个性包含在品牌的形象设计、商标标识、宣传推广、艺术

水准、服务品质、受众欢迎程度之中。目前，浙江省群众文化活动品牌的形象塑造较为滞后，尤其是对品牌的视觉形象与品牌商标设计与注册还重视得不够，一部分人认为群众文化活动品牌不同于市场产品品牌，产品与品牌的同质化竞争没有那么激烈，品牌的侵权行为也较为少见，认为品牌的形象塑造可有可无。实际上，随着我国文化产业的不断发展，群众性文化活动的市场化程度日益加深，群众文化活动产品的产权保护已提到议事日程，重视品牌的形象设计不仅是为了保护文化活动的知识产权，更主要的是建立完善的品牌视觉形象设计系统，有助于生动形象地展示群众文化活动的独特个性与魅力，使本地区的群众文化活动品牌能够在众多的品牌形象中脱颖而出，使自身的品牌形象长久地驻留在大众群众的心中。群众文化活动品牌作为一种特殊的文化艺术类活动，其承载与附属的内容与所要传播的思想文化信息是任何其他文化活动品牌所无法比拟的。品牌名称、标志、动漫设计、富有特色的吉祥物、品牌图标、广告用语、服装样式、网页设计等形象系统的设计充分体现了群众的智慧与无穷的创造力，同时，也体现了群众文化活动品牌的个性化特征。

（一）从人性差异化、情感个性化方面塑造品牌个性

个性化不仅因为特色鲜明、引人注目而吸引群众、打动观众，赢得观众的赞赏，更重要的是个性化凸现群众文化活动品牌的价值与活动效果。个性是品牌的主要内涵，没有个性的品牌必然会给品牌的传播与今后的延伸发展带来困难，品牌的个性是吸引用户聚集在这个品牌下面最主要的东西[①]。群众文化活动个性化品牌战略的实施需要在作品内容、宣传手段、促销方式、服务内容与形式等各方面建立品牌的独特个性，建立以群众为中心的品牌忠诚消费者。目前，浙江省群众文

---

① 苏章彦.试论品牌个性化战略[J].云南财贸学院学报（社会科学版），2005年，第20卷，第5期，第99—100页。

化活动品牌具有独特个性的很多,但能够创新成功的品牌却是少数①。群众文化活动品牌应从活动主旨、活动形式、活动内容乃至活动宣传手段等多方面形成自身的特点;群众文化活动品牌要保持长久的生命力,就需要将一个地方的文化特色、地域特色和时代特色统一起来。在活动策划上要注重与相关部门的密切配合,合力打造复合型的群众文化活动品牌。在群众文化活动日益繁荣的今天,如何利用丰富的情感去打动观众,并使其产生共鸣,这是群众文化活动品牌个性化与情感化塑造的核心,这样的群众文化活动品牌才能拥有更广阔的发展空间。

浙江湖州市德清县"欢乐德清"、"文化走亲"活动品牌就是一个极具个性特征的群众文化活动品牌。该品牌曾经获 2009 年浙江省基层公共文化服务创新奖一等奖。"文化走亲"活动是由各乡镇(村、社区)自行组织文化活动,开展村际、镇际、县际等文化交流活动,形成多层次、多类别、多样化的基层群众文化活动新格局;同时,通过"选亲、招亲、结亲、留亲"等"文化走亲"活动内容或形式,打造开放式群众文化活动平台,促进地方群众文化活动的繁荣。在"文化走亲"活动中,为了提高活动品位,吸引更多的群众参加,群众不仅自导自演,各地还专门引进了专业文艺团队开展高雅艺术巡演。"欢乐德清"的"文化走亲"活动,极大激发了乡镇、部门、单位和群众主动参与群众文化活动的积极性,在全社会形成多元活动主体,促进了城乡文化互动,有力地促进了地方社会文化的发展。作为"欢乐湖州"系列群众文化活动的一部分,"文化走亲"活动创新了"种文化"载体,促进了民间文化创作;一些极具地方特色的民间传统艺术,如"长兴百叶龙"、"安吉威风锣鼓"、"竹叶龙"、"林城狮舞"、"三跳"和"滩簧小戏"等在群众文化活动中重放光彩。全市共组建各类特色文体团队 654 支,培育文化示范户

---

① 郭又嘉,道冰川.成功品牌创新应遵循的五大原则[J].商场现代化,2005 年,第 25 期,第 185 页.

675 户,形成了以"善琏湖笔之乡"、"浙北乾龙灯会"、"新市蚕花庙会"、"孝丰的孝子文化"、"洛舍钢琴节"、"三合防风文化节"、"筏头沈约故里"等以乡镇为基础的重大节庆和民间特色文化活动。正是这批充满生机活力、肯吃苦、乐奉献的文艺骨干队伍,给全市新农村文化建设注入了生机和活力,有效发挥了"种文化"主力军作用①。

绍兴在打造节日群众文化活动品牌时,融入了人性化的因素;绍兴越城区两年一届的越城区文化体育节,主题新颖,活动丰富,已成功举办五届;以"邻里相亲"为主题的一年一届的越城邻里节,从"邻里学"、"邻里乐"、"邻里情"、"邻里助"、"邻里颂"等五个方面着手,让陌生的邻居熟悉起来,疏远的邻居亲近起来,寂静的楼道热闹起来,有困难的邻居幸福起来。在硬件到位的基础上,注重社区文化角活动品牌建设,社区"文化沙龙"有机制、有场地、有设施、有牌子、有队伍、有活动。2008 年,绍兴柯桥街道社区文化角活动被评为绍兴县优秀文化活动品牌。2009 年,社区共开展文体娱乐活动达 160 余场次,平均二至三天就有一次文体娱乐活动开展②。

丽水莲都区灯塔社区结合精神文明创建,各楼院开展多种形式的文化活动,成为社区文化建设的一个典型。该社区较有特色的楼院文化活动品牌,一是"邻里颂"——特色楼创建活动。他们相继建成了和睦楼、合心楼、康乐楼、幸福楼、温馨楼、先锋楼、团结楼、和谐楼等活动,不断深化特色楼内涵。通过文艺演出、新闻媒体、特色楼道德评议台、黑板报、宣传栏等及时反映社区邻里间和睦互助的好人好事。二是"邻里亲"——邻里结亲活动。邻里结亲活动"以远亲不如近邻,同楼就是亲人"为主题,各居民楼根据自身特点,不拘形式地开展邻里茶话会、邻里团圆饭、邻里联欢会、邻里友谊赛等活动,增进"邻里一家亲"的意识。邻里共享饺子宴、共度温馨母亲节、开展邻里结亲联欢会

---

① 转引自:浙江省基层公共文化服务创新奖申报表"文化走亲"项目[R].2009-6-7.
② 绍兴市文化广电新闻出版局.抓基础,重特色,促和谐[R].2010 年.

等形式,体现浓浓的邻里亲情。三是"邻里乐"——社区楼院文化节。每年举办一届,每届为期一周。丽水还创建了"瓯江大家乐"、"瓯江文化会亲"等富有特色的社区群众文化活动品牌①。

浙江台州市已连续举办五届的农民文化节也极富个性。每届农民文化节都有 2 万多名农民朋友参加表演,期间举办县级以上大型文化活动和赛事 100 余场,近百万名群众现场观看活动和比赛,真正体现了"农村文化的盛会、农民自己的节日"这一办节宗旨,也激发了农村的文化活力②。浙江温州市瓯海区打造的"共同的家园"品牌从打造的第一天,就始终围绕服务"新农村"的主题,让"共同的家园"不仅成为市民,也成为农民和农民工心中的家园。品牌活动以情感人,扎根民间,树立个性化品牌观念,努力提高服务水平,不断提升文化品牌的内在品质。近五年来,瓯海区共举办大型文艺演出 50 多场,送文化下乡近 300 场次,荣获国际大奖 1 项,全国奖项 133 项,获各类文艺省级奖项 85 项,市级奖项 133 项③。又如嘉兴秀洲区"新农村文化嘉年华"在"让农民成为文化主角,让和谐文化成为社会主义发展的源流"的主旨下,每年在全区五镇二街道全面开展活动,其特点是把活动放在行政村举办,让平时较少出门的农民群众,特别是农村老年群众能欣赏到高品质的文化活动;在每年的活动中,说农村事,演农村戏,文化活动与农村生活零距离接触,使活动的参与面和影响力都有很大的拓展,极大地调动了农民群众参与文体活动的积极性。"新农村文化嘉年华"这一活动,《文汇报》、《中国摄影报》也以《唱主角的永远是农民》为

---

① 丽水市文化广电新闻出版局.把握方向,立足需求,努力提升社区文化建设水平[R].2010 年.

② 台州市文化广电新闻出版局.让公共文化服务惠及社区千家万户[R].2010 年.

③ 周航,王全吉.浙江 100 个文化馆创新报告[M].杭州:杭州出版社,2011 年,第 64—66 页.

专题加以报道①。

定海的"全民 K 歌赛",充分体现"全民"、"草根"、"和谐"的品牌亮点。K 歌赛海选在全区所有社区铺开,且谢绝获市级以上(包括市级)各部门组织的演唱类二等奖以上的歌手以及专业演出团队和群文系统声乐工作者参加,确保群众在家门口就能尽情歌唱。每次活动均吸引了 4000 余名选手报名参加,他们来自各行各业,年龄跨度极大,实现了基层文化服务内涵的提升与创新。又如杭州上城区文艺团队综合了群众文化多样性的特点,吸收各种文化的长处和各行各业的艺术人才,长期扎根基层,感受与体验现实生活,创作了大量群众文艺体裁作品,硕果累累。他们创作的歌伴舞《欢聚一堂》在浙江省第八届老年文化艺术周上获得双金奖,常青艺术团口琴队队长、74 岁的何秀峰老人带着队员们用口琴表演的《采茶舞曲》,曾荣获亚太地区第七届口琴节老年组特别奖,他们还参加了 2009 年 4 月在香港举行的,第十届香港国际中老年音乐舞蹈、服饰风采艺术大赛,国标舞队以热情奔放的西班牙舞《火红的激情》和摩登舞《欢乐的年代》分别摘取"金紫荆花奖"最高奖项和组织奖,并双双荣获了编导最高奖。上城区文艺团队将这样的做法归纳为:给城市添点"和谐"、给队员添点"实力"、给活动添点"激情"、给团队添注"新血液"、给文化添块"硬件"、给政府添座"桥梁"、给群众添滴"润滑剂"②。

(二) 从培育文化特色方面塑造品牌个性

特色是塑造品牌个性的基础,文化则是品牌品质的保证。浙江省群众文化活动内容与形式早已从单纯的文化娱乐发展到逐步追求文体结合的综合型休闲文化娱乐活动,从传统文化艺术形式发展到追求新

---

① 周航,王全吉.浙江 100 个文化馆创新报告[M].杭州:杭州出版社,2011 年,第66—100 页.

② 浙江省基层公共文化服务创新奖申报材料.文艺团队为何受欢迎[R].2010 年.

兴文化样式,群众文化活动品牌的文化特色更加鲜明。如嘉兴秀洲区农民成立农民摄影公社,举办展览;东阳横店镇群众演员,从个体文化享受,逐渐追求群体文化品位的提高①。象山县黄避岙乡鸭屿村自2006年举办第一届农民文化节以来,至今已连续举办了四届,类似农民自编自演的渔家小唱《海涂经》、群舞《海涂模特队》、不仅深受广大农民的欢迎,而且还登上县、市、省文艺精品舞台②。浙江桐庐民间剪纸艺术已成为桐庐文化的"金名片",桐庐自2003年起就成立了民间剪纸研究会,成立了胡家芝剪纸馆等9个剪纸基地、1个剪纸协会,为剪纸艺人提供了活动场所,搭建起展示平台③。丽水市通过举办特色节庆文化活动等多种途径,进一步挖掘打造黄帝文化、好川文化、畲族文化、华侨文化、剑瓷文化、石雕文化、木玩文化、廊桥文化、香菇文化、摄影文化等"十大瓯江文化"品牌,不断丰富"中国民间艺术之乡"内涵,不仅提高了群众文化活动品牌的内涵,还扩大了瓯江文化的民生服务力、生态经济推动力和对外影响力④。浙江丽水通过举办具有强大震撼力和艺术感染力的中国(庆元)香菇文化节等大型节庆文化艺术活动,繁荣菇乡文化;他们以大量内容丰富、形式多样的农民自创亮点节目,赢得了群众的交口称赞,连续举办五届的农村文艺汇演活动也已成为全县广大农民群众的文化盛宴。这些由政府牵头群众参与的大型活动,充分展示了当地特有的香菇文化、廊桥文化等庆元特色文化,体现了当地群众文化活动的个性。开化地处浙江的母亲河——钱塘江源头,位于浙江西部边境的浙、皖、赣三省七县交界处,区域优势

① 浙江百村农民文化生活调查课题组著.浙江省新农村文化报告——来自118个行政村农民文化生活的田野调查[M].杭州:中国美术学院出版社,2007年,第5—6页.

② 周航,王全吉.浙江100个文化馆创新报告[M].杭州:杭州出版社,2011年,第1—66页.

③ 周航,王全吉.浙江100个文化馆创新报告[M].杭州:杭州出版社,2011年,第1—66页.

④ 丽水市文化广电新闻出版局.2011年工作思路[EB/OL].2012[2011-9-7].http://www.lishui.gov.cn/zwgk/zwxxgk/wgcb/ghjh/jhzj/t20110411_719266.html.

独特,素有"歙饶屏障"之称。偏僻而相对封闭的地理环境,悠久而丰富的民间文化,形成了开化灿烂而又具有鲜明地域特征的生态文化、民俗文化、民居文化、红色文化、龙顶茶文化、根雕文化。又比如浙江泰顺木偶戏群众文化活动品牌以历史文化久远而见长,该戏创建于宋,繁荣于明清,在明清时期,泰顺木偶戏盛况空前,有木偶戏班子 108 个。泰顺木偶戏主要有提线木偶戏、药发木偶戏、布袋木偶戏,铁枝(肉傀儡)等,在头像雕刻、人物造型、服饰装扮等方面都极具地方特色,八百多年以来,木偶戏一直是泰顺人民重要的文化娱乐项目之一,木偶戏已经同当地民俗活动紧密结合在一起,成为深受老百姓喜爱的民间戏剧形式。在泰顺春节、元宵期间"做春福",秋收后迎神赛会等一切为禳灾祈福的民俗活动中都要演木偶戏。2006 年,提线木偶戏被列入省级非物质文化遗产,同年,药发木偶戏被列入国家级非物质文化遗产。2007 年,泰顺木偶戏应邀参加在北京举办全国文化遗产日木偶专题展活动,被文化部授予国家文化遗产日奖。

(三)以多样化的传播策略塑造品牌个性

文化活动是表达文化品牌公关传播的载体与窗口[1]。品牌个性的塑造必须借助一系列的因素来积极驱动[2]。个性是品牌追求的最高层面,独特、精炼、通俗、艺术、前瞻等都是品牌个性的重要表现。浙江群众文化活动历来都非常注重品牌的传播,文化活动宣传从传统区域传播发展到进行国内外宣传与展示。如从 1992 年起,秀洲农民画家缪惠新的作品曾 10 次受邀到美国举办个人画展,缪惠新的画还被美国波特兰博物馆收藏[3];丽水的畲族歌舞在 1994 就赴日本、澳大利亚、新西

---

① 张雁白等.品牌文化战略与创新[M].北京:经济科学出版社,2011 年,第 2 页.

② 郭又嘉,道冰川.成功品牌创新应遵循的五大原则[J].商场现代化,2005 年,第 25 期,第 185 页.

③ 浙江百村农民文化生活调查课题组著.浙江省新农村文化报告——来自 118 个行政村农民文化生活的田野调查[M].杭州:中国美术学院出版社,2007 年,第 5—8 页.

兰等国家展示畲乡风情,弘扬畲族文化。浙江长兴民间舞蹈"百叶龙"早在 2002 年 2 月,就应邀赴新西兰奥克兰参加中国新年灯会演出,新西兰总理还为被列入我国第一批非物质文化遗产的长兴民间舞蹈"百叶龙"点睛。台州路桥区金清镇老年舞蹈队应新加坡国际"胡姬花奖"艺术大赛邀请,表演的"竹板秧歌"被评为"大银奖"和"组织金奖"。临安市的《临安水龙》、《吴越双狮》、《猪八戒背媳妇》等民间艺术项目赴法国、捷克和德国进行演出。2006 年,衢州柯城区沟溪乡余东村书画协会组织的 100 多幅农民画和 20 多幅农民创作的诗歌书法作品在浙江省展览馆展出。嵊州市组织群众演员自编自导自演的越剧、小品、歌舞、快板、器乐等"越剧大巴"流动舞台经常进行百村万里行活动,还多次组织"相约越乡"全国越剧票友擂台赛。这些群众文化活动品牌不仅促进了浙江群众文化对外交流活动的发展,也是浙江多样化地传播群众文化活动品牌的重要途径①。

三、浙江省群众文化活动品牌 PIS 战略

产品形象识别系统 PIS(Product Identity System)是在 CIS 基础上建立起来的一套具有市场针对性的形象设计系统②。PIS 由三部分组成,即产品定位与产品基础系统、产品视觉与应用基础系统、产品推广与应用推广系统③。PIS 原本是企业为了实现其目标,达到产品形象的预期效果而对产品形象的影响因素进行设计与改进。具体而言,产品

---

① 周航,王全吉.浙江 100 个文化馆创新报告[M].杭州:杭州出版社,2011 年,第 1—100 页.

② 魏奕沁,周红莉.电视娱乐节目的成功之路——品牌营销战略[J].传媒经营,2011 年,第 3 期:第 90 页.

③ 龙行风尚.关于 PIS 产品形象识别[EB/OL].2011[2010-4-6].http://www.dragon-v.com/cht/guandian/Detail_115.html.

基础系统即产品理念识别系统包括产品的名称、标志、物化、文化四个方面;产品应用基础系统即产品行为识别系统包括产品专用色彩、产品象征图案、基础要素组合、商标策略、品牌形象五个方面;而产品应用推广系统即产品视觉识别系统则包括产品的包装、手册、说明、POP、招贴、路牌户外、广告、产品陈列、手提袋等诸多方面。产品的理念是产品的核心,包括了品牌组织管理哲学和经营品牌的观念、心理和意识形态等;产品的行为识别是在充分进行市场调查、形象定位的基础上,对品牌所采取的一系列管理活动,目的是使消费者满意。产品的视觉识别是产品形象识别中最直观、最具体、最富传播力和感染力的部分[①],通过对产品形象的包装、整合、处理以及美学欣赏价值的提炼,可以给消费者留下深刻印象并产生亲切与认同感。由于一个产品可以有一个 PIS 系统,故 PIS 有利于增加产品的附加值,产生良好的产品形象,使群众接受并喜欢,同时可以缩短产品进入市场的时间,更好更快地获得消费者认可[②]。PIS 的核心是有针对性地构建品牌形象[③]。

(一) 群众文化活动品牌 PIS 战略的基础系统

产品品牌是一种名称、名词、标记、符号或设计,产品品牌的意义在于提供区别和判断产品差异。品牌主要由品牌名称、品牌标志物、品牌标志字、品牌标志色、标志性包装等组成[④]。品牌基础系统是相互联系的统一整体,是产品形象的基石[⑤]。品牌名称是指品牌标记、商

---

① 滕佳华. 产品形象识别系统研究 [D]. 山东大学,硕士学位论文,2006 年,第 27—57 页.

② 龙行风尚. 关于 PIS 产品形象识别. [EB/OL]. [2010-4-6]. http://www. dragon-v. com/cht/guandian/Detail_115. html.

③ 百度网. 如赢随形——PIS 实战出击. [EB/OL]. [2010-9-8]. http://zhidao. baidu. com/question/154168578. html.

④ 王永龙. 21 世纪品牌运营方略 [M]. 北京:人民邮电出版社,2003 年,第 1 页.

⑤ 龙行风尚. 关于 PIS 产品形象识别. [EB/OL]. [2010-4-6]. http://www. dragon-v. com/cht/guandian/Detail_115. html.

标,对于群众文化活动品牌而言,名称是品牌的重要组成部分,一般采用含有本地名称的专用品牌名称,有时也采用全省共用的活动名称来表示,品牌名称设计强调简洁易记、富有地方特色,品牌名称要能体现产品或服务的属性、容易发音、体现地域文化内涵、易被社会大众所理解和接受。标志是产品形象的主要造型符号,品牌标志物是指品牌标志中可以被识别,但不能用语言表达的部分,即品牌标志的图形记号如特征、式样、包装等①。标志中的象形图案有具体图案、简化图案等形式;几何图案由单个或多个几何图案组合;文字品牌标识以特定的文字、文字造型或文字演化而组成图案;图文组合型品牌标识主要将图形和文字组合在一起,形成图、文、色彩兼具的组合型品牌标识②。

品牌标志物应该具有积极、健康、活泼、向上、奋进等特点,有强烈的时代感,题材丰富,能让人产生联想,容易记忆,表现形式宽广,具有独特的风貌和能产生强烈的视觉冲击,反映市场定位,便于群众将不同的品牌区别开来③④。品牌标志的设计应该能够体现群众文化活动的类型、内容和风格。品牌物化,是指品牌的有形状态,如产品的构成材料、生产工艺、品质、功能、造型等。文化反映群众文化活动品牌的创建理念,对于群众文化活动品牌中文化内涵的开发主要是指对产品理念、产品主题等进行的提炼与设计。作为品牌标识的题材可以地方传统历史与地域环境文化为题材,也可以优秀人物、著名群众文化活动团体、享誉省内外与国内外的文化活动内容及项目等为素材进行创作设计。

浙江省群众文化活动品牌在名称、标志、物化、文化等品牌基础系

---

① 陈玲江,杨雄勇.产品设计差异化[J].艺术与设计,2007年,第4期,第124—126页.

② 王京传等.旅游目的地品牌标识评价研究[J].旅游学刊,2012年,第2期,第44页.

③ 韩光军.品牌设计与发展手册[M].北京:经济管理出版社,2002年,第36—39页.

④ 韩光军.品牌设计与发展手册[M].北京:经济管理出版社,2002年,第3页.

统打造方面经过多年的实践积累了一些成功的案例：例如浙江德清通过唱响"欢乐德清"品牌，在全县范围开展"欢乐田野"等七大系列活动，并设计了图标、制作主题歌，统一品牌标识，大大提高了"欢乐德清"品牌识别度和记忆度。德清拟定了"参与、欢乐、和谐"的品牌主题，在社会上广泛征集"欢乐德清"品牌标识，通过社会各界的广泛参与，精心设计，选定了"欢乐德清"的品牌标识是由阳光笑脸、开放的大舞台、跳跃的人形和舞动的彩带有机结合，彰显了德清美丽的风光和深厚的文化底蕴。德清还在活动品牌的特色、创新上下工夫，通过知识讲座、图片展览、辅导培训、送戏下乡等活动宣传"欢乐德清"品牌的思想文化，同时，在宣传手段上大胆创新，挖掘深度，扩大影响力。德清"文化走亲"模式，获得了首届浙江省基层公共文化服务创新奖一等奖[①]。主题歌《欢乐德清之歌》旋律优美，在各类文艺活动上广为传唱。在品牌社区活动方面，丽水市的"瓯江大家乐"品牌就设计了相应的品牌标志，其文体广场活动本着"统一名称、统一标志、品牌运作"的发展模式，设计了固定的品牌名称，固定的图文标志。浙江台州连续举办五届邻居节，统一征集并制作了邻居旗、邻居歌、邻居节徽章；节徽简洁、明了、喜庆，做到了"好认、好用、好识别"，有的图案引用"邻居"二字拼音开头，设计成人的两只手臂，手挽手，寓意邻里之间友好和睦，底色采用绿色，代表绿色家园。"邻居"意指你和我、我和他、他和你之间的关系，体现了邻里间的互动、沟通与配合（如图 6-1）；有的图案还额外设计了带有邻居节标志的信封、衣服、袋子、旗帜等，形成了"邻居节"系列物化产品。邻居节方案还制订出《邻居公约》以及《邻居歌》，温馨、感人的《台州邻居节节歌》，进一步扩大了台州邻居节的影响

---

① 周航，王全吉.浙江 100 个文化馆创新报告[M].杭州：杭州出版社,2011 年,第 242 页.

面①。2011 年杭州的邻居节还聘请 2010 年感动中国的十大人物中的最美妈妈吴菊萍担任邻居节形象大使,杭州邻居节徽章由"和"字与黄色丝带组成,一个由飘洒的丝带写意挥就的"和"字——象征着邻里和睦和谐;一枚邻居节"和"字徽章、一条黄丝带、一面蓝色小旗帜,都衬托出杭州邻居节的欢乐气氛;杭州邻居节还设计了"吉祥物","金黄的南南象征着丰收,嫩绿的瓜瓜象征着青春活力",邻居节的品牌形象给市民留下了深刻印象,也扩大了杭州邻居节的影响力(如图 6-2)。

图 6-1　台州邻居节节徽　　　　　　图 6-2　杭州邻居节节徽

丽水市邻居节的徽章设计图案,采用汉字"丽"为设计元素,体现"丽水"地方特色,图案变化成社区居住的房屋,房屋下一颗星形变化成的鸽子展翅飞翔,体现友好和睦的邻里关系及共建和谐美丽家园的主题。节徽中两个携手同乐的人巧妙地构成莲花造型,绿色莲花充分展现"莲都"、"绿谷"这两个丽水的地域特色,飘扬的绸带将多颗心形图案紧密地连在一起,准确地反映出友好和睦的邻里关系,比喻中华民族邻里互助、和睦相处的传统美德将生生不息、代代相传;节徽顶端栋栋紧挨的楼房,寓意友好和睦的邻里关系,将小家变成大家,共享美

---

① 浙江在线.节徽征集令一呼百应,美院院长:"简洁明了"最重要.[EB/OL]. 2011 [2011-3-6]. http://zjnews. zjol. com. cn/05zjnews/system/2009/10/15/ 015918498. shtml.

丽家园；而欢快的人形，营造出丽水市邻居节热闹、喜庆的氛围，象征友好和睦的邻里关系将极大地推进和谐社会建设（如图6-3）。又如丽水国际摄影文化节节徽，以地球图案作背景，体现摄影文化节的国际性，由字母"L"和"S"变形后组成整个造型的主体——英文字母"P"，其中"L"和"S"为丽水地名汉语拼音的缩写，"P"为英文摄影的第一个字母。中心位置为相机快门的图案。通过这些象征性的元素组合，凸现文化节的摄影主题，并通过摄影传递这样一个信息：聚焦丽水，相约绿谷（如图6-4）。

图6-3　丽水邻居节节徽

图6-4　丽水国际摄影文化节节徽

　　诸暨市全国公民道德宣传日标识（如图6-5），标识主题鲜明，构图简洁，色彩明快，构思巧妙，寓意深刻。其标识设计创意是以汉字"公"为设计的中心主体，糅合了汉字"人"字和"心形"等元素把"公"巧妙地演变成诸暨的开头字母"Z"，让人一看就感受到了浓郁的诸暨地域特色，意识到公民道德建设"以人为本"的深刻内涵：在标识中心留白处图形由三个"人"字组成，三人为"众"，突出精神文明建设工作要面向广大群众；三个"人"字头向着同一个方向，寓意公民道德宣传日活动对于群众有着强大的凝聚力和向心力，体现了群众热情关注、自觉参与道德建设，促进公民道德素质和社会文明程度提高的共同意愿；三个"人"字又似山峰和古宅屋顶，饱含诸暨浓厚的人文气息和深厚的历史底蕴。标识中的"心形"犹如飞舞的彩带，渲染了诸暨市全国公民道德宣传日隆重、热烈、欢乐、祥和、和谐的气氛,富有强烈的人文亲和力和时代气息。

欢乐莲城活动标识图案采用盛开的莲花和舞动的人群作为设计元素,图案的主体由三个舞动的人手拉手,体现群众性、艺术性和思想性的要求;舞动的人和盛开的莲花寓意莲都区和谐社会欣欣向荣,体现"全民关注、全民参与、全民受益"的思想意境;飞白笔触,丰富的色彩,刻画了群众文化活动的轻松与快乐,展现了群众文化活动坚持娱乐与教育相结合,普及与提高相结合的活动目标。整个标识简洁明快、富有象征意义,极具时代感和视觉冲击力(如图6-6)。

图6-5 诸暨市全国公民道德宣传日标识　　图6-6 欢乐莲城活动标识

慈溪全民读书月活动标识,其全民读书月 LOGO 设计,以"书"为主要元素,融入慈溪首字母"C"以及重叠的书本等元素,体现全民读书的内涵。通过对"书"字笔画的适当变形延伸,巧妙形成了互相联系、互相沟通的造型,传达多读书、读好书的读书月活动内涵。造型表现出源源不断旋转向上的形象与力量,刻画出以知识和阅读为基础的慈溪和谐共荣、蓬勃向上的发展态势(如图6-7)。

又如,浙江省未成年人读书节节徽设计的理念,是将浙江省首字母Z放大为一本厚重的书,像巨大的翅膀,寓意知识可以把人们送到理想的彼岸;而朝阳沐浴下的人物象征"未成年人",体现读书节的主题(见

图 6-8）。

图 6-7　慈溪全民读书月活动标识　　图 6-8　浙江省未成年人读书节节徽

　　各类文化艺术节庆活动的标识设计更是构思巧妙,新颖独特,内涵深刻。中国艺术节节徽是国家文化部于 1986 年 10 月 8 日确定的中国艺术节永久性节徽,为圆形,中心图案为古石鼓文"艺"字的变形,周围环以"中国艺术节"中、英文字样;中心图案既象征手捧花束的人,又象征展翅欲飞的鸟,喻意中国的艺术向新的高度腾飞。标志选择"绽放的荷花"为基本造型,从第六届中国艺术节标志开始,每届中国艺术节可在中国艺术节节徽的基础上加以适当变化,形成该届艺术节特有的标志。如在浙江举办的第七届中国艺术节,在中国艺术节节徽外围配以荷花花瓣绽放的图形,花瓣呈艺术化的"7"字形图案,寓意在浙江举办的第七届中国艺术节是一届开放创新的艺术盛会,将展现中国艺术博大精深、绚丽多姿的无穷魅力(如图 6-9)。

　　浙江苍南的文化艺术节标识,由温州叶丹企划(广告)设计有限公司设计,其 LOGO 设计元素中的"C"喻意苍南,凸显主题,留白部分和"C"字结合,犹如日月生辉,象征着苍南文化事业欣欣向荣以及艺术节的圆满成功;"音符"喻意艺术之魂,"彩带"喻意喜庆、热烈,"凤凰"喻意吉祥如意;不同颜色相互交叉的绸带,体现了文化艺术节的热烈场面,也寓意多元文化在此汇聚、相互交流,诠释了艺术节"融汇·交流·推广"的宗旨。整个设计造型犹如凤凰展翅。俗有"听凤凰之鸣，以别十二律"之说，以"凤凰"为 LOGO 的表现主题，体现了苍南文化艺术的源远流长。"展翅"之意，则象征着苍南文化大发展大繁荣的崭新乐章和辉煌成就。整体造型积极向上，也体现出苍南多元文化"百家争鸣"之势。LOGO 设计的颜色，以蓝色表示苍南是山海之城，以红色表现吉祥，具有典型的中国特色，代表热烈、喜庆，也预示着艺术节的红红火火；而橘黄色则意味着希望、丰收、辉煌，代表艺术节的举办时间是在丰收之季金秋时节，也体现苍南文化美好的发展未来（如图 6-10）。

图 6-9　第七届中国艺术节节徽　　　　图 6-10　苍南文化艺术节标识

又如萧山跨湖桥文化节节徽，图案用中国传统的书法表现，以"8000"字样组合演变成一座"跨湖桥"形态，内含"萧山"拼音缩写"X、S"元素，并以涌动的浪花象征萧山著名的钱塘潮。图案简洁明快、庄重大气，并配以印章化处理，既体现了跨湖桥八千年远古文明史，又突出了萧山厚重的人文底蕴和地域特色（如图 6-11）。

而萧山城厢街道全民运动会暨文化艺术节节徽，会徽图案以代表"文化"的"文"字构成向前跨越的运动员，又似飞舞彩带的文艺演员，字母"S"为"首届"的拼音第一个字母，代表"首届"，同时字母"S"又是"体育运动"的英文缩写，充分体现体育运动、文化艺术的特色和内涵，会徽含有"萧山、城厢"的拼音字首"XS、CX"，表达萧山城厢的地域特征，突出展示"更快、更高、更强"的奥运精神，寓意开拓进取、拼搏向前、永创新高的时代精神和风貌，体现体育、艺术文化特色和蕴涵的深厚文化底蕴;红、蓝、绿为奥运色,体现朝气、活力、热情、健康、向上的含义(如图 6-12)。

图 6-11　萧山跨湖桥文化节节徽　　　　图6-12　萧山城厢街道文化艺术节节徽

　　浙江宁海徐霞客开游节节徽图案,以放射状的构图形式,活泼灵动的线条、明快的色彩,表现中国(宁海)徐霞客开游节的现代性、开放性和欢快热烈的气氛。上部以篆书"水"的书写变形,构成抽象的头像侧面,下部是夸张变化的群山,寓意纵情山水间,诠释人与自然和谐共处的本质意义。整个图形犹如一只凌空飞翔的凤凰,又犹如一艘扬帆远航的船,象征宁海人民藉开游节的举办,展翅高飞、扬帆出海的美好理想(如图 6-13)。

　　而绍兴中国·仙都公祭轩辕黄帝大典暨旅游文化节(2009),标志整体色调采用中国红与黄色组合,图形以"龙腾仙都"为基本创意。设计元素来源于象征华夏民族的龙图腾,并结合轩辕黄帝在仙都乘龙升天的传说,以中国书法的笔触效果,演变出一个"仙"字,代表仙都。整个图案有着倚山升腾之气势,体现出本届文化节的欢乐和吉祥,象征着华夏子孙包容团结、坚忍不拔、锐意进取的精神,也喻示着仙都旅游的蒸蒸日上和丽水市社会经济的顺畅发展(如图 6-14)。

中国·仙都
公祭轩辕黄帝大典

图6-13 宁海徐霞客开游节节徽   图6-14 仙都公祭轩辕黄帝暨旅游文化节节徽

而杭州首届中国国际动漫节节徽,由不同大小、不规则的圆点组成一个正在前进的人,寓意动漫节是一次动漫迷的盛会,增进各国动漫迷之间的交流。前进的人蕴涵动漫元素,象征着中国国际动漫节向着美好的未来大步前进! 不同的色彩表明这次动漫节的多姿多彩,内容丰富(如图6-15)。

杭州千岛湖秀水节会标,以秀字的下半部分作为设计元素,曲线流畅优美,表达了水的特性,红日当头,水天一色,体现了千岛湖旅游蓬勃发展的特点。同时酷似人的形状,飞奔、欢快,万事以人为本,体现了千岛湖风景区正在不断地提升自己的生态环境和品牌知名度,打造"国际湖泊旅游的典范"地位。"秀水节"因一湖秀水孕育而生,因此蓝天碧水的色调更加体现了秀水节的特点(如图6-16)。

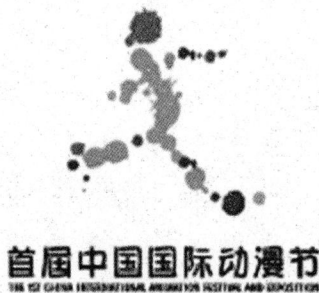

图6-15 杭州首届中国国际动漫节节徽   图6-16 杭州千岛湖秀水节会标

温州平阳首届鳌江镇文化艺术节标识,图标以汉字"文"与"艺"组合。红的色块加圆点为"文",整体组合为"艺"。同时像人在舞蹈,体现艺术之美。圆形"鱼"与"帆"互动,古鳌扬帆,鳌鱼畅想,展现主旋律的动态之美。五根蓝色线条,既代表鳌水悠悠,又表达音韵绵绵。主题体现:艺术盛会、古鳌扬帆、鳌水悠悠、鳌鱼畅想(如图 6-17)。

　　青田石雕文化节节徽,节徽由两部分组成,中间为篆刻"青田",以印石形式体现其深厚的文化底蕴。外部由四个不同色彩的"石"字组成一朵绽放的花朵,既向内汇集,又似向外放射。该图案以其丰富的色彩体现青田石之品类繁多,色泽雅丽,同时又象征中国四大名石汇聚青田,共襄发展(如图 6-18)。

图 6-17　首届鳌江镇文化艺术节标识　　　　图 6-18　青田石雕文化节节徽

　　浙江余姚四明山樱花节节徽,徽标以四明山水、樱花、红枫和"唐诗之路"为主要设计元素,以"风情、乡情、爱情"为创作主题,把枫叶和樱花花瓣演变成美丽蝴蝶的翅膀,组成一只象征浪漫爱情的蝴蝶,翩翩飞进四明山,较好地演绎了四明山"中国最美丽的红枫林"的品牌。以中国水墨(中国书法)为表现形式,以"S"形造型构成四明山独特的青山绿水和悠久的人文历史——"唐诗之路"。徽标整体设计结构严谨,寓意深刻,大气而富有视觉冲击力,较好地表现了四明山的人文特征和地方特色,以及四明山旅游事业蒸蒸日上、蓬勃发展的美好未来(如图 6-19)。

杭州超山梅花节标识,以超山的首字母"C"为骨架,配以传统书法的韵味一气呵成的笔触,点出了超山的地域特色和文化内涵;而"C"字又酷似玉龙形象,体现着龙游超山梅花节,盛会吉祥喜迎春的节庆氛围;"C"字母中心处是一朵绽放的六瓣梅花,与龙头处多样的梅花遥相呼应,体现着超山特有的梅花品种,把雪花与梅花交融在一起,又有十里梅花香雪海的意境(如图6-20)。

图 6-19　四明山樱花节节徽　　　　图 6-20　杭州超山梅花节标识

浙江台州三门中国青蟹节标识,将三门的"三"字演化为蔚蓝的大海及广阔的滩涂,象征着三门拥有浙江省最长的海岸线及三门是浙江省海水养殖第一大县。地球与青蟹双螯的组合,充分体现了"三门青蟹,横行世界"。而一轮红日从东海之滨冉冉升起,预示着三门美好的前景(如图6-21)。

岱山广场大舞台会标,以群众的"众"展开联想,整体图案充满着与时俱进、无限扩展的趋势,具有鲜明的时代感和独特的视觉效果。标识的图案为红色,代表着群众参加广场文化活动的激情,背景圆形为黄色,代表着舞台的金光闪耀,群众文化的红火。标识的创意立足于广场文艺表演类活动,以人物欢呼、舞蹈的动作为创作元素,并巧妙组合在一起生成一个变形的"众",更深一个层次反映着群众在"笑",因为表演得精彩,所以人们看得开心;人物欢呼、舞蹈的动作经艺术抽象手法处理成 V 形和圆点,V 形亦如嘴,圆点亦如鼻子,整体看像是一个

"手舞"（足蹈）的动作，喻意大舞台让表演者能尽情展现自我才艺，换一角度又似群众在台下欢呼、微笑。整个标识现代感强、简洁，具有很高的可记忆度及识别性，易于传播应用；而三角造型稳固，又暗涵着广场文化活动能够圆满举办，"广场大舞台"将打造一个群众文化活动的永久品牌。新的广场大舞台标识将配合这样的口号——广场大舞台，大家一起来；广场大舞台，大家展风采！（如图 6-22）。

图 6-21　台州三门中国青蟹节标识

图 6-22　岱山广场大舞台会标

衢州·烂柯杯中国围棋冠军赛标徽，以黑白子和祥云为设计元素，组成字母 Q 代表衢州；突出展示了烂柯山的天生石梁，飘逸的祥云象征烂柯山"围棋仙地"深厚的文化底蕴；黑子呈"C"字形，代表"中国"，突出中国高水平围棋赛事的特点；黑白子又组成日月之形，象征衢州围棋文化与日月同辉、灿烂辉煌。标志整体简洁醒目、寓意美好、主题突出（如图 6-23）。

温州民营企业文化节节徽，节徽以汉字"民"为设计主体，自然演绎成温州的拼音字首"W"、喷薄的旭日、飞舞的彩带、奔流的江水以及欢快舞动的人形，充分体现了温州首届民营企业文化节的主题内涵。将字母"W"与"民"字巧妙结合揭示温州民营企业文化节内涵，欢快的人在舞动着绚丽的彩带，烘托出文化节欢乐、祥和、热烈、喜庆的节庆氛围，勾画出温州民营企业青年丰富多彩的业余文化生活，展现出新时代的温州民营企业青年朝气勃发、团结奋进、共同推进温州民营企业飞速发展的精神风貌。图形采用中国书法传统笔触挥洒而成,体现了深厚的民营企业文化内涵和历史人文积淀。整体构图简洁明快,立意鲜明,富有动感,具有强烈的视觉冲击力和感染力(如图6-24)。

图6-23　衢州烂柯杯中国围棋冠军赛标徽

图6-24　温州民营企业文化节徽

　　第七届中国曲艺节节徽,将"曲艺"两字与"绍兴"的拼音缩写"SX"以及数字"7"有机结合,融入小桥、流水等元素,充分表达出"第七届中国曲艺节"属性以及举办地的地域文化特征。图形似秀美的水乡风景速写,小桥下荡漾着层层的水波,带着悠悠的古韵,耳畔仿佛传来悠扬的曲乐之声,给人以无限的遐想。进一步体现出绍兴县作为中国曲艺之乡、水乡、桥乡、书法之乡厚重的历史底蕴与独特的文化特色。图形融入折扇造型元素,折扇既是曲艺演出中经常使用的道具,又具有浓郁的中国传统韵味,凸现出曲艺作为中国的传统民间艺术所蕴含的深厚的历史文化底蕴。连绵的水波犹如源源不绝的艺术源泉,预示着中国传统文化艺术如源头活水生生不息、永不枯竭。水波又似舞动的彩带,既蕴含本届曲艺节举办地绍兴县柯桥"轻纺之城"的动感与活力,也展示了中国传统文化艺术的无穷魅力,烘托出曲艺节丰富活泼、喜庆欢快的节日氛围。图形就像徐徐拉开幕布的舞台,形象地说明本届曲艺节是曲艺界演员与作品交流的平台,体现出曲艺节"曲艺的盛会,大众的节日"的主题内涵(如图6-25)。

　　绍兴第六届世界合唱比赛会徽的设计创意来自中国汉字"集"和

"乐"的繁体字（中国象形文字"龠"和"樂"）。汉字"集"的繁体字（"龠"）是由三只鸟和一棵树构成的，含有集中、汇合、一起的意思。"乐"的繁体字（"樂"）含有音乐、歌唱、快乐的意思。"集乐"相连刚好与合唱及合唱活动意思相契合。集（"龠"）字的上半部分的造字原意是很多只鸟，鸟为古越图腾；下半部分的造字原意是树木的意思。树在当下有丰富的寓意，主要有家园、绿色、和平、和谐等意思，树的根连着大地，"木"的一撇一捺构成弧线，象征同一个地球，"木"字的变形像一个合唱指挥。整个字表示群鸟在树上歌唱。会徽图案下方的文字造型中嵌入了一段城墙，寓意为 2010 年绍兴建城 2500 年和 2010 年第六届世界合唱比赛有着天作之合的缘分，使有着 2500 年城市史的绍兴在会徽中得到充分体现（如图 6-26）。

图 6-25　第七届中国曲艺节节徽　　　图 6-26　绍兴第六届世界合唱比赛会徽

由此可见，在群众文化活动品牌 PIS 基础系统的创建过程中，坚持"群众文化为人民"的活动理念，在活动中充分调动群众参与文化活动的积极性，广泛宣传各地优秀的传统与现当代文化，加强群众文化活动的品牌管理；对各地群众文化活动品牌采取统一包装、统一标准、统一要求、统一安排，从活动口号的提出、宣传品的印制到活动点的组织机构、管理制度的制定，以及扶助政策和整体安排等多方面着手，进行品牌建设。在"实施品牌战略，打造群众文化活动精品"的发展战略指引下，通过奉献、创新、奋斗、完善、务实与拓展等行为措施，继续巩固并大力发展群众文化活动品牌，提升各地群众文化活动品牌的美好

形象。

（二）群众文化活动品牌的 PIS 应用系统

品牌应用系统是品牌基础系统的应用与补充，由产品的专用色彩、象征图案、基础要素组合、商标策略、品牌形象五个方面所组成①。由前述的浙江省群众文化活动品牌标志的案例可以发现，品牌形象的色彩应该具有丰富的表达内容，用以加深产品的形象；象征图案是品牌标志的延伸与补充，起着装饰作用，使群众文化活动品牌形象更加生动、自然与和谐。基础要素组合包括品牌名称、标志、色彩、象征图案等要素的有机搭配，是组成包装、户外广告等不可缺少的元素，在 CIS 中基本要素的组合只有一个，而在 PIS 中基本要素组合有多种。在品牌视觉识别要素组合中，包括了标志图形，标准字体，标准色彩，象征图形等要素；品牌标志色一般为 1—2 种，不宜超过 3 种。品牌标志的色彩，不仅影响着视觉识别和传播，而且影响着社会认同心理和消费者的感觉②。商标策略是品牌进入市场的产品身份证明，对商标的重视是检验一个企业或组织成熟的重要标志；品牌形象是产品面对消费者的形式，良好的品牌形象有利于获得消费者的好感。

例如浙江衢州市非物质文化遗产大型展示会，将民间文学、传统音乐、传统舞蹈、传统戏剧、曲艺、传统体育、游艺与杂技、传统美术、传统技艺、传统医药、民俗等十大类的衢州非物质文化遗产项目进行了展示。在展会上设计的"非遗魔方"是展会上最抢手的纪念品，设计者把衢州市六个县（市、区）的非遗代表项目标注在魔方的六个面上，寓教于乐，非遗独特的魅力在巧妙的构思中得到了充分体现，无论是专家、

---

① 龙行风尚.关于 PIS 产品形象识别.[EB/OL].[2010-4-6].http：//www.dragon-v.com/cht/guandian/Detail_115.html.

② 韩光军.品牌设计与发展手册[M].北京：经济管理出版社,2002 年,第 78—81 页。

领导还是普通观众都给予了高度评价和赞赏，结果供不应求①。

（三）群众文化活动品牌的 PIS 识别系统

　　品牌的应用推广系统或活动品牌识别系统，就是将上述的基础系统和应用基础系统的各子系统或相关因素具体应用到产品的各个方面，以塑造产品的整体形象，包括包装、手册、说明、POP、招贴、户外路牌、广告、手提袋等诸多方面。品牌的识别功能主要体现在品牌是产品的标志与组织的代号②。实际上，在应用推广系统中每一个要素均包括了系统中的相应要素，例如包装不仅体现了产品的个性，也是品牌识别系统要素的综合；为产品设计包装，不仅要求设计师有丰富的产品包装设计经验，还需要从消费者的视角，让消费者一眼相中，便抓住不放③。品牌的包装应该能反映产品的主要功能，柔和的色调、简洁的文字、新颖的造型、醒目的标志、匹配的包装均可代表品牌特征④。包装文化是整体设计的重要组成部分，挖掘内涵，着力包装，努力打造各类群众文化活动品牌，把传统民间习俗、节庆活动节目做强做大是浙江省群众文化活动品牌识别系统打造的主要目标之一。品牌 LOGO设计的要素＝品名＋品记＋品类＋品质＋品位＋品德＋品行⑤。品牌名称创意设计应遵循 AIDA 法则，即注意、行动、显著性、独创性、识别性、适应性。广告也是品牌常用的一种自我宣传的表达方式⑥。在群众文化活动品牌的宣传中，也可采用"卖点广告 POP"（point of

---

　　① 衢州市电新闻出版局.浙江省基层公共文化服务创新奖申报表.衢州市非物质文化遗产大型展示会[R].2009 年.
　　② 韩光军.品牌设计与发展手册[M].北京：经济管理出版社,2002 年,第 7 页.
　　③ 阿里巴巴. ABOUT US 关于吴荣军品牌设计机构.[EB/OL].[2011-8-6].http://detail.china.alibaba.com/buyer/offerdetail/921838204.html.
　　④ 韩光军.品牌设计与发展手册[M].北京：经济管理出版社,2002 年,第 37—39 页.
　　⑤ 生奇志.品牌学[M].北京：清华大学出版社,2011 年,3 月,第 57—77 页.
　　⑥ 龙行风尚.关于 PIS 产品形象识别.[EB/OL].[2010-4-6]. http://www.dragon-v.com/cht/guandian/Detail_115.html.

purchase)的方式,即通过相应的广告刺激引导消费并活跃现场气氛,其形式有户外招牌、展板、橱窗海报、店内台牌、吊旗等。群众文化活动品牌的组织应该经常向社会发布有关群众文化活动的最新信息,信息不仅可以张贴在布告栏上,还可以利用网络发布在各种论坛里,方便群众了解。在数字化文化消费越来越流行的今天,如何开发出健康向上又有吸引力的文化产品,引导公民的主流价值观[①],是群众文化活动品牌应有的社会责任。

品牌标识是视觉识别系统的一部分,品牌标识能使消费者产生积极的关注,并能进行准确的识别。品牌识别与品牌形象之间有着紧密的联系。群众文化活动品牌的广告形象策划应该以广大人民群众的需求为出发点,充分利用广告创意中的品牌形象策略,如广告主形象策略、专业模特形象策略、名人形象策略和标识物形象策略等[②],在人民群众心目中树立起持久良好的形象。

群众文化活动品牌形象战略包括了整体形象定位与设计策略、形象保护与管理策略、形象宣传与传播策略、形象提升与优化策略等。不同于其他宣传报道等传媒文化或影视宣传文化活动,群众文化活动品牌的形象定位与设计主要侧重群众文化活动品牌为广大人民群众服务的思想定位,品牌要能弘扬主旋律,具有丰富的内涵,能体现一定时期社会的思想文化水平和道德价值观念。而群众文化活动品牌形象保护与管理策略主要体现在知识产权保护、品牌注册商标保护以及人事、活动策划、市场运作、财务管理、信息发布、效果评估等方面[③]。群众文化活动品牌形象创意应避免形象老化与呆板,要能与时俱进,富有时代感与时代气息,而这些需要在不断提升群众文化活动品牌的品

---

① 韩妹.斥巨资打造的文化产品为何不对青年胃口[J/OL].中国青年报,2012[2011-8-25].http://finance.ifeng.com/opinion/xzsuibi/20110825/4460512.shtml
② 韩光军.品牌设计与发展手册[M].北京:经济管理出版社,2002年,第259页.
③ 朱希祥.文化活动策划与操作[M].上海:东华大学出版社,2005年,第158—163页.

位与内容的基础上才能实现。

四、浙江省群众文化活动品牌传播战略

一个品牌诞生的过程就是品牌传播的过程。传播的大众化使品牌能够最大限度地把信息(品牌符号)传播给既定群体,所以,文化广告是推广文化品牌的利器①。所谓"品牌传播",就是品牌的拥有者以品牌的核心价值为原则,选择广告、公关、销售、人际等传播方式,将特定品牌推广出去所进行的一系列关于品牌信息的交流活动②。群众文化活动品牌传播方式包括宣传广告策划、目标群众定位、广告宣传创意与媒体工具确定等。品牌传播是满足消费者需要,培养消费者忠诚度的一种推广活动,媒体传播力就是一种推广力③。品牌传播的水平直接决定品牌文化塑造的效果,确定了品牌文化塑造的方式④。如今,品牌化已成为传媒经营的重要理念,无品牌的产品毫无个性。品牌已成为一个国家和地区实力的象征⑤。在商业上,营销传播的每一个环节都与品牌影响力的提升有很大关联,群众文化活动品牌要想保留住品牌并维持品牌持久的影响力,需要加大力度推行品牌传播战略。品牌传播是一门科学、更是一门艺术。品牌标识通过各种要素组合和信号传递,以各种隐喻和象征手法,体现品牌自身的特定属性:清晰的形象

①　王钧,刘琴.文化品牌传播[M].北京:北京大学出版社,2010年,第164页.
②　张树庭,吕艳丹.有效的品牌传播[M].北京:中国传媒大学出版社,2008年,第5页.
③　生奇志.品牌学[M].北京:清华大学出版社,2011年,第237页.
④　张雁白等.品牌文化战略与创新[M].北京:经济科学出版社,2011年,第2—25页.
⑤　曾朝晖.品牌金字塔:颠覆品牌竞争格局的潜规则[M].广州:广东经济出版社,2004年,第4页.

特点、独特的功能、精心打造的品质和品牌拥有者的利益[①]。

掌握品牌传播的理论、技巧、对象、媒体、内容、形式、沟通、管理等知识与内容是群众文化活动品牌传播的基础。群众文化活动品牌传播的力度同时也决定了品牌品质塑造的效果。群众文化活动品牌应当充分利用舞台、表演、节庆、网络等传播工具和手段形成良好的氛围，同时，要创新表现形式，融合现代元素，丰富文化活动的题材，使观众乐在其中，流连忘返。

品牌的竞争力是品牌吸引力、信任度与亲和力的总和，再好的群众文化活动品牌也需要好的管理与宣传推销。群众文化活动品牌的传播要能体现品牌的有形性、可靠性、信任性，要能适应环境并具有一定的反应能力和换位思考能力，要能够在宣传方式和服务上做到尽善尽美并能够提供高质量的宣传服务[②]。美国传播学者托尼·哈里森在《传播技能》一书中指出：传播定位是指一个传媒的特点在受众心目中的总体反映。它包括传媒的特质或价值[③]。通过品牌文化及其宣传口号与标志的有效传播，可以使品牌为广大人民群众所认知，使品牌得以迅速发展。群众文化活动品牌的打造，非一日之功，不能因为社会经济发展形势的波动而停止或轻言放弃品牌的塑造和传播。品牌的培育有一个文化积淀和被大众认可的过程，要促使群众文化活动成为一项品牌活动，除了要经受时间的磨砺外，还要在传播组织领导上、在内容的创新上、在经费的来源上积极进行有效的探讨与尝试。要借鉴品牌传播理论，在群众文化活动品牌的传播中，综合考虑经济性节约原则、效果效率最大化原则、品牌曝光度最大化原则、营销策略娱乐化原则

① 王京传等.旅游目的地品牌标识评价研究[J].旅游学刊,2012年,第2期,第45页.
② 王钧,刘琴.文化品牌传播[M].北京：北京大学出版社,2010年,第164页.
③ 魏奕沁,周红莉.电视娱乐节目的成功之路——品牌营销战略[J].传媒经营,2011年,第3期.

和热情品牌营销原则等[①]。要对群众文化活动品牌的传播进行整体规划、分析并对传播效果进行检验检测。群众文化活动品牌不仅是一种品质的保证，更是广大人民群众对品牌所代表与传达的价值观和文化倾向的认同。所以，群众文化活动品牌广告传播既是一种体验也是一种认同[②]，是一种在不同代际、不同地域、不同民族之间的文化传递活动[③]。群众文化活动品牌传播与大多数产品品牌传播一样，需要遵循活动内容的真实性、艺术性、思想性、科学性与欣赏性原则，注重传统文化活动的挖掘与创新，把握传播的时机，提倡充分利用各种政府与群众组织的活动，进行针对性强、集中、直接面对目标人群的活动，大力借势造势形成轰动效应。实施群众文化活动品牌传播同时要克服不同群众文化活动团体、人员素质、技能上的差异，要对传播计划采用的各类媒体、工具及其效果进行评估，传播工具要考虑到大多数群众的接受程度，这些因素均对群众文化活动品牌的传播起着重要的影响。

（一）广告传播

广告是一种特殊的传播活动，广告作为品牌信息传播的手段之一，是消费者获取品牌信息的主要途径。广告对于品牌传播的作用表现在可以扩大品牌知名度，营造品牌的社会氛围，提升品牌认知度，塑造品牌美誉度，建立品牌联想，塑造品牌性格，增加品牌附加值，传播品牌核心价值，强化或改变品牌定位，培育品牌忠诚度等[④]。广告是对目标受众所进行的涉及品牌名称、品牌标志、品牌定位、品牌个性等内容的

---

① 邹佳娟.经济危机背景下的企业品牌传播战略5E原则[J].全国商情(经济理论研究),2009年,第15期,第51页.

② 王钧,刘琴.文化品牌传播[M].北京：北京大学出版社,2010年,第164页.

③ 陈立旭,潘捷军等.乡风文明：新农村文化建设——基于浙江实践的研究[M].北京：科学出版社,2009年,第1—40页.

④ 张树庭,吕艳丹.有效的品牌传播[M].北京：中国传媒大学出版社,2008年,第33—35页.

宣传活动。广告创意言简意赅，内容充满激情与乐趣，广告的优势主要是针对性强，灵活易变，能产生即时传播效应，易于产生流动传播效果。不同的广告传播媒介在群众文化活动品牌传播中有不同的特点：户外媒体广告传播群众文化活动品牌富有感召力，视觉冲击力强；平面媒体广告传播群众文化活动品牌速度快；报纸广告在传播群众文化活动品牌中具有权威性、严肃性、艺术性、可读性、资料性等优点；信息广告传播群众文化活动品牌时效性强，扩散区域广，知晓范围广；海报传播群众文化活动品牌的特点是形象展示充分，表现自由度大，可以鲜艳的色彩和篇幅吸引路人驻足观看。长时间的群众文化活动品牌广告张贴，可被观众反复观赏，加深广告印象，效果显著。电视、广播、网络等广告传播群众文化活动品牌的特点是形式制作精良，展示内容丰富，醒目生动，表现力较强，且具有全球性和全天候特点，有效率高。总之，所有群众文化活动品牌的传播渠道都应该具有权威可信、娱乐性强、特色鲜明、贴近生活、制作质量好、时效性强、项目新颖等特征[①]。

　　浙江云和"梅源梯田开犁节"就是一个省内外著名的群众文化活动品牌。梅源梯田开犁节由民间自发组织举办，每年参与活动的群众达上万人。2011年开犁节民俗活动由省非遗办、省摄影家协会、丽水市旅游局、浙江电视台钱江频道和云和县人民政府共同举办。活动邀请了光明日报、中国县域经济报、中央电视台7套、人民网、中国网、凤凰网等中央级媒体15家，浙江日报、钱江晚报、浙江卫视、浙江交通之声等省级新闻媒体8家，市级5家，华东互联网地方社区30余家媒体的参与，钱江都市频道电视直播。来自全国各地的摄影爱好者和几千名来自十里八乡的村民们也共同参与了庆典。与此同时，2011年云和还同期举办了"华东互联网社区运营交流会暨云和梯田旅游营销研讨会"，通过新闻、图片、视频直播等形式，对会议和开犁节进行宣传。邀

---

　　① 雷蔚真.名牌栏目的策略与衍变[M].北京：中国人民大学出版社,2005年,第37—57页.

请 30 家旅行社老总到云和梯田旅游，举行云和旅游产品推介会，提升云和梯田的知名度和美誉度。开犁节民俗活动期间，还推出了"30 户都市家庭体验农家生活，认养家禽"活动，在中央、省级媒体实现声、视、文字同时传播。《大众摄影》、《时尚旅游》杂志等专业媒体到云和进行专题报道与主题宣传，将云和梯田的风景照、活动照、视频等相关材料上传至网上，让网友对这些图片、视频进行评论，进一步提升了云和梯田的知名度。

杭州淳安"中国杭州千岛湖秀水节"①品牌在长三角城市会展联盟年会上荣获"2009 中国长三角地区重点节庆项目"奖项。多年来杭州千岛湖以水为媒，以节会友，千岛湖秀水节已经成为展示千岛湖无穷的秀水魅力、一流的生态环境和丰富的生态资源的靓丽窗口，着力打造世界湖泊旅游典范和中国度假之都品牌，成为展示浙江淳安县经济社会发展新变化、新成果的主要平台，在浙江乃至全国都具有较高的节庆品牌知名度。每届秀水节都设置 20 多个子项目，注重高端性、国际性、群众性、参与性和影响性。2011 年 6 月份，中国报道网络电视（简称 CRTV）摄制组到浙江千岛湖取景采风，实地拍摄反映淳安历史文化、千岛湖优质旅游资源电视专题片，并将其制作成中文和世界语双语版向世界介绍千岛湖。千岛湖中文版和世界语版专题片一经播出，得到了国内和国际友人的一致好评，尤其是世界语版电视片，不少国外游客看后纷纷表示愿意前往中国杭州千岛湖秀水节，体验和感受一湖秀水的独特魅力。

兰溪市 1995 年成立的"三界文化联谊会"，就十分重视群众文化活动品牌的宣传工作，他们通过宣传媒体报道，提高了"三界文化联谊会"品牌的知名度和关注度。如大慈岩镇举办的"三界联谊"活动"首

---

① 杭州群文服务网. 千岛湖秀水节喜获"长三角地区重点节庆"奖[EB/OL]. http：//www. zjhzart. com/scq/NewsListView. aspx? ParentID＝579&CurrentID＝583&ID＝10573&RoleID＝15.

届荷花节",浙江卫视参与了现场主持和拍摄,报道的层次高、速度快,影响力大;志棠镇组织的堆稻草比赛,衢州时报、浙江日报第二天就有了报道刊登,且登在了重要的位置,扩大了影响力,这些宣传报道对树立各镇的文化活动形象起到了非常积极的作用。浙江其他乡镇利用图书报刊阅览、宣传橱窗、横幅、固定标语、板报、标语粘贴、大型宣传牌及广告牌等宣传手段,及时更新群众文化活动的内容,充分发挥了广告传播的优势。

(二)公关传播

公关传播是指一个企业或组织为获得内部及社会公众的信任和支持,为自身的生存、发展创造最佳社会关系环境所采取的各种科学的手段与活动。公关传播的作用包括吸引公众关注,加强品牌认知,巩固或更新品牌形象,强化传播的影响力,协调关系,优化品牌营销环境等①。借助各种文化品牌进行公关传播的实质就是整合文化组织的优势资源,利用组织的品牌形象,引导并创造消费需求,为组织营造良好的外部环境②。群众文化活动品牌的公关传播主要采取个性化传播的方式,即通过表演、交流等形式,营造一定的环境气氛,以达到品牌的推广与宣传的目的③。

在群众文化活动品牌的公关传播中应该发挥人际传播的优势,人际传播是一种传播性闲聊,是关于某个新闻热点人、物或事物的真实的街道层次的热烈谈论。口碑是人们关于产品或服务等内容的口头交流的总和。口碑传递品牌体验,加深好感度和美誉度④。群众文化活

---

① 张树庭,吕艳丹.有效的品牌传播[M].北京:中国传媒大学出版社,2008年,第120—130页.

② 王钧,刘琴.文化品牌传播[M].北京:北京大学出版社,2010年,第224页.

③ 刘阳.中国品牌之道[M].北京:中国工人出版社,2006年,第1—292页.

④ 张树庭,吕艳丹.有效的品牌传播[M].北京:中国传媒大学出版社,2008年,第167页.

动品牌人际传播的特点是：传播源可信度高、易于形成流行、传播成本低和环境单纯、干扰度低。在大众传媒出现之前，群众文化活动品牌主要依靠人际传播。无论是公关传播还是人际传播，群众文化活动品牌首先要呈现给观众一个真实的信息与内容，要善于沟通，善于传递乐趣，在感受者心中建立起品牌印象，这些对品牌创建非常重要。在群众文化活动品牌的公关传播中，应该充分利用一切可以利用的宣传工具，如墙报、标语、电视、电影、图片、宣传车等开展多种形式的群众文化宣传活动，宣传党的路线、方针、政策，宣传新世纪的创业精神和思想风貌，弘扬社会主义正气和主旋律。

（三）营销传播

品牌知名度可以为品牌带来许多好处，知名度高的群众文化活动品牌会产生熟悉感并易于产生品牌联想，知名度给品牌树立了牢靠和负责的印象[1]。因此，品牌营销在品牌传播中非常重要。品牌营销是指通过大众传播媒体广告、促销、产品文字宣传、直销、一般性活动、赞助性活动等方式扩大品牌影响力的一种手段。促销或营销是一种具有高度激励性的传播策略，它不仅对消费者的品牌决策产生影响，而且能够加强品牌与消费者或潜在消费者之间的联系，提高品牌认知度、巩固品牌形象[2]。当前，传统营销理念正在发生变革，出现了许多新型营销理念，而"品牌营销"是诸多营销中的一种，旨在满足适应变化的需要[3]。

群众文化活动品牌营销一般具有公益性的特征。从推广渠道来

---

[1]　金雁，王宁.专业报刊品牌经营[M].北京：中国传媒大学出版社，2007年，第16页.

[2]　张树庭，吕艳丹.有效的品牌传播[M].北京：中国传媒大学出版社，2008年，第86页.

[3]　王永龙.21世纪品牌运营方略[M].北京：人民邮电出版社，2003年，第177页.

看，群众文化活动品牌的推广也不同于一般产品推广，文化活动品牌推销主要靠自主自行解决，而其他一些品牌的推广往往交给专业的传播机构打理。比如群众文化活动场所免费学习观赏就是一种品牌的营销模式，现代品牌营销传播一个基本思路是传播与表达的信息越简单越好，越有用越好，越专一越好①。品牌营销的核心竞争力就是通过形象设计和宣传口号，反映文化活动品牌的理念和营销形象，同时，集中人力、财力、物力推广一个强势品牌，并通过资源整合、调配、延伸品牌措施等，最大限度地挖掘品牌价值并发挥品牌效应。群众文化活动品牌内容、传播渠道和要素整合是文化活动品牌营销传播的基本框架。群众文化活动品牌的营销传播是一个动态发展的过程，需要不断扩大影响力，巩固已有受众，吸纳更多的观众，做强做大品牌②。文化活动品牌营销的基础是品牌的质量与内涵，文化活动品牌要求品牌质量好、服务优、成本低、技术先进，要能吸引、凝聚群众的注意力，要有独特的语言符号和醒目的识别体系，并通过有效的途径增强传播效果。在群众文化活动品牌营销中应注重"快乐性原则"的运用，要能为观众带来精神愉悦和情感的表达与宣泄；同时，品牌营销又要能体现"公益性原则"，突出群众文化活动品牌是为了满足群众与大众的精神需求，提升自己的品牌形象③。

　　浙江在群众文化活动品牌的创建过程中，非常重视营销传播。如2004年，浙江丽水就创立了"中国·丽水国际摄影文化节"品牌④，丽水摄影节以"打造摄影名城，扩大国际交流，展示秀山丽水，推动科学发展"为目标，通过举办影赛、影展、论坛、专家见面会、摄影交易会等

---

①　余明阳，戴世富．品牌战略[M]．北京：清华大学出版社，2009年，第36—57页．

②　(美)约翰·菲斯克著，杨全强译．解读大众文化[M]．南京：南京大学出版社，2001年，第40—41页．

③　王钧，刘琴．文化品牌传播[M]．北京：北京大学出版社，2010年，第130—160页．

④　丽水摄影网．中国·丽水国际摄影文化节简介[EB/OL]．http：//www．lsphoto．org/lsphoto2011/index．php? m＝content&c＝index&a＝lists&catid＝40．

系列摄影活动,吸引国内外摄影爱好者和摄影专家前来丽水参展、交流、观看和创作,并创下了国内摄影节的多个历史之最,被誉为实力派摄影节,是中国最有影响力的摄影节和国际最具影响的摄影节之一。2007年,丽水摄影文化节推出了100多个展览,有38个国家和地区的摄影家的6000多幅摄影作品参展。2009年,丽水摄影文化节成功转型,实现了从原来的沙龙性摄影节向学术性摄影节的转变。丽水摄影节首次建立学术委员会,并推出"十大策展人"评选。美国亚特兰大摄影节、意大利嘎啦飞亚摄影节、巴西摄影节、英国如巴如巴摄影节等22个国际上知名的摄影节和国际著名机构负责人,34个国家和地区的170多名国外摄影家参加了2009年摄影节。2011年11月,丽水在"2011中国·丽水国际摄影文化节"活动中,举办了国际摄影博物馆联盟展览、国际著名机构摄影展、国际著名摄影家邀请展、著名策展人征集活动展览等一系列国内外著名摄影展,并开展了专家见面会、摄影高端论坛等系列摄影活动,丽水通过品牌营销有力地宣传了"中国·丽水国际摄影文化节"的品牌形象。

五、浙江省群众文化活动品牌的延伸战略

品牌延伸也称品牌拓展[①]。就是企业将在市场上已经成功的品牌运用于完全不同种类的新产品,并将其推向市场[②]。品牌延伸是为了缩短市场上消费者认同的时间,为企业赢得竞争优势[③]。品牌延伸战略提出的意义是在原有品牌的基础上,通过一系列措施,增加该品牌

---

① 张雁白等.品牌文化战略与创新[M].北京:经济科学出版社,2011年,第1—70页.

② (英)切维顿(Cheverton,P)著,李志宏等译.品牌实施要点[M].北京:北京大学出版社,2005年,第3页.

③ 韩光军.品牌设计与发展手册[M].北京:经济管理出版社,2002年,第278页.

的市场覆盖率、使更多的消费者接触、了解该品牌,从而提高品牌知名度。借助品牌延伸,用著名的品牌推出新产品,使新产品的定位更为方便、容易,从而进一步扩大了原有品牌的影响与声誉。品牌延伸也是创新品牌的重要举措,一般来说不同的品牌创建期品牌开发的策略是有区别的,品牌初创期主要工作是进行品牌定位与品牌命名;品牌成长期主要是提升品牌知名度、提高品质认知度、丰富品牌联想、提升品牌美誉度以及培育、发展品牌的忠诚度;品牌延伸期则主要是确定品牌延伸类型、延伸产品、延伸策略、延伸营销计划、延伸品牌形象以及评估延伸效果。品牌延伸扩张主要采取的四种基本策略是品牌化的组合、亚品牌、托权品牌和多品牌组合体①。

品牌文化延伸战略是品牌延伸战略的最高境界。品牌延伸可以充分利用现有的品牌资源,增强品牌实力,防范风险,应对同行竞争。但品牌延伸也承担着削弱原品牌形象、淡化原品牌的风险。因此,群众文化活动品牌延伸要考虑品牌的强势度、核心品牌和延伸品牌的相关性以及品牌所处的内外部环境。在外部环境因素方面,较高的品牌建立和培育成本使得群众文化活动必将目光投向品牌延伸,同时,由于创新使得群众文化活动品牌作品生命周期缩短也可能迫使品牌延伸受到各方面的关注;在内部环境方面,群众文化活动品牌延伸也是为了提高新作品的市场接受度,占领更多的群众文化活动市场份额,更加丰富品牌的内涵,提升品牌形象。群众文化活动品牌延伸战略成功的基础是要有较高的品牌知名度、品质认知度、受众的忠诚度和积极丰富的品牌联想。群众文化活动品牌的树立非一日之功,品牌一旦形成,就需要不断地进行维护、创新与发展,否则就会丧失品牌原有的价值。故品牌的维护与延伸至关重要,群众文化活动品牌延伸要取得成功需要完善以下几个方面:第一,群众文化活动品牌只有在服务于人

---

① 牛雯雯.对我国网络品牌管理的反思——以腾讯为例[D].暨南大学研究生学位论文,2006年,第39页.

民群众的过程中不断改进品质,提高文化活动的水平与活动的质量才能为品牌延伸奠定良好的基础;其次,只有不断进行内容与形式创新才能保持品牌质量,维护品牌在老百姓心目中的形象;第三,只有不断创作精品、延伸品牌风格、传播品牌文化理念,才能做大做强品牌。

浙江现有一些群众文化活动品牌在"品牌延伸"战略的指导下,以高质量的内容与形式传播优秀的群众文化,在原有群众文化活动品牌的基础上进行开发、延伸和创造,将群众文化活动与旅游、商贸、体育等资源有机结合起来,最大限度地激发了群众文化活动的热情,让文化活动和其他经济社会活动"联姻",形成"双赢"的局面,产生了较好的品牌延伸效果。

(一)品牌的直接延伸策略

如果组织和企业超出其现有的品牌线范围来增加它的品牌线长度这就是品牌的直接延伸策略。群众文化活动品牌的直接延伸包括品牌在同类作品与项目中,形态、色彩、功能设计生产的扩大化以及在品牌专利、形象、经营、管理、市场模式上的输出。群众文化活动品牌的直接延伸有利于进一步提升品牌的影响力,树立一致性的品牌形象和营销活动,加快品牌文化的传播。实际上,对浙江群众文化活动品牌而言,品牌延伸就是对品牌知名度、美誉度、忠诚度和市场占有率的延伸与拓展。

浙江临安文化馆在 2000 年组织元宵灯会活动时,发现三日镇秋口村舞龙灯技术全面,基础扎实,便在其所表演的玉龙套路基础上进行大胆创新,开展品牌延伸,精心创编了民间艺术灯彩节目《临安水龙》,获文化部"群星奖"金奖①。嘉兴市南湖区长年着力打造"歌城"品牌,全面提升城市品位。组建了南湖合唱团、新四军研究会合唱团、社区老年俱乐部合唱团、工人合唱团,并荣获了中央电视台"太白"杯形象

---

① 周航,王全吉.浙江 100 个文化馆创新报告[M].杭州:杭州出版社,2011 年,第 1—129 页.

歌曲音乐电视展播城市类最佳城市形象歌曲奖、最佳导演奖和最佳制作奖。以歌促商、以歌引才，合唱艺术有效地提升了城市美誉度；嘉兴南湖区"歌城"品牌创立后，展开品牌延伸，以歌兴文，相应带动了七星镇的"湘湖文化节"、新丰镇的"汉唐文化节"、大桥镇的"葡萄文化节"等子品牌，扩大了南湖区的文化开放度，形成了强大的文化吸纳和辐射，促进了南湖区文化、经济的大发展、大繁荣，也引领了南湖区健康、主流的文化生活，使文化产业成为南湖区新的经济增长点。

"百姓大舞台"是浙江省开展的最红火的群众文化活动品牌之一，通过品牌延伸在全省各地如火如荼地发展起来。如仙居"百姓大舞台"以普通百姓为活动主体，根据"自愿、自荐、自演、同乐"的原则，从村间、田头走向舞台，通过流动舞台与活动点的结合、日常活动与固定演出相结合，通过"专业演员引领演"、"广电主持人支持演"、"广大群众自由演"三个主环节，将"百姓大舞台"群众文化活动不断引向高潮。2009年7月14日《浙江日报》在头版"高举旗帜、科学发展、创新创业、推动文化大发展、大繁荣"栏刊发了《百姓大舞台乐大众》一文，全面报道了仙居百姓大舞台情况。

嘉兴市秀洲区"新农村嘉年华"活动从2006年开展至今，不仅创出了自己的品牌，而且通过品牌延伸，将"新农村嘉年华"活动深入到秀洲区的各个乡镇和村落。经过多年的努力，秀洲区各乡镇（街道）已基本创立了自己的"一镇一品"。如新塍镇的"元宵民俗文化节"，已成功举办了十一届，产生了很好的反响；洪合镇的"歌舞新家乡——外来职工广场会"，吸引了全市新居民的参加；油车港镇的"'双溪之声'乡村文化体育节"与"葡萄节"相结合，很好地把农产品的品牌和文化的品牌融合到了一起；王江泾镇的"江南网船会"声势浩大，今年准备申报国家非物质文化遗产保护项目；新城街道的"社区文化节"抓住当地社区特色，打造了社区文化的品牌；王店镇的"朱彝尊文化节"利用名人效应，很好地把名人文化和群众文化结合在了一起；高照街道的"艳阳高照文化节"后来居上，活动搞得红红火火。这些"一镇一品"的文化活动都是"新农村嘉年华"活动在乡镇"种文化"、进行"新农村嘉年华"品牌延伸推广的结果。

　　此外,浙江桐庐"中国·桐庐民间剪纸艺术节"品牌,将剪纸这种静态的、平面艺术,用动态的、舞台化的表现手法诠释,编排了一个全新的舞蹈节目《剪》,舞蹈作品以具有桐庐地域文化特色的剪纸为题材,描写了一群妙龄少女对剪纸的热爱和在剪纸过程中的喜悦心情,同时还再现了老一辈剪纸艺人言传身教的场景,体现了民间剪纸在桐庐传承发展的历程,在杭州市"风雅颂"民间艺术展示中获得了广大群众的好评。浙江温州平阳整合"非遗"传承基地建设和旅游项目开发,在旅游景区开设平阳地方特色文化演示厅,重点推出平阳木偶戏、单档布袋戏、平阳和剧等非遗文化品牌,并争取举办全国性的戏曲类非遗文化节。浙江长兴通过"幸福乡村大舞台"品牌活动,以行动促发展,努力开创文化建设新局面;各个乡镇纷纷将演出与本地农业节庆活动相结合,如林城镇梅花节、二界岭樱桃节、雉城镇葡萄节、龙山街道杨梅节、和平镇采桃节等,各地农民群众积极发挥文艺特长,创编了《杨梅红了》、《葡萄熟了》、《银杏叶情》等一系列展现当地风貌的文艺节目,同时邀请民间老艺人在台上展示绝活,深受观众欢迎和喜爱①。

　　在浙江各地开展的邻居节活动始于"欧洲邻居日",1999年最早出现在法国,也是群众文化活动品牌延伸的重要案例。德清的"欢乐德清"群众文化活动自2004年开展以来,不断创新活动载体,唱响活动品牌,已在省内外产生了一定影响。2011年开展的"欢乐田野"、"欢乐广场"、"欢乐企业"等七大系列活动,就是一系列品牌直线延伸所推广的活动。浙江各地的文化艺术节通过品牌延伸,演绎出多姿多彩,枝繁叶茂,生命力旺盛的分支品牌,为繁荣群众文化活动打下了坚实的基础。

（二）品牌改进与变异延伸型策略

　　企业在其品牌线范围外增加其他品牌的措施称之为品牌改进型策

---

　　①　长兴县文化广电新闻出版局."幸福长兴"大舞台,创新文化更精彩[R].2009年.

略，即延伸品牌与原品牌在名称甚至品牌识别上各有不同，拓宽了品牌额度、适应度。品牌改进是品牌延伸的一种新趋势①。品牌的变异延伸是指品牌的延伸已超过了原有品牌的核心技术，向非核心技术行业所进行的延伸。这种延伸覆盖范围广、涉及领域多，可为企业带来全方位的市场占有和销售利润。品牌的强势度是品牌延伸的决定性因素②。品牌强势度是品牌力长期积累的结果，主要包括品牌度、定位度、知名度这三个指标③。群众文化活动品牌改进与变异延伸的策略是要充分利用和重视文化活动品牌的宣传功能，利用品牌文化进行产品的拓展，用知名的品牌向其他行业进行延伸；当然，品牌的改进与变异要注意异地文化的差异性和群众接受文化活动的心理定势，同时，注重品牌联想，将群众文化活动组织的价值观与服务理念附着在品牌产品上，通过品牌传播延伸出去，扩大品牌的影响力。

要保持群众文化活动品牌的生命力、扩大品牌的影响力，浙江省很多群众文化活动品牌也采取了改进与变异策略。如浙江云和有"云和梯田"品牌，该县立足本土特色文化，通过文化活动品牌的改进与变异，带动了旅游、场馆、传统文化等特色文化建设。全县首批 12 个特色文化示范村立足当地的船帮文化、农耕文化、畲族文化、抗战文化、木玩文化、女神文化等文化资源，以及名人故居古墓、庙宇宗祠古宅、廊桥古道等文物，深入挖掘地方传统音乐、舞蹈、民俗事项等民间民俗文化，提升新农村文化品位。又如温州市文成县的"刘基文化节"品牌，从原来的群众文化活动扩展到现在的休闲旅游等领域，以刘基文化为龙头的旅游业发展迅猛，不仅更加系统、全面地彰显了本土文化的丰厚底蕴，也大大推进了当地的旅游休闲业的发展。

---

① 薛可.品牌扩张：延伸与创新[M].北京：北京大学出版社,2004 年,第 149 页.
② 薛可.品牌扩张：延伸与创新[M].北京：北京大学出版社,2004 年,第 151 页.
③ 薛可.品牌扩张：延伸与创新[M].北京：北京大学出版社,2004 年,第 1 页.

第七章　浙江省群众文化活动品牌发展模式选择与机制创新

一、浙江省群众文化活动品牌发展的模式选择

随着经济社会的发展,浙江省群众文化活动的类型更加多样,地域分布更加广泛,地方特色更加鲜明,参与活动的群众也越来越多,群众文化活动的基础更加扎实,群众文化活动更加普及,影响也更加深远。在丰富多样的群众文化活动基础上涌现出来的群众文化活动品牌是各地人民群众智慧的结晶和精神生活的象征,彰显出了各地人民群众的社会文化与审美艺术等多元价值观念,具有深刻的现实意义。孔子说:"移风易俗,莫善于乐;安上治民,莫善于礼。"其中所渗透的就是民俗文化在社会和谐与安定中的作用。荀子曰:"论礼乐,正身行;广教化,美风俗。"就是强调要利用民间民俗文化,塑造某个民众群体所认同的高尚的个人品质和行为[①]。品牌应该是从历史、文化、风土、人文、地理、产业、经济、发展等诸多形成要素中经过综合、概括、抽象、比较、筛选出来的。特色文化品牌战略就是培育一批文化名镇、名村、名园、

---

① 赵晓东.群众文化品牌的多元价值探析[J].鄂尔多斯文化,2010 年,第 2 期,第 27—28 页.

名人、名品①。因此,大力开展群众文化活动,创新风,树品牌,按照群众文化活动品牌创建的规律进行品牌塑造与模式选择,是新时期大众文化建设的一项重要任务。群众文化活动品牌发展的模式可以根据群众不同的需求、不同的地域分布和文化内容分为地域文化活动模式、历史文化活动模式、艺术文化活动模式、讲座与公益文化活动模式、展示文化活动模式与广场文化活动模式等。

(一)地域文化活动模式

浙江省群众文化活动内容大多取材于本土地理、民俗、重大事件与传统文化,因而具有显著的地域特征。浙江省山海、河湖、平原地貌类型多样,各地域文化活动个性独特、精彩生动,打造具有地方文化特色的群众文化活动品牌是地域文化活动模式的主要目的。如浙江省入选第一批国家级非物质文化遗产名录项目名单中有44个项目,基本囊括了遍布全省广大城乡的民间艺术与民俗传统文化活动品牌项目,其中著名的民俗传统群众文化活动项目有民间舞蹈中的龙舞(浦江板凳龙、长兴百叶龙、奉化布龙);民间音乐中的泰顺民间音乐、嵊州吹打、舟山锣鼓;民间文艺如温州鼓词、绍兴平湖调、兰溪滩簧、绍兴莲花落;民俗活动项目如大禹祭典等②。这些传统非物质文化遗产都具有浓厚的乡土气息和地方特色;此外,浙江各地还举办了多种形式的"民俗风情节"和"文化节",比如"黄岩柑橘节"、"青蟹节"、"中国·龙泉青瓷宝剑节"、"中国·青田石雕文化节"、"缙云民祭、公祭黄帝典礼"、"中国(庆元)香菇文化节"、"浙江云和开犁节"等,这些群众文化活动品牌都具有鲜明、独特的地方风格;即便在浙江全省很多地方最受群众欢迎

---

① 人民网:中共中央办公厅国务院办公厅《关于进一步加强农村文化建设的意见》[OE/OL].[2005-12-12].http://theory.people.com.cn/GB/41179/41184/3934459.html

② 陈立旭,潘捷军等.乡风文明:新农村文化建设——基于浙江实践的研究[M].北京:科学出版社,2009年,第99—100页.

的"文化走亲"活动也因为地域文化的差异,而呈现出多姿多彩的地域特色。

拥有丰富的海洋资源是浙江独特的地理优势,浙江人不仅充分开发利用海洋资源促进了经济的发展,而且还创造了海洋文化以丰富人们的精神文化生活。温州洞头"渔家乐"民俗风情节品牌,始于1997年,至今已有12年的历史,该地区群众文化活动就是以"整合海洋文化资源,打造海洋文化品牌"为理念,多方汲取海洋地域文化元素,结合古老的、现代的、传统的、时尚的表现艺术形式,打造了一大批独具特色的文艺精品节目:在20世纪50年代初创的民间海洋舞蹈《贝壳舞》和吹打乐《龙头龙尾》的基础上,2002年,极富海洋音乐元素的四重唱《龙头龙尾都是歌》在温州市第十一届音乐舞蹈节上获得一等奖,2008年,海洋故事情节舞《贝壳舞》再次以极具海洋韵味的舞姿出现在浙江省"群星奖"广场舞蹈大赛的赛场上,并获金奖;2008年11月,从海上渔民作业激发灵感而创作的民间打击乐舞蹈《渔婆婆》参加全国中老年舞蹈大赛获得了金奖,再次提升了洞头海洋文化的品牌;2009年10月,在温州市第三届艺术节上,吹打乐《听浪》以十足的海洋地域文化风格吸引了评委的注意力,获得了一等奖。其他作品如《渔灯舞》、《送船风》、《渔歌对唱》等10多种海洋民间艺术作品均通过舞台的形式向人们展示了丰富多彩的渔民生活画面。此外,洞头"百岛之夜"激情演绎广场文化活动品牌,创办于2003年7月,每年一期,一期10场,每年的夏季,在海滨之畔上演渔家戏,用渔家戏来树立文化形象①。这些富有地域文化特色的民间艺术大大提升了洞头海洋文化的影响力。

在浙江以海洋地域文化活动为特色的群众文化活动品牌还有舟山普陀区举办的"中国沈家门渔港民间民俗大会"、"舟山群岛·中国渔

---

① 周航,王全吉.浙江100个文化馆创新报告[M].杭州:杭州出版社,2011年,第64—100页.

歌邀请赛"、嵊泗的"嵊泗贻贝文化节"、岱山的"中国·岱山海洋文化节"、三门的"青蟹节"、玉环的"中国·玉环海岛文化节"、象山的"中国·象山开渔节"(1998 年创建,中国十大品牌节庆)、宁波北仑的"海享大舞台"、"中国宁波国际港口文化节"、海宁的"潮乡百灵"歌手擂台赛"等等。这些群众文化活动品牌均立足于"海"、"船"、"鱼"、"浪"等地域特色。除滨海的地域优势之外,浙江素有"诗画江南,山水浙江"之美誉。山水文化是浙江的特色文化,群众文化活动品牌内容的打造也多与山水有关。如永嘉是温州文化的源头,文化底蕴深厚,永嘉创作的舞蹈《悠悠楠溪江》在全国第十届群星奖中获金奖;建德的"百姓纳凉大舞台"品牌也充分体现了建德秀丽的新安江水以及山清、水秀、雾奇,冬暖夏凉的地域气候特色;每年炎炎夏日,新安江就成了一个天然大空调,来此避暑纳凉的游人络绎不绝,建德的"百姓纳凉大舞台"是搭建在老百姓身边的舞台,以综艺性、公益性的群众文艺演出活动,提升了建德城市文化品质和知名度。

　　浙江兰溪市诸葛、建德市大慈岩、龙游县横山三镇创建的"三界文化联谊会"品牌也是具有典型地域文化特征的群众活动品牌[①],三个镇每年轮流举办一次群众文化联谊活动,至今共举办了十八届,多年来深受农民朋友喜爱。这三个镇虽然分属不同地市,但相互接壤;在活动中,来自建德市大慈岩镇的狮子、竹马队,来自兰溪诸葛镇的腰鼓队,来自龙游县横山镇的草龙布龙等地方传统特色节目竞相献艺;通过艺术交流、旅游交流、合作洽谈、竞技比赛等多种途径,为活跃三镇农村群众文化生活,拉近三镇干部与群众之间的距离,促进经济文化

---

　　① 杭州群文服务网.竞争让"三界联谊"持续不衰.[EB/OL].2011[2010-09-08].http://www.zjhzart.com/QKListView.aspx? ParentID = 1084&CurrentID = 1086&ID=16377.

繁荣与发展,发挥了重要作用①。

　　浙江各地的群艺馆、文化馆在发挥各自艺术专业特长和发掘地方文化的基础上,也创作了大量的富有地域文化特色的群众文化活动品牌节目。以温州市为例,鹿城区文化馆创作的音乐作品《香香花为媒》荣获全国"五个一工程"奖,温州鼓词《青春情结》、小品《苍蝇的问题》等四个作品获全国"群星奖",省级一等奖;2008年温州市的音乐节目《水墨村庄》获全国"四进社区"文艺展演金奖;《山里的太阳》获全国农民艺术节丰收奖;在长三角歌曲创作赛和浙江省音乐新作演唱大赛上,《绿色心情》、《对鸟》、《水乡梦乡》等9个节目共获得创作、辅导、表演等22个金奖;小品《不是广告的广告》获华东六省一市大赛创作表演双金奖及最佳导演奖;舞蹈《乡媛·扇歌》获全省乡村舞蹈金奖;《贝壳舞》获浙江省广场舞蹈大赛金奖。在2009浙江省群星奖大赛中,温州市音乐作品《农家书香》、《水乡梦乡》、《绿色心情》等入选浙江省第十届"五个一工程奖";表演唱《对鸟新唱》、舞蹈《竹儿青妹儿红》、小品《离婚酒吧》、曲艺《接老师》等,被列为浙江省参加2010年全国群星奖的推选作品。2009年第七届中国音乐"金钟奖"大赛中,温州市女声合唱团荣获金奖,中老年合唱团荣获铜奖,温州市中老年合唱团还荣获文化部主办的第十一届中国老年合唱节金奖和成人组金奖,温州合唱团还获"浙江省金牌合唱团队"称号;2010年温州合唱团参加第十五届全国"群星奖"合唱比赛,获得了全国第一名的优异成绩,参加第六届世界合唱节夺得锦标赛民谣组银奖。除表演艺术外,群众文化活动的视觉艺术也得到了升华,取得了可喜的成绩,在浙江省文化厅主办的"迎奥运"少儿美术书法摄影评选、改革开放三十周年建设成果优秀摄影展两个活动中,温州市的作品获得2金、4银、8铜的好成绩。

---

　　①　杭州群文服务网.竞争让"三界联谊"持续不衰.[EB/OL].2011[2010-09-08].http：//www.zjhzart.com/QKListView.aspx? ParentID ＝ 1084&CurrentID ＝1086&ID＝16377.

此外,浙江丽水 2006 年打造的四幕畲族舞蹈诗《畲家谣》,以舞蹈为主要表现手段,突出生活在瓯江流域的畲族多姿多彩的民族文化和坚忍不拔的民族精神。2007 年浙江龙泉山歌《哆啰来》作为浙江唯一的参赛节目,参加在西安举办的"全国首届中国原生态民歌大赛"获文化部颁发的业余多人组合优秀奖,该节目还获得中国畲族民歌节最佳表演奖。宁波市北仑区的甬剧小戏《喜从天降》等获浙江省群星系列创作表演银奖;2007 年 11 月,慈溪民族乐团创作演奏的青瓷瓯乐《越·瓷风》获全国第十届音乐决赛群星大奖和群星创作奖;宁波慈溪"青歌赛"为培养和发掘优秀青年歌手起到了重要作用,被评为 2009 年宁波市十大群众文化活动。浙江德清通过唱响"欢乐德清"品牌,在全县范围开展"欢乐田野"等七大系列活动,文化活动连年不断,城乡处处是欢歌。此外,极富地域文化特色的临安民间艺术《临安水龙》曾获得文化部群星奖金奖、第五届中国国际民间艺术节国际友谊杯金奖、全国第十三届群星奖、"华夏一绝·全国民间表演艺术大赛"金奖等。杭州余杭"相约周末"夏季文化夜市活动品牌节目 2006 年被评为全国特色广场文化活动,自 2001 年开展以来,至今已演出文艺节目和放映电影 500 余场,活动内容丰富,除文艺演出和公共电影放映之外,大量具有地方特色的文艺节目,如折子戏、越剧、民间艺术表演、小品、舞蹈、声乐、器乐等深受群众喜爱。"相约周末"品牌,活动规模大、涉及面广,参与的群众文艺团队、群众业余演员多,自娱自乐性强,已成为余杭人周末一道可口的"文化大餐"。

(二) 历史文化活动模式

深入挖掘本土历史文化是浙江省群众文化活动品牌创建的基本出发点和获得各项群众文化活动奖项的制胜法宝。在各地群众文化活动品牌的创建过程中,各地民间文学、传统音乐、传统舞蹈、传统戏剧、传统曲艺、传统美术、传统技艺、民俗文化等非物质文化遗产是群众文化活动品牌创作的重要源泉,围绕各种非物质文化遗产项目而创作完成的群众文化活动,继承与发扬了各地历史传统文化,创造了群众文化活动品牌的历史文化活动模式。国务院办公厅颁布的《国家级非物质文化遗产代表作申请评定暂行办法》对非物质文化遗产的界定是:"非物质文化遗产是指各族人民世代相承的,与群众生活密切相关的各种传统文化表现形式(如民俗活动、表演艺术、传统知识和技能,以及与之相关的器具、实物、手工制品等)和文化空间"。这说明非物质文化遗产根植于群众文化中,对非物质文化遗产的传承与发扬光大,是群众文化活动开展的主要动力之一。例如在浙江温州瑞安市九大类35项第一批非物质文化遗产项目中,可以作为群众文化活动内容的项目就有民间文学中的瑞安童谣、瑞安卖纻,传统音乐中的瑞安十番,传统舞蹈中的藤牌舞,传统戏剧中的瑞安高腔、提线木偶,曲艺中的温州鼓词,传统美术中的瑞安米塑、门神画、彩塑神像、吹糖人、瑞安纸马制作技艺、竹编、瑞安漆器,传统技艺中的木活字印刷术、银器制作技艺、瑞安糖金杏、瓯绣、瓯绣、温州彩扎(瑞安纸扎技艺)、花带编织技艺以及民俗中的曹村元宵灯会(二月二放水灯)等。温州平阳木偶剧戏于2008年被列入第一批国家级非物质文化遗产保护项目扩展名录,是浙江省唯一的专业木偶艺术传承基地,并于2010年被中宣部授予"全国服务农民服务基层文化建设先进集体"荣誉称号。温州平阳的非物质文化遗产传承基地也是群众文化活动开展的重要阵地,如"县木偶剧团木偶戏传承基地"获得省级传承基地称号,"县单档布袋戏传承基地"、"平阳白鹤拳传承基地"、"宋桥镇老人活动中心卖技传承基地"、"平阳吹打传承基地"、"平阳木偶制作传承基地"、"平阳绷鼓传承基地"、"温州鼓词传承基地"、"平阳和剧传承基地"、"鳌江划大龙传承基地"等传承基地也是当地著名的群众文化活动培训基地[①]。

"余杭滚灯"品牌是杭州余杭文化的金字招牌,"余杭滚灯"品牌的

---

① 资料来源:平阳县文广局.平阳县"十二五"时期文化遗产保护规划(2011—2015)[R].2011 年.

创建过程深入地揭示了群众文化活动历史文化模式的发展过程。作为浙江非物质文化遗产,《余杭滚灯》被定为 2010 年文化部"走出去"重点项目之一。2010 年《余杭滚灯》与《高头竹马》等节目赴新西兰参加新西兰元宵灯会演出取得了巨大成功;元宵灯会是新西兰政府参与主办的该国最大规模的文化集会活动之一,每年新西兰总督、总理等国家元首和政府高层都会亲临观看,已有 800 多年历史的《余杭滚灯》,在跨国群众文化交流方面发挥了重要作用。"余杭滚灯"原名"翁梅滚灯",新中国成立之前,滚灯几乎在民间销声匿迹,1972 年以后被关注发掘,此后,在钱塘江一带最有影响力的"元帅庙会"上表演节目,从此滚灯技艺大放光彩,滚灯成了庙会上必不可少的节目;随着知名度的提升,"余杭滚灯"开始糅入优美的舞蹈动作,这项老百姓田间地头的绝活终于成为一门艺术登上了大雅之堂。2006 年"余杭滚灯"入选首批国家非遗,此后,"余杭滚灯"走进世博、舞向奥运、亮相新西兰。如今在余杭一共活跃着大大小小 100 多支民间滚灯队伍,古老的滚灯嫁接了现代元素,焕发了青春,"余杭滚灯"不仅传承了本地的非物质文化遗产和历史文化,也验证了社会主义群众文化活动的优越性与先进性[①]。

浙江桐庐民间剪纸群众文化活动品牌也是桐庐民间艺人代代传承的结果,具有悠久的历史。"中国·桐庐民间剪纸艺术节"是浙江省重点扶持的群众文化节庆活动品牌,由于桐庐地处浙西水路交通要冲,悠久的历史,灿烂的文化,秀丽的山川和淳朴的民风,自南北朝开始,数以千计的文人雅士留下了数千首诗词篇章,历史文化积淀深厚;同时,历史上由于商贾百工云集桐庐,带来了众多的民间艺术和绝活工艺在桐庐不断繁衍传承,桐庐民间喜花剪纸也伴随丰富的民俗活动传承至今。桐庐民间喜花既有各地的共性,又有自己的个性,在剪纸艺

---

① 资料来源:浙江日报(人文版). 余杭滚灯记忆 40 年[OE/OL]. 2011[2012-1-18]. http://news.163.com/12/0118/06/7O1I216J00014AED.html.

术家胡家芝、谢玉霞等代表人物的继承与创新、保护和开发下，桐庐剪纸出现了四代同堂数百人共剪新世纪的新局面①。此外，浙江温州永嘉以古代太守谢灵运与瓯绣为题材创作的舞蹈《瓯绣》获浙江省"群星奖"舞台舞蹈金奖，剧本《永嘉太守谢灵运》获中国戏剧文学奖银奖。临安市昌化以保护传承民间艺术为宗旨，着力打造"鲜活"文艺活动，清凉峰镇根据历史故事创作的《蕲王出征》由当地村民 40 余人组成，多次参加市里举行的重大广场文化活动。缙云仙都成为我国南方黄帝文化辐射的中心，已成为我国南方祭祀黄帝的中心场所。缙云县的"民祭、公祭黄帝典礼"品牌，是经国务院批准的公祭黄帝典礼仪式，也成为当地传承历史文化的重要活动项目。此外，绍兴的"公祭大禹陵典礼"活动品牌，是新中国第一次举办的公祭活动，每年一届，已举办了 20 多届。浙江还有兰溪的"黄大仙文化节"和"诸葛亮风情节"等重要的群众文化活动品牌，这些依托当地历史文化事物和现象所开展的群众文化活动品牌传承了祖国珍贵的历史文化遗产，弘扬了光辉灿烂的历史文化，丰富了群众文化生活，是群众文化活动品牌长盛不衰的持续动力。

（三）节庆文化活动模式

随着中国大型节事活动的常态化和规模化，"文化搭台，经济唱戏"已成为我国文化产业发展的重要推动力量。以参与节庆活动而创作的群众文化活动品牌，在宣传当地文化、提升地方形象、扩大知名度、发展旅游业、吸引海内外投资、推动地方经济社会发展等方面发挥着重要的作用。节庆文化活动方式一般与会议、展览、庆典、促销、聚会、宴会、观光旅游等活动结合起来，其运作模式一般由政府或企业主

---

① 杭州群众文化服务网. 桐庐民间剪纸. [EB/OL]. [2008-09-30]. http：//www. zjhzart. com/scq/NewsListView. aspx? ParentID = 579&CurrentID = 827&ID = 1886&RoleID=12.

办，社会参与，市场运作，联合开发。由于一些大型节事活动都带有社会公益性质，政府在其中担负着牵头和主办角色，这为群众文化活动品牌的创建提供了重要的支持①。节庆文化活动模式为群众文化活动品牌保持生命力创造了条件，如浙江象山县倾力打造的"中国开渔节"获得"中国十大品牌节庆"、"首届节庆中华奖"、"中国最具影响力的节庆活动"等 10 余项国家级荣誉称号。"中国开渔节"对发展象山的海洋渔业经济和渔业文化活动，做大做强渔文化品牌，繁荣象山文化、促进旅游业发展、开展城市营销都发挥了重要作用。又如丽水景宁县的"大地飞歌"农民文化艺术节品牌，自 2007 年开始，已经成功举办了三届，艺术节是全县各乡镇文艺节目大汇演，晚会的演员为本乡镇的村民或外来农民工，晚会节目由农民群众自编、自导、自演，艺术节成为了当地农民群众展示自己风采风貌与文化才艺的舞台。如歌舞节目《千年山哈》集聚了畲族山歌舞蹈的文化内涵，展示了畲族灿烂的服装服饰、宗教仪式、劳动生活、婚俗礼仪等，表现出畲族独特的历史文化背景和畲族人民勤劳坚毅的民族性格。景宁"大地飞歌"农民文化艺术节最大的特色是各乡镇农民积极参与的热情和文艺表演内容和形式的多样化，如景宁九龙乡、东坑镇选送的"非遗"项目《金田鱼灯》、《群狮闹畲乡》、澄照乡选送的《畲族服饰表演》、大地乡选送的自编小品《拆厕所》，所有节目都极具乡土特色，深受各乡镇农民的喜爱。景宁的"中国畲族民歌节"为浙江省 20 个重点扶持的群众文化活动之一，"中国畲族民歌节"品牌的设立就是为了延续畲族民歌艺术，让更多人了解畲族文化、研究畲族文化、推进畲族民歌艺术发展，弘扬畲族特色文化。

节庆文化活动品牌在浙江省内不胜枚举，如温州市瓯海区"共同的家园"和"广场文化艺术节"两个文化活动品牌，以关爱民工生活，送文

---

① 张文凌.大型节事旅游后现象引起关注[J/OL].中国青年报,2011[2011-12-02].http://zqb.cyol.com/html/2011-12/02/nw.D110000zgqnb_20111202_2-11.htm

化到工地、到车间，展风采、激情颂盛世为核心内容[①]，体现了社会主义大家庭的温暖。诸暨市自 2001 年开始，连续举办了 10 届一年一度的元宵踩街活动。活动内容有彩车、板龙、布龙、百叶龙、舞狮、竹马、仪仗队、健身队等，来自各乡镇的表演队伍人数在年年增长。浙江上虞自 2007 年 11 月 28 日开始的"虞舜文化活动月"活动品牌也渐成规模，活动内容包含了文艺演出、文化展览、影视艺术、文化产业四大项目 15 个类别，影响广泛，成为当地著名的文化活动品牌。浙江宁海自 2002 年举办首届"中国（宁海）徐霞客开游节"以来，开游节已经成为最具地方特色的节庆活动之一，2011 年设立的"5.19 中国旅游日"就是在宁海举行开幕式的，开游节被称为"建国 60 年最具影响力的十大节庆活动之一"。浙江江山的"三山艺术节"和"毛氏文化艺术节"，龙泉的"中国龙泉青瓷·龙泉宝剑节"等也都成为全国或浙江省重要节庆品牌。

浙江台州市积极打造群众性节会文化活动品牌，坚持为群众办节的理念，以一年一届、市县联动的组织形式，相继举办了五届农民文化节、五届邻居节、四届企业文化节，共有 110 多万人次的基层群众直接参与了各项活动，丰富了人民群众的精神文化生活。他们依托丰富的历史文化资源和地域文化特色，构筑立体、多维、开放的节庆平台，打造了一系列全国性节庆文化品牌，其中临海中国江南长城节、玉环中国海岛文化节入选浙江省 20 大品牌文化节。玉环垟根文旦文化节、天台龙溪寒山文化节、三门亭旁红色之旅文化节等一批基层节庆活动在全市形成百花齐放的良好局面[②]。此外，杭州举办的"杭州西湖狂欢节"品牌更是家喻户晓。西湖狂欢节活动期间，充分展示了浙江各地的民间艺术，仅表演类项目就有《平阳九彩龙》、《杭州五彩龙》、《临安

---

① 周航，王全吉.浙江 100 个文化馆创新报告[M].杭州：杭州出版社，2011 年，第 64—66 页。

② 光明网.红旗文稿.积极构建公共文化服务体系，推进文化惠民[EB/OL].2012[2011-12-03].http：//theory.gmw.cn/2011-12/03/content_3098772.htm.

水龙》、《富阳东吴传龙》、《淳安汾口草龙》、《巾帼蚕龙》、《临安五凤朝阳》、《衢州硬头狮子》、《富春江莘平女子板凳舞》、《欢乐皮铜舞》、《剪纸娃娃》、《淳安姜家跑旱船》等。大型的节庆文化活动品牌，还有杭州拱墅区的"运河文化艺术节"，该艺术节自 2000 年首次举办以来，以"运河文化"为纽带，通过丰富多彩的群众文化活动，满足了群众的文化生活要求，促进了杭州群众文化活动的开展①。

（四）艺术文化活动模式

艺术性是群众文化活动的品质保证，也是群众艺术文化活动品牌的基本要求。群众文化活动的艺术表现形式多种多样，各地开展的群众文化艺术节活动为充分展示群众文化活动表演的艺术性提供了舞台。浙江在全国率先创建的一个著名群众文化艺术品牌，就是 2005 年 7 月成立的浙江"钱江浪花"艺术团文化直通车的文化下乡模式，这是一种以多功能流动舞台车为平台，以专业艺术院团为演出队伍，直接为基层群众提供文化服务的新形式。"钱江浪花"艺术团行程数万里，走遍了浙江的山山水水，被中宣部等 14 个部委评为"三下乡活动先进集体"，获得了第四届中国十大演出盛事评选最佳基层的称号②。在经济发展的同时，浙江各地群众文化艺术活动也在如火如荼地开展：如杭州市的"风·雅·颂"激情广场文艺活动，拱墅区的"运河广场民俗文化艺术"、滨江区的"广场文化周"活动、萧山区的文化艺术节、临安市的"激情广场文艺活动"、温州瓯海区的"广场艺术节"、仙居县的"百姓大舞台"、金华市文化艺术节、兰溪市"中国兰花节"、温州洞头的"渔家乐"民俗风情节，天台县天台山佛道音乐会、仙居的"百姓舞

---

① 杭州群众文化：拱墅区将举办"运河之春——元宵灯会".[EB/OL].[2009-02-09].http://www.zjhzart.com/scq/NewsListView.aspx? ParentID＝579＆CurrentID＝581＆ID＝3155＆RoleID＝5

② 陈立旭，潘捷军等.乡风文明：新农村文化建设——基于浙江实践的研究[M].北京：科学出版社，2009 年，第 99—100 页。

台"、金华市文化艺术节、武义县的"壶山之春"文艺节、绍兴水市莲都区的"欢乐莲城"社区文化艺术节、云和的乡镇民间民俗艺术月活动、景宁的"月山春晚"、"大地飞歌"农民文化艺术节、"希望的田野"农村文艺调演活动、丽水市的"绿谷之声"系列音乐会、舟山的"中国渔歌邀请赛"、定海区的全民 K 歌大赛、绍兴市的社区文化角活动、上虞市的"娥江之春"音乐会等①,均是多年来浙江涌现出来的群众艺术文化活动品牌。各地群众艺术文化活动节目形式与内容丰富多彩,如景宁的"大地飞歌"农民文化艺术节除了表演舞蹈、独唱、小组唱、双簧、快板、时装秀等传统节目外,还展现了多年来挖掘和整理的木偶戏、花鼓戏、鱼灯等民间艺术,这些草根艺术充分展示了景宁畲族自治县民间文化的独特魅力,博得了观众的喝彩。

　　在浙江省各地群艺馆和文化馆的带动下,浙江群众文化活动的艺术水平不断提高,在全国和省内获得了多项荣誉,如长兴天平"百叶龙"就有着非同寻常的获奖纪录②:1956 年 8 月,"百叶龙"参加浙江省第二届民间音乐舞蹈汇演,荣获一等奖;1957 年 1 月,参加全国第二届民间音乐舞蹈汇演,荣获国务院颁发的特别奖,受到党和国家领导人的亲切接见;同年 7 月,"百叶龙"随国家文艺团体到莫斯科,在世界青年联欢会上表演,获银质奖;1958 年国庆期间,10 条"百叶龙"在天安门广场欢舞;1980 年 5 月,"百叶龙"二度晋京,参加全国部分省市业余文艺调演,荣获一等奖。"百叶龙"舞蹈队还被农业电影制片厂拍成了艺术纪录片《泥土的芳香》,在全国上映后影响遍及全国。2002 年,民间艺术奇葩"百叶龙"以其神奇的艺术魅力,一举夺得政府最高奖——全国第十届"群星奖"舞蹈大赛金奖;2002 年"百叶龙"应邀参加了第四届中国上海国际艺术节的演出,与来自法国、德国、智利等世界各地的

---

　　① 周航,王全吉.浙江 100 个文化馆创新报告[M].杭州:杭州出版社,2011 年,第1—4 页.

　　② 浙江省长兴县林城镇人民政府.百叶龙辉煌历史.[EB/OL].[2009-11-20].http://www.zjcxlc.gov.cn/InfoDetail.aspx? type＝rwls&id＝6.

精彩节目同台献艺;为庆祝党的"十六大"的胜利召开,应文化部的邀请,"百叶龙"还参加了全国"群星奖"优秀节目进京表演,并为晚会压轴,受到北京人民的热烈欢迎。浙江其他群众艺术文化活动模式品牌还有:获浙江省"群星奖"和浙江省美术书法摄影优秀作品展美术类一等奖的玉环县《知荣辨耻》节目;永康市的集体舞《阿拉伯公主》获第八届全国"蒲公英"青少年才艺大赛银奖和浙江省第三届排舞大赛金奖;2004年,金华缙云县雁岭将传统节目"响铃叉"精心编排成《钢叉舞》,参加第七届中国艺术节大型文艺演出活动获金奖;2008年缙云被授予中国民间文化艺术之乡,《钢叉舞》先后被列入省、市、县文化遗产保护名录,因为该节目,2006年雁岭被命名为第三批浙江省民族民间艺术之乡。云和县每年一届的乡镇民间民俗艺术月调演,是云和县文化馆的品牌文化活动,已历时四届,其目标是实现"乡乡一台戏,村村有节目,人人有戏看";在乡镇民间民俗艺术月表演中,演唱歌曲《畲民爱中华》的歌手获得了由中国非遗保护中心、浙江省文化厅主办的"中国畲族民歌节","中国畲族民歌节十大民歌王"的荣誉称号。温州2003年创作的歌曲《香香花为媒》获全国"五个一工程"奖,2007年舞蹈《碗窑印象》获全国群星奖舞蹈优秀奖,2008年音乐节目《水墨村庄》获全国"四进社区"文艺展演金奖,《山里的太阳》获全国农民艺术节丰收奖。温州平阳县的《克隆思维》参加浙江省第十一届戏剧小品邀请赛获表演金奖、创作银奖,《客来西边》参加第六届华东地区戏剧小品大赛获创作银奖;《镜子》参加浙江省第十五届戏剧小品邀请赛获创作表演金奖,入围中央电视台第五届全国戏剧小品决赛获创作表演双优秀奖;《不是广告的广告》参加浙江省第19届戏剧小品邀请赛获创作表演双金奖和最佳导演奖,参加第九届华东六省一市戏剧小品大赛获创作表演双金奖;《最后的晚餐》参加浙江第二十届戏剧小品邀请赛获创作表演双金奖和最佳导演奖;等等。温州苍南县的《碗窑印象》,2007年11月7日晚在武汉中南剧场,代表浙江省参加第八届中国艺术节、第十四届"群星奖"舞蹈专场决赛,最终获得了第十四届"群星奖"舞蹈比赛创作奖(银奖)。杭州市上城区连续九年举办了九届上城区声乐大赛,其原创舞蹈《脊梁》获浙江省"群星奖"舞蹈大赛表演金奖,原创器乐曲《西溪怀古》获浙江省优秀文艺团队器乐创作表演大赛银奖、辅导银奖;歌曲小山雀组合《江南细雨》获浙江省新歌创作表演大赛创作银奖、表演铜奖。浙江青田1996年被文化部授予"中国民间文化艺术之乡"称号,青田田鱼与青田民间艺术结合,派生出了一种独特的民间舞蹈——青田鱼灯,有着1200多年悠久历史的田鱼养殖史孕育了温州青田灿烂的田鱼文化,青田稻鱼共生系统2005年被联合国粮农组织命名为全球重要农业文化遗产。青田鱼灯曾参加北京建国50周年庆典、第五届中国国际民间艺术节、第七届中国艺术节和第十三届"群星奖"、"西班牙巴塞罗那·中西建交30周年庆典"等国内外文化交流活动,并取得优异成绩,被誉为"天下第一鱼"。目前,全县各地已发展了30多支男子青壮年、老年、少儿及女子鱼灯表演队,形成了舞台、广场、踩街等不同流派、不同风格的表演形式。每逢喜庆节令开展鱼灯表演活动,青田鱼灯已成为青田的地方特色文化品牌,是青田对外宣传中一张亮丽的金名片。

湖州的"中国湖州国际湖笔文化节"品牌将文化与体育事业结合起来,至今已成功举办了四届湖笔文化节和十届全国极限运动大赛,被誉为"中国毛笔之都"和"中国极限运动之都"。群众文化活动彰显了"生态、文化、和谐、精致"理念,传承了中华文明,弘扬了特色文化,突出了体育魅力,激发了湖州人民创业创新的斗志,具有十分重要的意义。1998年创立的新昌"文化旅游节"品牌,也是一个文化艺术模式的群众文化活动,2009年举办的第十一届"中国(新昌)天姥山文化旅游节暨万丰奥特2009江南佛心大典音乐会",是新昌发展文化旅游的重要文化创意活动。嘉兴改良和创新端午节日形式,利用端午节民俗文化活动,加强参与性、娱乐性,将娱乐方式创新成大型综合性活动节日,并成功申报为世界非物质文化遗产。安吉昆铜的"竹叶龙"2009年7月作为唯一入选的中国艺术团体,代表中国参加第37届世界和平艺术节演出。又如,2002 年,宁波江东区成为全国社区建设示范城区,江东社区文化艺术节已成为江东社区文化建设中一个深入人心的品牌活动,每年 5 月至 6 月所举办的活动,包含 5 大系列、24 个主体项目、300 余场文化活动、1000 多辖区单位参与的社区文化艺术节,以"百姓艺术"和"百场歌舞"活动为重点,组织一系列主题鲜明、形式多样、雅俗共赏的文艺节目,内容精彩纷呈、高潮迭起,政府行为与社会参与珠联璧合,精品创作与大众文化交相辉映,送文化与种文化融为一体,体现了文化行为对人的关怀。又如,浙江温州平阳"文化艺术节"以"魅力平阳、激情跨越"为主题,文艺晚会推出了一批体现平阳历史文化、地域特色和体现平阳人精神的精品力作,促进了全县文化艺术的繁荣发展。其文艺比赛活动分别举行了声乐专场、器乐专场、舞蹈专场、戏剧小品专场的预赛和决赛。群文赛事是各届文化艺术节的一种重要组成部分,力求通过各种丰富多彩的文化元素展现,培育文化新人,打造文化品牌。此外,浙江还有景宁县的"中国畲族民歌节"是全国性畲族文化展示与交流的盛会,遂昌有 200 多个村举办了全国首个乡村摄影文化节,嵊州的"中国民间越剧节",浦江的"中国书画节"等群众文化艺术活动,皆充分展示了各地独具魅力的文化艺术,为当地开展群众文化活动、培育人才,促进艺术交流创建了较好的平台[①]。宁波江东区"社区文化艺术节"品牌经过多年的发展,已成为江东区文化部门实施公共文化服务和群众参与文化活动的重要平台,在其各届"韵升杯"社区文化艺术节中,江东区各街道(社区)和辖区"八仙过海,各显神通",开展了丰富多彩的"节中节"活动,如百丈街道举办第八届文化艺术节、"百姓民星荟萃"优秀节目展演、和丰创意文化展示活动、庆祝新中国成立 60 周年暨"唱响东部"都市民俗主题文化活动、"唱响东郊·歌颂祖国"庆祝新中国成立 60 周年歌咏晚会等,生动地展现了江东社区

---

① 书艺公社网.第五届浦江·中国书画节:首届中国书画之乡论坛方案.[EB/OL].[2007-9-7].http://www.shufa.org/bbs/thread-75857-1-1.html.

文化的特色。除了江东区，宁波海曙区的"我与元宵有个约会"系列活动、"董孝子庙会"等；江北区的"星期六相约老外滩"、"中华慈孝节"等；鄞州区的"群众文化艺术节"、"民间文艺大巡游"等；北仑区的"海享大舞台"、"农民艺术节"等；镇海区的"雄镇大舞台，大家一起来"等；象山的"石浦三月三民俗文化节"；余姚的"姚江百姓课堂"、"姚江读书沙龙"等"周末文化"公益活动；慈溪的"艺术节"、"十大青年歌手大奖赛"等；宁海的"前童正月十四元宵行会"、"中国徐霞客开游节民俗风情游"等；奉化的"江滨音乐文化广场"等群众文化艺术节活动各具特色，形成了"人人参与文化、人人建设文化、人人享受文化"的壮观场面。

（五）展示文化活动模式

公共文化设施与场馆所展示的文化产品，有很大一部分是为了展示群众文化活动的成果、讴歌劳动人民群众的智慧与创造力，并借以提高人民群众的文化素质与丰富群众的文化生活，这是开展展示型群众文化活动模式的主要目的。由于现代图书馆、文化馆、博物馆、美术馆、纪念馆等文化设施与场所及其所展示的内容，一般具有丰富的文化内涵、具体的展示形式、明确的展示主题和展示目标，是当地传统文化和人们文化精神的载体，其主要内容和形式以各类字画、摄影、雕塑、书法、美术作品、手工文化作品、非物质文化遗产保护成果和科普作品展览展示活动为主，采取多样式、多手段相结合的办展模式，将图片、实物、模型、投影、舞美、灯光、真人演示等有机融合，这些展示作品是群众艺术家艺术与文化思想的结晶，具有丰富的民俗性和通俗性，能够使群众审美情趣、文化素质和鉴赏力得到提高，大大提升了社会大众的文化软实力。浙江这类充满地域文化特色的群众展示文化活动品牌不胜枚举：如创建于 1999 年的杭州市"风·雅·颂"民俗艺术展示，杭州江干区的"团队展示月"活动，宁波江东区的"阿拉宁波摄影节"，宁波江北区的"基层文化特色展示月"，余姚市的"舜江之夏艺术博览月",嘉兴市的"红船颂"中国名画家作品邀请展,嘉兴秀洲区的"中国秀洲农民画艺术节",绍兴市的"中国兰亭书法节",嵊州的"嵊州国际书法朝圣节",义乌"义乌文化产品交易博览会",衢州柯城区的"余东农民画",丽水的"中国丽水国际摄影文化节",丽水云和的"民间民俗"文化艺术月活动,以及"中国木制玩具文化节"等展示活动。2006年,首届"中国义乌文化产品交易博览会"是国内文体行业唯一的外贸主导型展会,义乌文博会已成为国内外知名的国际性文化展会,展会上有文化用品类、工艺美术类、书画古玩类、文化艺术类四大类行业40个种类的文化产品参展,内容多样,形式丰富多彩。浙江云和的"中国木制玩具城"利用云和木制玩具城的优势,从2008年开始打造"中国木制玩具文化节"品牌。为了充分利用并传播云和木制玩具文化艺术,云和图书馆在新馆舍内成立玩具文化研究室(Toy Library),大力开展木制玩具的收藏、研发、科普工作,收藏了一千多件古今中外典型的玩具样品。云和的"木玩乐园"或"中国木玩博物馆",集博物、科技、影视、科普、档案、文史展示和玩具论坛、室内玩具体验等多功能于一体,是中国木制玩具城的标志性建筑[①]。此外,全省各地文经馆办刊物,通过内容丰富,形式活泼,汇集戏剧、音乐、舞蹈、曲艺、诗歌、群文理论、非物质文化遗产等各个门类的优秀作品内容的展示,为社会各界和基层文化单位提供群众文化活动的素材,也是群众文化展示活动的重要内容之一。

(六)讲座与公益文化活动模式

在各地丰富多彩的群众文化活动中,讲座与公益群众文化活动是一类属于益智型,为广大人民群众提供精神文化食粮,愉悦大众并能够提高人民群众基本文化素质的活动,普遍受到广大人民群众的喜

---

① 百度网.百度快照:第四届中国木制玩具文化节.[EB/OL].2011[2011-12-4]. http://baike.baidu.com/view/6751347.html.

爱。这类活动以各类公益性的讲座和文化学习体验活动为主,以宣传先进文化与传播科学文化知识为主要内容,一次内容精彩生动、丰富多样、高水平的讲座,能够调适听众的心理,引导群众的思想,凝聚群众的精神;而群众则通过对讲座等一系列公共文化产品的"消费",汲取文化科普与社会政治等方面的知识,启迪人生,获得免费教育,提高"终身学习"的能力;以图书馆为中心的各类讲座和文化学习体验活动已经成为传递信息的桥梁、学习新知识的课堂、联系群众的纽带①。图书馆是社会公共文化服务体系的重要组成部分,承担着保存人类文化遗产、传播先进文化、开展社会教育等重要职能,是公民的终身学校。各级图书馆举办的系列读书活动和读书征文等群众文化活动,不仅是广大人民群众精神文化的需求,也是政府公共文化服务的基本内容,以"听众为本"的讲座服务理念,对促进社会和谐与经济社会发展均具有重要价值。经过多年的培育,浙江各地有很多公益性的讲座品牌,如创建于 2008 年获得浙江省基层宣传思想文化工作"三贴近"优秀奖的"浙江图书馆讲座联盟";创建于 2002 年、获浙江省优秀讲座品牌的浙江省"文澜讲坛";获浙江省优秀讲座品牌的还有宁波市图书馆的"天一讲堂"、宁波江东区的"书香江东"读书节,平湖市的"市民讲坛",长兴县的"长兴大讲堂",绍兴市的"越州讲坛",台州椒江区的"枫山书院人文讲坛",台州市群众艺术馆 2008 年推出"艺术与生活"名家讲座,2009 年被浙江省文化厅评为"浙江省优秀讲座品牌"②。路桥区的"南官人文大讲坛"等。特别是宁波市江东区③群艺馆 2008 年开办的

---

① 那艳,张玲琳."越州讲坛"的品牌塑造[J].新世纪图书馆,2007 年,第 5 期,第 62 页.

② 周航,王全吉.浙江 100 个文化馆创新报告[M].杭州:杭州出版社,2011 年,第 4—9 页.

③ 郝军海,杨慧月,王剑民.强化公共文化服务促进和谐社区建设——宁波市江东区社区文化艺术节实践与思考[C].首届中国文化馆馆长年会暨"百馆论坛"会议材料,2007 年.

"群星课堂"文化活动品牌,通过一系列贴近时代、贴近生活、贴近百姓的公益培训活动,取得了显著社会效益,使"群星课堂"逐步发展成为宁波市群艺馆拓展和提升公共文化服务的一个重要文化活动品牌。

公共文化服务是公益服务的组成部分之一,与群众文化活动紧密相连。文化是一个社会的灵魂,从这个意义上看,"任何文化产品在本质上都是公共的"①。因此,具有公共文化服务性质、肩负着普及与传播精神文化产品的公益服务文化活动是社会主义和谐文化繁荣的重要表现形式。公益活动是指不以取得报酬为目的,提供自己的劳动和技术,为增进社会福利而从事的活动②。群众文化活动中的公益性具有社会公有与社会共享等特点,如文化馆、图书馆、博物馆、美术馆、纪念馆以及公园等公共产品所在地所举办的各类面向群众服务的表演、讲座与展示都是一种公共文化服务,而且是一种公益性的、群众自发的文化服务。各类公益型群众文化活动品牌的质量与数量是反映一个地区文化活动生产力水平的重要标志。长期以来,温州少年儿童图书馆丰富多彩的公益性文化活动为图书馆赢得了社会的赞誉。温州少年儿童图书馆始建于1986年,是浙江省第二家独立建制的少年儿童图书馆、国家地市级一级少年儿童图书馆,曾荣获全国、省、市文明图书馆称号。少年儿童图书馆为温州的少年儿童提供了文化活动的舞台,创建了很多服务少年儿童的文化活动品牌。如"七色花"梦想剧场是温州少年儿童图书馆为广大少年儿童搭建的"演绎书中童话,展现真我风采"的公益文化艺术舞台。通过儿童剧的形式让少年儿童扮演书中角色,演绎书中故事,展现文化艺术才华;希望通过这个梦想剧场,让小读者们觉得读书不再是一件枯燥的事,而是"我是书中人,演绎书中事"的情景阅读、快乐阅读,从而爱上阅读、提高自身的文化艺术素质。

① 转引自:章建刚.公共文化的范畴与提供方式的创新趋势[J].深圳文化研究参考,2006年,第2期,第16页.
② 王谦,刘伶玲.北京市居民公益活动研究[J].成人高教学刊,1998年,第1期,第24页.

近年来，少儿图书馆开展的活动可谓丰富多彩、寓教于乐：如开展 3—6 周岁的幼儿故事会、中小学生的"金话筒"演讲朗诵、幼儿的智慧拼拼图比赛、悦读阅美读书沙龙活动、幼儿专题书展、英文原版图书专题展、小学生的书海扬帆读书有奖问答活动、"喜阅荐书汇"之故事续写读后感、"我爱小人书"连环画专题书展、"环保城市，我不是一个人在行动！"、"成语总动员"涂鸦坊活动、2010 年温州市"我爱我家"读书竞赛活动、"低碳生活全民行动"图片巡回展、"梦想舞台"阅读表演会、温州市少年儿童图书馆标志（Logo）设计征集活动等等。通过内容精彩、形式多样、生动活泼、少儿喜闻乐见的活动，丰富了温州市少年儿童的业余生活，启迪了少年儿童的智慧，增加了知识，为少年儿童的健康成长贡献了一份热血。

我国的文化馆早就确立"公益事业、公共服务、公众享有、共同受益"的发展目标。成规模、成品牌，立足优势，成效显著。温州少儿图书馆针对青少年儿童的特点，秉承"快乐教育"的原则，将青少年儿童的"视觉、嗅觉、听觉、知觉"充分调动起来，让青少年儿童"乐中益智、乐中养德"，收到了很好的效果。

又如浙江新昌的"星期三文化下乡"活动品牌，从 2001 年开始，在总结以往"三下乡"活动经验的基础上，组建了"星期三下乡服务团"。服务团设立文化、农技、卫生、司法、计生和家电维修 6 个服务组，固定在每星期三进村开展"三下乡"活动。在当地百姓的口口相传中，"星期三下乡"的各个服务组有着各自的"别号"，文化服务组是"新昌的同一首歌"，卫生服务组是"农民的流动医院"，农技专家服务组则成了"农技 110"，正是在服务团的示范下，政府部门的下乡服务意识得到提升，服务热情得到了激发[①]，真正做到了"贴近生活，贴近实际，贴近群

---

① 腾讯网：浙江省新昌县建立"星期三下乡"长效服务机制.［EB/OL］.［2007-2-15］.http：//news. qq. com/a/20070215/002505. htm.

众"的三贴近原则[①]。

（七）广场群众文化活动模式

广场群众文化活动最受群众喜爱，是群众文化活动的重要阵地。广场文化的主要载体是群众积极参与的、富含文化与审美情趣的文化艺术体育活动；作为群众文化活动中最具活力的表现形式，广场文化使群众能够充分享受到丰富的"文化大餐"，有很强的民间性与复合性特征。广场文化中群众参与的广泛性是任何一种形式的文化活动都无法比拟的，群众性广场文化活动，基本上是群众自发的自我愉悦、自我教育的一种大众娱乐形式，一种自主自愿的大众文化活动，广场文化同时还具有群众文化活动自发性、自主性以及投入的民间性等特点[②]。公园是城乡的形象窗口，公园文化建设是公园的灵魂，是精神文明和物质文明的综合反映。每逢周末特别是夏季夜晚降临，全省各市县乡镇广场，群众自发或有组织的文艺演出以其悠扬的音乐、优美的舞姿和有趣的小品小戏，将群众文化生活推向了一个又一个高潮，也使四面八方的观众为之沉醉。如 2006 年，绍兴明珠文化广场被评为第二届"全国特色文化广场"，绍兴的"鉴湖之春"广场文化月活动荣获"全国特色广场活动"称号。从 2008 年起，富阳举办了万人排舞大赛，从乡村到城市，先后共举办排舞初赛、复赛 30 余场，共有 1.2 万余人热情参与，广场真正成为了群众文化活动的舞台和群众文化活动乐园。又如临安"吴越风情"广场文化艺术节活动已成为城市文化名片之一。在温州，广场文化活动不断创新，2007 年推出的"周末大家乐"激情广场文化，是在每年夏天两个月中的每个周末举行各种文化活动，综艺

---

① 朱希祥，许玲妹，王从仁，姜衡著.文化活动的策划与操作[M].上海：东华大学出版社，2005 年，第 3 页。

② 田向利.群众的快乐让群众做主——浅议城市广场文化的培育与引导[J/OL].学习时报转引自：《传承》2011 年，第 16 期.[2011-5-30].http：//mall.cnki.net/magazine/Article/GXDS201116024.htm.

类活动可分为歌曲、舞蹈、现代舞、排舞、时装表演、经典老歌演唱专场、影视歌曲演唱专场、戏曲类通俗歌曲演唱专场、民族歌曲演唱专场、经典老歌演唱专场、京剧演唱专场①。从 2008 年开始，温州广场群众文化活动从元宵节开始，分别举办了"高举旗帜，创新跨越——温州市宣传十七大广场文艺晚会"、"温州市贺新春庆元宵广场文艺晚会"、第十八届中国（温州）兰花博览会开幕式文艺演出、"2008 温州市歌舞精品晚会"等四场大型文艺展演，为群众文化活动奠定了良好的基础。此外，2008 年温州还举办了"书香四月——全民学习月"广场文艺晚会、"新温州人走进校园"文艺晚会、迎奥运倒计时 100 天广场文体演出、"温州市百名歌手赈灾义演"、"庆祝建党 87 周年广场文艺晚会"、"舞动夕阳红——温州市第五届城市社区舞蹈大赛"等大型文艺活动共 14 场。温州的"周末广场大家乐"，群众登台表演，自娱自乐，真正体现了群众文化的自娱性。仅 2008 年温州市开展的广场活动就达 101 场，观众达数十万之多。广场活动丰富了人们的业余文化生活，使广大群众在纳凉休闲的同时能欣赏到优秀的艺术表演，感受到传统文化的熏陶，促进了和谐社会的建设。

二、浙江省群众文化活动品牌发展的机制创新

品牌机制创新是品牌管理的重要内容，品牌机制创新指对品牌构建的竞争机制、利益机制、管理机制、约束机制、决策机制等"五大"机制进行创新②。在品牌机制创新过程中，不同地区的文化政策、基础设施、人才队伍、技术技能、创造发明等内外因素均对品牌机制创新产生

---

①　周航，王全吉.浙江 100 个文化馆创新报告[M].杭州：杭州出版社,2011 年,第 99 页.

②　周航，王全吉.浙江 100 个文化馆创新报告[M].杭州：杭州出版社,2011 年,第 20—90 页.

重大影响。从公共文化服务体系的角度,影响品牌创新的因素主要有:公共文化政策、公共文化设施、文化组织机构和人员、文化事业经费、群众文化团体、文化活动的主体等[①]。品牌机制创新还涉及品牌战略管理、品牌规范管理以及品牌运营管理等多个方面的品牌管理创新。群众文化活动品牌创新的途径,可以通过对机制创新环境的分析、对自身品牌名称与文化的创新、对采用的科学技术手段进行创新、对品牌的形象与内涵理念以及对品牌的宣传模式手段和与品牌管理方式等方面[②]进行创新来完成。群众文化活动品牌要想提升品质,提高竞争能力,还必须在决策机制与激励机制等方面与时俱进,不断创新,根据形势与发展的要求,针对群众不断变化的新需要,对原有品牌识别要素进行重新组合与艺术再加工,敢于在内容和形式上进行积极探索和大胆创造,突出强调内容原创要求,着重提升原始创新和集成创新的能力,及时融入鲜明时代精神和地域文化元素,善于运用现代科学技巧和国际表达方式提高文化表现力。在文化活动形式方面,要不断创造新的文化样式,催生新的文化业态,不断丰富题材、品种、风格和表现形式,进一步增强文化的吸引力、影响力和感染力[③]。群众文化活动品牌除了品牌的名称、标志基本可以保持不变外,应不断对品牌的思想文化内容、个性化的艺术表现形式、展示的技术与服务以及宣传手段等方面进行创新。群众文化活动品牌创新的出发点与归宿都应该以群众从文化活动中获得情感、体验上的满足和享受为前提,并在此基础上力争实现活动品牌的创建机制、文化内涵、艺术形式、投入产出比、全面性、普及性与可持续发展性等方面的全面创新。群众文化

---

① 贺善侃等.国际大都市公益文化比较研究[M].上海:学林出版社,2010 年,第 197 页.

② 陈威.公共文化服务体系研究[M].深圳:深圳报业集团出版社,2006 年,第 10—32 页.

③ 刘玉堂,黄南珊.“十二五”时期加快文化强省建设的战略思考——以湖北省为例[J].华中师范大学学报(人文社会科学版),2011 年,第 5 期,第 94 页.

活动品牌是各地人民群众表达真、善、美,宣泄喜、怒、哀、乐等思想感情的重要手段,品牌活动来源于群众的生产生活,通过艺术手段的加工,成为一件件思想性、艺术性与科学性都非常丰富的群众文化作品,不仅具有地域性、开放性、多样性、社会性等特征,还具有社会沟通、文化传承、教育娱乐、优势整合、协调发展等功能。群众文化活动品牌在原有个性与特色基础上的继承与发扬、大胆创新与突破是品牌创新成功的基本保证。促进群众文化活动品牌创新的要素主要包括活动品牌自身的要素与相关要素两种,群众文化活动品牌的表现形式与活动内容是品牌创新体系中的内在要素,而地域社会经济特征、历史文化传统、个性形象、宣传策划、各级政府与主管部门的重视、群众文化活动开展的历史与骨干队伍、文化氛围与群众的积极性均构成了群众文化活动品牌创新的相关要素。创新必须要突出品牌的个性,而品牌个性是区分品牌的重要依据①。群众文化活动品牌如果没有相应的创新机制促进其发展,便不能形成强大的动力支撑。群众文化活动品牌的创新要以"百花开放、百家争鸣"的方针为指导,以"贴近实际、贴近生活、贴近群众"作为原则,要根据不同的群众文化活动的特点,开展形式多样、内容丰富的群众文化活动。

在浙江一些地区,群众文化活动品牌的创建还存在很多问题:比如品牌发展缺乏长远的战略思考,品牌战略与品牌定位不清,品牌定力缺乏,品牌定位目标贪求急功近利,不能持之以恒;由于产业发展滞后和公共文化投入不够,导致部分地区公共文化产品与服务供给不足,相应制约了群众文化活动品牌的塑造,活动品牌缺乏个性和特色;群众文化活动品牌内涵过于单薄,品牌传播意识不强,品牌文化缺乏引导,传播手段匮乏,采用单一的大众传播途径,目标定位较小;少数

---

① David Aaker. Building Strong Brands[M]. New York:The Free Press, 1996,转引自:李永强.品牌个性塑造的策略[J].电子科技大学学报社科版,2005 年(第7 卷),第 3 期,第 42 页.

地方群众公益文化活动萎缩,一些优秀的传统文化和民间艺术日益萎缩,文化活动质量不高[1]。个别地方虽然建立了公共文化服务体系,但很多地方文化设施需求、艺术表演需求或特殊群体的文化需求仍不能得到满足,群众文化的社会参与度还有待提高。一些地方群众文化活动品牌概念被虚拟化、空壳化,品牌系统化、表现化不力,品牌的理念和操作不合理[2]。浙江虽然传统的群众文化活动资源优势明显,但文化活动的精品比较少,一些专业剧团不景气,剧本少、演出少、观众更少,前景堪忧[3],一些地方相关重大群众文化活动的开展,基本上都是政府买单,民间投入较少,加之农村人口大量外出等原因,一直困扰着群众文化活动品牌的发展。一些地方干部群众观念落后,认识不足,认为"发展经济是硬道理,文化建设是软指标","搞经济是挣钱,办文化是花钱"。农村文化建设"说起来重要,做起来不要",诸如此类的思想意识,严重影响了地方群众文化活动的开展。因此,创新群众文化活动发展机制,大力开展群众文化活动已成为文化市场的重要补充。嘉兴市秀洲区"嘉年华大看台"原创节目大展示活动,从市场运作机制、激励创作机制、群众参与机制、载体创新机制、培育原创机制等五大机制着手,创新了"新农村嘉年华"这一品牌活动形式,对浙江开展群众文化活动品牌机制创新具有深刻的指导意义。针对浙江省群众文化活动品牌创建的特点,主要应从以下几方面进行品牌机制的创新。

(一)创新群众文化活动品牌的投入运行机制

由于群众文化活动品牌是各地群众文化活动的精品,也是各级地

---

① 贺善侃等.国际大都市公益文化比较研究[M].上海:学林出版社,2010年,第97页.

② 中共中央办公厅国务院办公厅.关于进一步加强农村文化建设的意见[R].2005年12月12日.

③ 傅守祥.深化文化体制改革,加快文化产业发展——浙江文化大省建设中存在的问题分析[J].中共杭州市委党校学报,2004年,第1期.

方政府着力打造的"金名片",因此,对于群众文化活动品牌的开展,首先应该建立多元化的投入运行机制。逐步建立健全以社会为主体,政府为辅的多元化运行投入机制;比如将部分地区的民间习俗上升为政府行为,这不仅是对民间习俗和节日的保护,也是经济的发展和宣传形势的需要[①]。其次,应建立多方投入机制。采取政府出一点、社会筹一点、企业单位捐一点的办法,建立群众文化活动品牌专项经费,为开展群众文化活动品牌的创建提供资金保障。很多地方"只输入,不培育"是农村文化工作思路的一个关键性失误[②]。对群众文化活动品牌培育经费的投入不足,文化基础设施建设不能达到要求,文化骨干和对农民自办文化活动的有效扶持手段缺乏[③];以及一些地方群众文化活动缺乏长远规划,难以持之以恒地开展下去等问题,均是制约群众文化活动品牌创建的原因。因此,要加大对群众文化活动品牌创建工作的投入,政府要充分认识发展群众文化活动品牌的带动作用,设立创建群众文化活动品牌的活动经费,确保文化活动品牌和各项群众文化工作的正常开展;应积极谋划项目,争取专项资金补助,对于公益性较强的群众文化活动,可以由社会组织或其他社会力量来提供经费,政府通过财政补贴、特许经营、贷款贴息、优惠政策等方式给予支持。对于公益性较弱,具有经营性特征的非基础性公共服务,可以通过市场调节供求关系,以满足农民多样化需求。通过政策引导,鼓励社会各界尤其是有条件、有资质的团体、企业与个人参与群众文化活动品牌的建设,形成政府主导、社会广泛参与群众文化活动品牌创建的投

---

① 童芍素.我们的节日——中国民俗文化当代传承浙江论坛(嘉兴)论文选[M].杭州:浙江人民出版社,2010 年,第 260 页.

② 吴理财等.当代中国农民文化生活调查[M].北京:知识产权出版社,2011 年,第 3 页.

③ 陈立旭,潘捷军等.乡风文明:新农村文化建设——基于浙江实践的研究[M].北京:科学出版社,2009 年,第 160—185 页.

入机制①。将各级文化站等公共文化基础设施建设纳入城乡发展建设整体规划中，并确保文化重点工程用地和建设资金落实到位。各级地方政府应设立群众文化活动品牌创建和宣传文化事业发展专项基金和公共文化与群众文化活动品牌建设专项资金，主要用于群众文化活动的开展与宣传，还要保证相关经费纳入财政预算并逐年增长。总之，政府应千方百计想办法、挤资金，采取一系列有效措施大力发展群众文化事业，加强群众公共文化基础设施建设，提升群众文化活动场所的品质与档次，营造良好环境，为群众文化活动创造有利条件，不断满足人民群众日益增长的精神文化需求。在建立群众文化活动品牌各项稳固投入机制方面，浙江省一些地方取得的成功经验值得借鉴。

首先，要建立群众文化活动基地并开展相应的群众文化活动，这是创建群众文化活动品牌的基础。例如浙江台州市着力推进基层文化俱乐部建设，采用联建、新建、改建等灵活形式，创建了农村文化俱乐部4376家、社区文化俱乐部196家、企业文化俱乐部467家，其中农村和社区文化俱乐部总数达全市村居（社区）总数的85.8%。在全市示范性基层文化俱乐部中大力实施文化燎原"五个一百"行动，通过设立"一百个农民学习会馆"、举办"一百场乡村大擂台"、创建"一百家网络文化俱乐部"、培育"一百支农民文艺创作队伍"、宣传"一百名民间道德典型"，赋予文化俱乐部更多内涵；同时大力推进各种文化场馆建设。几年来，台州市本级先后投入14.2亿元，按照分期建设、逐步完善的原则，相继建成了文化艺术中心、图书馆、青少年活动中心、体育中心等一大批公共文化设施，博物馆、科技馆和规划展示馆也正在兴建，广播电视网络建设也在大力推进②。又比如浙江省群众艺术馆从

① 福建省地方志编纂委员会.农村公共文化服务平台构建机制探讨[EB/OL].学习时报，2011[2011-1-10].中国广播网新闻中心：http://www.cnr.cn/allnews/201101/t20110110_507567250.html.

② 光明网.红旗文稿.积极构建公共文化服务体系，推进文化惠民[EB/OL].2012[2011-12-03].http://theory.gmw.cn/2011-12/03/content_3098772.htm.

2005 年开始,实施群众文化活动品牌的相关研究工作,在镇海獬浦建立"《獬浦船鼓》项目实验基地",在余姚小曹娥建立"群众文化理论研究实验基地",在安吉昆铜建立"《竹叶龙》项目实验基地",在象山茅洋建立"群众文化理论研究实验基地"。2009 年,杭州市群众艺术馆进行了网上群众文化配送服务的一系列探索实践。利用杭州群众文化网设立文化服务网络配送平台,以菜单形式为基层群众提供免费预约服务[①]。设立的文化服务网络配送平台具有菜单式管理、交互型操作、个性化配送、分店式运营四大运行机制。

在资金的投入上,属于发达地区的宁波市鄞州区采取差别对待措施,扶持资金向贫困镇村倾斜,真正体现人人公平享受文化服务的原则,让边远、贫困山区的农民也享受到优质的文化服务,这是村级"星光工程"和镇级"明珠工程"两项工程创建的初衷,因此在经费扶持方面对经济欠发达镇村作了较大幅度的倾斜,如"星光工程"中,对经济欠发达村给予了相应补助标准的 150% 的补助。如三星级村,一般村只补助 3.5 万元,而贫困村则补助 5.25 万元,再加上镇里 1∶1 配套的 5.25 万元,总计可获得 10.5 万元的补助扶持经费,这对贫困村来说已是一笔很大的文化投资了。2008 年鄞州区共开展群众文体活动 2000 余次,参加群众文化活动的人数达 40 万之众,占总人口近半数。这样,通过政府财政之手的调节,真正实现了公平、普享的原则[②]。

1988 年,嘉兴市秀洲区被文化部命名为首批"中国现代民间绘画画乡"。1996 年,秀洲区投资 300 万元建成 3000 平方米的全省第一座农民画陈列馆,2000 年又投资 2800 万元建造了占地面积 7600 平方米的"秀洲·中国农民画艺术中心展示厅"。2001 年至 2007 年,秀洲区成功举办了三届"中国农民画艺术节",2008 年文化部授予秀洲区"中

---

①　周航,王全吉.浙江 100 个文化馆创新报告[M].杭州出版社,2011 年,第 48—139 页.

②　宁波市鄞州区文化广电新闻出版局."明珠工程":一个乡镇综合文化站建设的崭新模式[R].2009 年.

国民间文化艺术之乡"称号,中国农民画艺术中心成了全国农民画收藏、研究、创作和交流的中心,也成了秀洲区的文化标识①。又如,金华浦江县建立了县、乡镇、村、社会四级投入建设农家书屋的机制,近四年来,全县各级在"农家书屋"品牌上的投入经费达 350 多万元②。宁波文化馆则以"人人参与文化、人人建设文化、人人享受文化"作为群众文化服务的理念,群众文化活动涵盖了公益培训、展览展示、文化交流等方面,其著名的群众文化活动品牌"群星舞台","群星课堂"、"群星展厅"、"我们的节日"等已成为群众文化服务的重要载体,是宁波市群众文化的响亮品牌③。经过多年的投入与培养,宁波的"群星"系列品牌,形成了文艺培训"零门槛"、艺术享受"零距离"、百姓明星"零接触",群星课堂成为老百姓身边的课堂;在宁波的"星光大道",一大批"草根明星"从这里成长,一大批优秀作品登上国家级文艺赛事的领奖台。2010 年 5 月在广州举行的第十五届全国群星奖上,宁波选送的组唱《艾格仑敦呦》、女声表演唱《网络女孩》、广场舞蹈《九龙柱》等获"群星大奖",获奖总数在浙江省名列前茅。2011 年"群星舞台"承办的全国越剧戏迷超级挑战赛宁波赛区的预赛,成为第二届中国越剧节期间最具特色的一个舞台。

宁波文化馆的文化服务包括三种模式:以免费方式提供的公共文化服务、以有偿方式提供的特殊文化服务以及以文化经营方式提供的文化市场服务。文化馆免费开放是"群星课堂"发展的一大机遇,宁波这种对群众文化事业的投入,不仅体现在资金、人才、机制的扶持方面,更多的是体现政府对群众文化服务的观念与态度,这种思想认识

① 周航,王全吉.浙江 100 个文化馆创新报告[M].杭州出版社,2011 年,第 1—4 页.

② 浙江文明网.浙江浦江加快农家书屋建设,提升农村精神文明[EB/OL].2012 [2011-4-18].http://www.ccdy.cn/xinwen/content/2011-04/18/content_866284.htm.

③ 宁波文化网.活跃的草根文化 丰富的精神大餐[EB/OL].[2011-8-27].http://zw.nbwh.gov.cn/art/2011/8/27/art_51_21628.html.

与态度比实际的物质投入更加重要。

　　温州平阳在"十二五"规划中明确提出要建立健全文化精品创作生产的激励机制,建立文化精品创作专项资金,力争做到"两个高于",即文化投入的增幅高于本级财政经常性收入的增幅,"十二五"时期文化事业投入占财政支出比重高于"十一五"时期。充分调动文化人才精品创作的积极性,鼓励更多的文化人才投入到文艺精品的创作中去,不断推出文化创新产品。同时,要加强以平阳木偶剧团和小百花越剧团为重点的文艺精品创作基地建设,增加事业编制名额和运营经费投入,改善基础设施,提高人员待遇和奖励标准,形成长效机制,建立一支专业、稳定的人才队伍,调动剧团成员的积极性和主动性,不断推进精品剧目创作,并通过义演、参赛等方式,扩大平阳在全国的影响力和知名度。加大对民间剧团、艺术协会、民间社团等民间力量文化产品创新的扶持力度,充分调动和激发包括文化志愿者等在内的广大文化和艺术工作者的积极性、主动性和创造力,为精品艺术生产作出更大贡献。设立"文化建设政府荣誉奖",奖励那些在文化建设和文艺精品创作上作出特殊贡献的单位和个人。

　　在浙江台州的三门县,当地政府从落实"文化为民、文化惠民"的要求出发,大胆创新文化人才工作机制,精心组建"农村文化特派员"队伍,积极引导文化人才以"驻点联村"的方式开展文化服务,有力促进了农村文化事业的发展和繁荣;三门县农村文化特派员制度在社会上获得了良好的反响,三门文化活动中心曾与台州市第一家影视公司"台州圣易影视文化有限公司"合作,由三门绿岛公司出资,设立"种文化"基金500万元,每年的银行利息20万用于"种文化"工作的各项开支,主要用于优秀农村文化特派员奖励、全县性的"种文化"成果展示、特色农民文体团队组建、农村文化带头人培养、农村文艺精品节目创作等方面的奖励和补助。

　　为了创建文化大省,浙江省在"十一五"期间,就专门设立了"两馆一站"基层文化设施建设和村级文化活动室设备器材配置专项资金。

浙江各地也加大了对创建群众文化活动品牌的投入,如浙江海宁市从2004年以来,全市各级共投入资金7000多万元,用于农村文化设施建设、奖励补助和活动开展,并从2008年起增拨"农村文化建设专项资金"至1200万元。浙江台州临海市连续三年每年投入500万元加强村级文化设施建设。萧山文化馆建设的馆舍建筑面积达800万平方米,2007年被命名为国家一级馆;萧山文化馆创作的舞蹈《红结儿》获全国艺术类金奖,广场舞《萧然灯鼓》在中国第七届艺术节开幕式《风从东海来》中的表演获文化部颁发的"特别风采奖"。松阳县"送戏下乡"成为松阳文化建设中的一大特色,他们不仅从"深、新、精、扶、连"五个方面宣传党的政策,还建立起群众广泛参与的"松阳基层文化孵化基地",为全县农民文化活动搭建起了一个充分展示自身才华的舞台。岱山县响应浙江省关于"千镇万村种文化"的文件精神,提出了要积极为群众提供文化服务的思路,即开辟"肥沃的土壤"进行"种文化",优先培育一批"种文化"辛勤园丁,打造一个"种文化"活动品牌,编织一张"种文化"队伍网络。嵊州市2004年就提出了为文化产业搭建平台的设想,为了做大做强越剧文化产业,嵊州市投资3000万元建造了越剧艺术中心,投资1亿元辟建了文化广场和中心广场,修复了一大批城乡古戏台,设立了100多个戏迷角,修缮了全国首家专业戏曲博物馆——越剧博物馆,还专门设立了2000万元越剧文化发展基金,每年投入精品剧目排演100万元;又通过多元化融资渠道,吸纳民间资本1.35亿元投资建造占地150亩、集越剧教育、研究、交流和展示于一体的国内一流的越剧艺术学院,从而为越剧文化产业发展提供了有力的资金保障和基础设施。嵊州文化产业年产值超8000万元,在国内演出市场中影响较大,被确定为全国20个典型文化演出市场之一,入选《全国文化产业发展典型案件选编》,在全国推广。全市已有100多支越剧演唱队伍,20多个越剧戏迷协会,5个校园小小越剧团和下安田、岩下、官园等一批越剧专业村①。

温州瑞安桐浦乡开展"以文补文"活动,在群众文化活动创新机制上进行了探讨。该站根据自己的实际,把文化娱乐有偿服务和社会效益有机地结合起来,拓宽"以文补文"路子,本着节支增收,少花钱多办事,不花钱办好事的原则,把有限的资金用于无限的文化体育活动之中。浙江省杭嘉湖甬台地区各县市,每年政府投入村级文化设施建设经费都在 300 万元以上,其中台州临海市 2008 年以来连续三年每年投入 500 万加强村级文化设施建设。

浙江苍南积极完善"政府主导、群众参与、社会支持"的多元化宗祠改建村文化中心投入机制,加大财政投入力度,设立宗祠改建专项经费。引导社会力量建设农村文化事业,整合社会资源办文化,鼓励民间资本和当地企业支持宗祠改建工作,开展"文化结对扶贫、文化共建互动"等活动,广泛吸收社会各界的人力、财力、物力,形成联合运作、资源共享、互惠互利的良性发展局面。苍南县原有农村宗祠 706 所,每年投入建设资金约为 3000 元—5000 万元,这些宗祠大多处于闲置状态,自发开展文体活动的只有 43 所,仅占 6%。而全县 874 个行政村、社区和居委会只有 233 个建有文化活动室,总建筑面积 20000 平方米,平均仅为 22.9 平方米,农村文化阵地严重缺乏。针对这一现状,2005 年,苍南县结合实际,大胆探索,动员群众将农村宗祠改建为农村文化中心,明确宗祠改建产权不变,吸引民间资金,保证群众的收益不受影响,同时确立了"产权不变,政府适当补贴,群众自主改建"双赢的改建机制。如仙居陈氏大宗改建共投入资金 20 多万元,主要由行政村、老人协会、族内筹集,县财政给予 3 万元奖励,较好地解决了农村文化阵地建设经费问题。他们通过适当改变农村宗祠外观,增挂农村文化活动中心牌子,完善室内文化设施,增设图书馆、阅览室、文体

---

①　胡精伟.嵊州市文化产业发展中的政府行为研究[D].上海交通大学公共管理硕士论文,2010 年.

活动室等场所,增购图书、电视机、影碟机、健身器材等设备,拓宽文化功能,充实文化内涵,使宗祠成为了农村文化活动中心,有效地解决了农村文化阵地缺乏、群众文化生活单一的问题。如钱库镇倪处村文化中心重点做好民俗文化传承人的培育,组建了米塑表演队、盘歌表演队、民俗乐队等多支队伍,并且积极主动"走出去",参加共建单位节日联欢、区域性群众文化评比等活动,先后荣获省、市先进文化示范村和全省"种文化"百村赛"双十佳村"等称号。至2010年底,苍南县已成功改建农村文化中心34个,并在此基础上建立农家书屋,配备各类书籍18万册、音像制品1200多套、电脑80多台,举办各类培训班120多期,开展群众性文体活动150多场,涌现出农民书法家、农民艺术家、农民诗人等各类乡土人才100多名。苍南县利用宗祠建阵地,繁荣文化改乡风的这一成功做法,实现了弘扬先进文化与抢占农村文化阵地"双赢"的局面,对我国农村宗祠改建发挥了引导与带动作用。

但浙江也有一些地方财政资金缺乏,对群众文化活动投入较少,不能满足群众文化活动开展的需要。如温州平阳截至2010年底,全县尚有一半以上乡镇综合文化站仍处于在建或招投标中,从2009年起,县财政三年安排600万元用于乡镇、村级文化设施建设等专项补助,这对于全县85万人口所需文化设施建设资金而言明显不足。温州瑞安营前乡2010年乡财政赤字,对文化建设经费的投入心有余而力不足,虽然每年都能从紧张的财政中安排3万多元用于文化建设,但对拥有1.1万人口的全乡来说是杯水车薪。根据温州瑞安市农村文化设施建设情况的工作汇报,全市37个镇乡街道综合文化站中,仅有12个属国有产权(其他均属村集体产权),个别地方综合文化站的设施被更改为乡政府办公室或村级的便民服务中心,文化服务功能基本丧失;全市还有8个山区海岛乡镇综合文化站面积尚未达标;瑞安市的村级文化设施建设步伐滞后,每年仅设立50万文化示范村奖励资金。由于政府的投入不足,使农村的公共文化设施建设很不平衡,农村文化活动少而瘠薄,时有发生赌博现象,一些经济薄弱的村普遍缺乏文化阵地和文化活动器材,属于革命老区的山区村文化发展明显落后。温州平阳"木偶剧团"、"小百花越剧团"两个公办剧团的经费投入严重不足,办公、创作和排练场所简陋,器材配置不充分,人员待遇较低,不利于剧团的发展壮大和艺术精品创作;政府对公益性文化活动的购买或补贴标准偏低,限制了公办和民办文化团体参与公益文化活动的积极性,影响了公共文化服务活动的社会参与度。

由上述案例可见,群众文化活动品牌的创新发展必须有相应的投入机制加以保障。要从机制上实现和保障群众参与文化活动的基本文化权益,要以群众文化需求为导向,加强公共文化服务,从机制上满足群众多样化的文化生活需求;以群众文化活动品牌建设为切入点,挖掘和弘扬传统文化,从文化载体上增强优秀文化对群众的吸引力和感召力;以群众文化活动品牌的创新为动力,积极探索有效的文化形式,从服务手段上保障群众享受丰富的精神文化生活[①]。

(二) 创新群众文化活动品牌的科学管理机制

群众文化活动品牌发展要产生创新效果,必须制定相应的科学管理机制,要了解群众对文化活动开展的价值理念的认识。我国地域辽阔,地区差异大,群众文化活动内容与形式多样,如何建立适应社会主义群众文化活动创新需求的培养机制、服务机制、激励机制与活动管理机制,这是当前和今后一段时期公共文化活动管理的重要内容。浙江各地在新时期群众文化活动开展过程中已逐步探索出一套行之有效的途径和方法:这就是本着促进社会主义群众文化大发展、大繁荣的原则,各地政府从物质和精神上给予了群众文化活动不同程度的支持与鼓励,充分调动政府、文艺团体和基层广大群众的积极性,发挥"三

---

① 浙江百村农民文化生活调查课题组著.浙江省新农村文化报告——来自118个行政村农民文化生活的田野调查[M].北京:中国美术学院出版社,2007年,第11—20页.

力合一"的优势。一些大型群众文化活动则是由政府直接主办,政府在群众文化活动中的主导力对推动群众文化活动,特别是各地群众文化活动品牌的发展起到了至关重要的作用。一些地方将群众文化活动与市场经济结合起来,以群众文化活动团体为主体,以市场为导向、以经济利益为目的,开展各种形式的群众文化活动演出,同时,在市场经济中不断进行内容、形式与管理体制的创新,结合本地的实际和历史文化特点,创作出了大量优秀的群众文化活动作品,为群众文化活动的生存与发展闯出了一条新路。在市场经济面前,政府对群众公共文化活动的干预较少,而将主要精力用于为居民和企业的创新提供支持和指导上,也促进了社会文化的创新和发展[①]。

要建立群众文化活动需要与满足机制、群众文化活动品牌示范与实践采用机制以及群众文化活动品牌创建前馈与反馈机制[②]。群众文化活动品牌创新的动力主要表现在群众文化活动品牌要有较高的强势度、较高的知名度和信誉度;要坚持活动内容为王、活动创意制胜的理念,满足群众不断增长的文化需求;要在群众文化活动形式、艺术与科学上不断创新;要能根据市场的变化,不断调整品牌原有内涵或品牌形象[③]。求乐、求异、求同是广大人民群众创办群众文化活动品牌的内在动机,而获取荣誉和实现自我价值是广大人民群众创办群众文化活动品牌的外在激励机制。要对群众文化活动品牌管理的内容、方法、用人机制与模式进行创新。结合文化产业的发展机制,我们认为推进浙江省群众文化活动品牌科学管理机制创新主要包括如下几个方面:

第一,加大对群众文化活动品牌的扶持力度,构建群众文化活动发展的激励机制。实施群众文化活动品牌促进战略,进一步优化群众文

---

① 宋振春等.文化旅游创新体系的结构与性质研究[J].旅游学刊,2012年,第2期,第84—85页.

② 浙江省图书馆学会.《公共文化服务与图书馆实践的创新》[M].杭州:杭州出版社,2006年,第221—222页.

③ 薛可.品牌扩张:延伸与创新[M].北京:北京大学出版社,2004年,第1—120页.

化活动发展的内外部环境，制定出台相关扶持政策，引导培育群众文化活动品牌建设。制定鼓励各种民间组织创办群众文化活动品牌的优惠政策，鼓励企业、个人、社会团体等力量创办群众文化活动品牌，各级政府应在品牌项目审批、财政扶持、人才资源、鼓励原创、活动补贴、税收奖励、人才奖励等方面给予优惠政策和加大扶持力度；运用政府引导的功能，鼓励全社会关注和重视群众文化活动品牌的创建与活动的开展，探索建立群众文化活动品牌发展专项资金，用于群众文化活动品牌奖励和项目补助，取之于民、用之于民。建立健全奖励机制，每年进行一次表彰，对获得相关荣誉称号的群众文化活动组织进行奖励，激发各级文化单位创建基础群众文化活动品牌的积极性。

　　第二，统筹协调，铸造品牌，构建各地域群众文化活动品牌的交流互动机制。增强群众文化活动品牌的宣传力度，提高群众文化活动品牌的社会吸引力，在群众文化活动品牌的创建过程中加强社会主义核心价值体系建设，激发群众参与文化活动的积极性，整合各地群众文化活动场所与人力资源，提高公共文化设施的利用率。紧密结合新时期我国群众文化发展的要求，加大群众文化活动品牌开发的力度，充分利用农闲、节假日，组织群众文艺演出、劳动技能和各项文化体育比赛等活动，鼓励群众文化品牌走出国门，借助对外交流机制，激发群众的民族自豪感与集体荣誉感[①]。丰富城乡群众精神文化生活，打造富有地方文化特色的群众文化活动品牌。充分挖掘各地历史文化资源，广泛开展"种文化"、"送文化"、"创品牌"活动，继续办好各种群众文化节事与节会。鼓励群众文艺创作，引导广大群众文艺创作者创作一批溶地方优秀传统文化、时代精神于一炉，与群众的生产生活实际相结合，富有群众文化气息的文化活动精品，增强群众文艺作品的感染力和影响力。根据迈克尔·穆恩的火炬品牌理论，要能够通过群众文化

---

　　① 陈立旭，潘捷军等.乡风文明：新农村文化建设——基于浙江实践的研究[M].北京：科学出版社,2009 年,第 160 页.

活动品牌的创建,寻找消费者的兴趣点,在消费者心目中点燃品牌火炬,并通过增加服务内容等各种方式,使消费者在进行交互式体验时感到满意和温暖,并因此聚集在品牌周围[①],最终将每一个群众文化活动精品都打造成文化领域的"火炬品牌"。

第三,合理开发群众文化活动品牌,构建群众文化活动品牌的保护创新机制。要充分利用各地政府与群众开展文化活动的主动性与积极性,不断探索群众文化活动品牌的保护制度与保护体系,借助品牌创新机制,推进群众文化活动品牌延伸战略的实施;借助聚合机制,增加各地群众文化活动的沟通交流。加强对群众文化活动品牌的指导、规划,加大对特色文化活动品牌的扶持力度,大力推进群众文化活动品牌项目的创新与研发,以改革创新为动力,以深化文化素质提升工程、文化精品打造工程为抓手,积极做好群众文化活动品牌的宣传与营销工作,在保护的基础上不断延伸创新品牌。通过政策扶持、队伍培养、活动开展等措施不断扩大群众文化活动品牌的影响力和知名度,努力探索群众文化活动品牌创建与发展之路,积极推行群众文化活动品牌的市场化运作,推进其自我更新发展。

第四,强化保障,积极创建"品牌帮扶"机制。建立各文化馆与基层群众文化活动组织的结对帮扶机制。动员各专业文化单位每年与群众文化活动小组结对开展品牌创建项目建设,形成"品牌"的帮扶共建模式,同时建立共建承诺机制。文化馆等派出单位应承诺相关帮扶项目,以便接受群众监督,提高品牌的工作效率。

浙江省在群众文化活动品牌机制的创新活动中总结出很多成功的经验。例如杭州市余杭区创立了乡镇综合文化站建设"余杭模式",按照"健全机构,强化队伍,提升素质,完善考核"的发展模式,建设乡镇文化机构,形成区、镇乡、村三级公共文化网络体系,创建了数十个省、

---

① 牛雯雯.对我国网络品牌管理的反思——以腾讯为例[D].暨南大学硕士学位论文,2006年,第46页.

市级"东海文化明珠"镇乡或街道,80％的村(社区)建成文化村和文化社区,拥有上等级的业余文体团队 100 多支,文化示范户 100 多户,农村群众性文化活动蓬勃开展;余杭人民艺术节、中小学生艺术节、老年文化艺术周、"相约周末"文化夜市、"牵手农民,百千万工程乡村行"、"太炎读书节"等活动,以及余杭径山茶圣节、塘栖枇杷节、鸬鸟蜜梨节、百丈竹文化节、仓前羊锅节、瓶窑竹笋节等各镇乡颇具特色的文化体育活动渐成品牌。这些活动进一步丰富了广大群众的文化生活,提升了市民的生活品质,促进了乡风文明与和谐社会建设①。又比如宁波市鄞州区通过 2006 年—2008 年三年时间的"星光工程"创建,到 2010 年全区各镇乡(街道)构建了以镇级文化组织网络体系、阵地设施体系、文化活动体系、辅导培训体系和考核评估体系为主要内容的五大公共文化服务体系建设,使镇级公共文化与经济社会的发展和广大人民群众日益增长的文化需求相适应,通过镇级"明珠工程",辐射和带动村级"星光工程",使全区呈现出一幅"镇镇明珠璀璨,村村星光闪耀"的画面。与此同时,全面构筑"十五分钟文化圈",最终实现"人人参与文化,人人享受文化"的目标,实现了从"送文化"到"种文化"最后到"出文化"的转变。目前,全区 30％的行政村都有能力独立排出一台综艺节目,出现了"百村出文化"的现象,业余文艺团队还送戏进市区、进省城、出国境演出②。

浙江台州也开展了市、县、乡"三级联建"助推文化繁荣的活动,通过多部门协调联动和政策配套,实现跨地区、跨部门、跨领域、跨系统的设施、队伍、服务等公共文化资源的整合和优化配置,走出了一条具

① 杭州市余杭区文化广电新闻出版局.乡镇综合文化站建设"余杭模式"[R].浙江省基层公共文化服务创新奖申报材料,2009 年.
② 宁波市鄞州区文化广电新闻出版局."明珠工程":一个乡镇综合文化站建设的崭新模式[R].2009 年.

有台州特色的公共文化服务体系建设路子①。此外，台州三门组建农村文化特派员制度也是群众文化活动管理的一项创举，对群众文化活动品牌机制创新也具有一定的参考价值②。

（三）创新群众文化活动品牌长远发展的新陈代谢机制

群众文化活动品牌是一种荣誉与无形资产，需要品牌拥有者长期的维护。但鉴于国情，影响我国群众文化生活的因素还有很多③：比如我国城市文化建设与农民文化二元结构的存在，影响着基层群众特别是广大农村群众的文化生活，这是体制根源；一些地方重地方经济发展、轻农民文化生活，是影响群众文化活动开展的制度缺陷；一些地方重乡镇中心工作、轻农村文化站建设，文化站职能弱化，是影响农民文化生活享受的机制障碍。此外，重老年文化、轻中青年文化需求，是长远发展的结构性障碍；重物质生活提高、轻文化生活享受，农民自身的文化素质也是制约农民文化生活的一个重要因素。一些地方重大型活动，轻常规化活动。每年社区的经常性文化活动经费有限，无法满足日常群众性文化活动的要求，依靠跑单位、拉赞助开展文化活动困难重重。重一次性投入，轻日常运行投入。社区等基层单位文化活动难以经常性、持续性、周期性地开展，质量和品位也难于提高。这种单一的投入机制，一方面形成社区对财政的过度依赖，另一方面，也不利于社区公共文化服务体系建设的良性运行和可持续发展④。

---

① 转引自：潘崇敏.台州：建设文化大市，推动文化繁荣发展[OE/OL].台州日报，[2011-5-23].http://www.jieju.cn/News/20110524/Detail127852.htm.

② 三门县文广新局.浙江省基层公共文化服务创新奖申报表：三门县建立"农村特派员"制度[R].2009年.

③ 浙江百村农民文化生活调查课题组.浙江省新农村文化报告——来自118个行政村农民文化生活的田野调查[M].北京：中国美术学院出版社，2007年，第11—15页.

④ 嘉兴市文化广电新闻出版局.建立长效机制，破解发展难题，加快社区公共文化服务体系建设[R]，2010年.

因此,需要建立群众文化活动品牌长远发展的新陈代谢机制,以促进浙江省群众文化活动品牌创建工作的可持续、高质量和迅速的发展。群众文化活动品牌创建的宗旨与核心是服务,载体是文化活动。要建立满足人民群众日益增长的文化需要的长效机制,从长远看,要把保障群众基本文化权益作为群众文化活动品牌构建的出发点和落脚点,各级政府不仅要增加公共文化服务的资源总量,还要积极探索适合群众需要的新的群众文化活动服务方式,营造活跃的群众文化活动社会氛围,从根本上改变过去那种以外部单向输入为主的发展模式;进一步加大"三送"力度,完善形成"三送"的长效机制,使群众文化活动成为社会主义先进文化的有机组成部分[①]。坚持"送文化"、"种文化"和"赛文化"相结合,努力打造群众文化活动品牌。群众文化是催生群众文化活动品牌的土壤,构建群众文化活动品牌发展的长效保障机制主要体现在以下几方面:

1. 坚持党的统一领导,完善群众文化活动品牌培育机制、领导机制和工作机制

制定完善各级群众文化活动组织目标管理考核机制、文化设施管理制度、品牌活动创建制度等。如杭州江干区自 2006 年开始创建的"优秀团队展示月"品牌活动[②],就是坚持了党的统一领导,将团队建设和管理工作纳入提升群众文化管理的范畴中,组织建立了一套切实可行的管理制度,将整个活动品牌的创建分为筹划、准备阶段,考核、评比阶段,表彰,展示阶段,培训、完善复核阶段。在各阶段努力做到层层落实,有序推进,择优选拔,推陈出新,表彰先进,提高影响力。特别

---

① 福建省地方志编纂委员会.农村公共文化服务平台构建机制探讨[EB/OL].学习时报,2011[2011-1-10](中国广播网新闻中心):http://www.cnr.cn/allnews/201101/t20110110_507567250.html.

② 杭州群文服务网,江干特色文化活动——团队展示月活动.[2008-09-28].[EB/OL].http://www.zjhzart.com/scq/NewsListView.aspx?ParentID=579&CurrentID=827&ID=348&RoleID=7.

是在优秀业余群众文化团队风采展示阶段,通过舞台演出展示优秀动态类团队的精彩表演,通过书画摄影展、图片展、集邮展、优秀作品展等展览形式展示优秀静态类团队的丰硕成果。不仅对获得区级优秀业余群众文化团队进行表彰,还在每年 9—10 月份组织全区业余群众文化团队骨干进行培训,组织优秀业余群众文化团队进行巡演,推荐优秀团队参加市级、省级团队考核评比,每年年底对上一年获优秀称号的团队进行复核。杭州江干区的"优秀团队展示月"品牌活动参与性强、活动面广,成效显著,深受全区广大群众的认可和欢迎,是当地群众文化一张响当当的品牌。

浙江新昌文广新局以打造"星期三"文化下乡品牌为契机,通过广泛开展"阳光文化山里行"、"种文化"、"千场戏曲进社区"等活动,大力推进乡镇文化、社区文化、村落文化、民俗文化等联动机制,将它们作为"星期三"文化惠民活动的延伸和深化。新昌的"星期三"文化下乡活动坚持了十个年头不间断,让广大农民群众从文化的观众变成了文化的主角[①]。

浙江海宁市在探索农村文化阵地长效管理模式上也取得了很多宝贵的经验[②]。海宁市于 2007—2008 年开展了农村文化阵地专职管理员招聘工作,在全市 230 个村级文化阵地招聘专职管理员 333 名,每年投入资金 446 余万元,在全国率先实现了农村文化阵地专职管理员全覆盖。通过举办"农村文化阵地专职管理员"系列培训班,聘请专业指导老师,围绕文化活动策划与组织,并对声乐、舞蹈、戏曲、小品、舞台舞美、民间艺术等文化信息资源进行整合,举办培训班 40 余期。通过培训,管理员的专业业务素质得到了较大程度的提高,辅导编创能力不断增强,有效促进了农村文体团队的组建工作和活动繁荣工作;

---

① 新昌县文化广电新闻出版局.赋予新昌文化品牌新的内涵,谱写公共文化服务新的篇章[R].2009 年.

② 资料来源:海宁市全面推行农村文化阵地专职管理员制度,海宁市创新农村文化阵地长效管理模式[R].浙江省基层公共文化服务创新奖申报表,2009 年.

建立起了一支年轻化、知识化、高学历、高素质的农村文化阵地专职管理员队伍,农村文化阵地管理水平显著提高,使农村文化阵地长效管理工作取得了新的突破,这一做法受到国家文化部、浙江省委宣传部的高度关注和充分肯定,新华社、《光明日报》、《中国文化报》以及《浙江日报》等中央和浙江省级众多新闻媒体也竞相对这一创新工作进行了报道。除了加强管理,海宁市还在管理员工资待遇问题上寻求新的突破口,在确保市财政补助 50% 不变的基础上,通过"市里出政策,镇村增投入,管理员得实惠"的方式,进一步提高管理员的政治地位,增加管理员的经济收入,达到稳定专职管理员队伍的目的,对农村文化阵地长效管理进行了大胆尝试和有效探索。

2. 制定完善各地群众文化活动开展与品牌建设的战略规划

按照群众文化活动品牌创建的战略目标,相应完成创建群众文化活动的品牌愿景、品牌规划、品牌战略模式、品牌建设投资、品牌传播、品牌调研、品牌改进等战略规划内容①。推进群众文化活动品牌产品的多样化、特色化、系列化、高端化,大力提高文化活动品牌产品的附加值和科技含量,全面提升品牌生产、品牌传播、品牌营销的能力和水平,不断完善产品链和价值链,促进文化产品的价值性提升②。浙江省在全国率先开展的"种文化"活动,就是在农村建立起群众文化建设的长效机制。例如,2009 年,嘉兴对端午民俗文化活动进行了创新,明确提出了要将民俗文化注入现代元素的设想,按照这一目标定位,设立的龙舟锦标赛、端午祭礼、民俗博览会、端午民俗群众活动——"我们的节日",以及"过端午,到嘉兴"旅游等活动,这些活动的开展,大大提高了群众文化活动品牌的知名度,消解了民俗文化保护与创新之间的

---

① 余明阳,戴世富.品牌战略[M].北京:清华大学出版社,2009 年,第 2—89 页.
② 刘玉堂,黄南珊."十二五"时期加快文化强省建设的战略思考——以湖北省为例[J].华中师范大学学报(人文社会科学版),2011 年,第 5 期,第 90 页.

悖论①。使得群众文化活动内容特色更加鲜明、参与对象更加广泛、表演形式更加多样,有力地促进了群众文化活动长效机制的发挥。

3. 利用网络等现代化传播工具和手段,加强群众文化活动的投入产出管理

构建市、县、乡镇、村双向流动的管理网络,形成长效管理机制,在人才机制中,构建跨专业、跨行业、跨地域的群众文化人才的聘用和培养机制,使群文人才多元聚合,为文所用。比如杭州市构建了六大公共文化服务体系之一项目——"群众文化活动配送体系",这种群众文化"集约化、一体化"的运行机制创新,荣获了文化部群星奖项目奖。目前其网上预约通道已面向全市所有乡镇(街道)和近 200 个社区。以"百团万场下基层"为带动,每年组织开展各类群众文化活动 2 万场以上,基本实现"周周有活动、月月有演出"的目标。杭州市构建的"群众文化网",着力打造群文服务网络配送平台,在确保网站预约配送平台有效运转的基础上,通过群文快讯、公共信息、专题报道、文化地图、非遗中心等栏目,全面反映杭州的群文动态和公共文化服务动态,方便群众查寻文化信息,参与文化活动。

4. 强化群众文化活动品牌建设的人才培养与考核激励机制,激励基层群众文化干部、文艺工作者的创作积极性

根据《国家中长期人才发展规划纲要(2010—2020)》、《全国文化系统人才发展规划(2010—2020 年)》、《浙江省文化大省建设纲要(2001—2020 年)》、《浙江省中长期人才发展规划纲要(2010—2020 年)》的精神,大胆创新群众文化活动人才工作机制,制定切实可行的群众文化人才培育政策,完善群众文化活动人才管理和激励机制,培养一支高水平的群众文化活动品牌经营管理人才。健全和完善群众文化活动人才培育、引进、使用、考核机制和竞争、激励机制,建立工资报

---

① 童芍素.我们的节日——中国民俗文化当代传承浙江论坛(嘉兴)论文选[M].
杭州:浙江人民出版社,2010 年.

酬与贡献挂钩的分配机制，鼓励知识、技术、管理等要素参与分配，充分调动乡镇文化员服务农村文化的积极性，吸引一批文艺专业人才充实到文化干部队伍中来，增强农村文化队伍整体素质。《浙江省文化大省建设纲要（2001—2020 年）》明确提出："努力培育结构合理、素质优良、富有活力的文化人才群体，造就一批文化名人，使浙江成为全国优秀文化人才积聚、创业的重要区域。"《浙江省中长期人才发展规划纲要（2010—2020 年）》则着眼于文化大省建设，设立了"到 2015 年在全省培养选拔 300 名左右在本行业或本学科领域有较大影响的宣传文化领域的领军人物和学术带头人，到 2020 年再培养选拔一批优秀宣传文化人才"的发展目标。但目前一些基层文化工作人才编制挪为他用、混用现象普遍存在，文化专业技术类人才匮乏，一些群众团体演员年龄结构偏大，呈现青黄不接的状况，缺乏专业的乐队，排练和演出只能采用录音带伴奏。因此，应建立农村"乡土"文化人才库，深入挖掘农村乡土文化人才，培育农村文化骨干、文化示范户和文化志愿者队伍，鼓励高校毕业生到农村从事文化工作。加强高层次经营人才队伍、文化艺术人才队伍、基层文化服务人才队伍和文化传承人才队伍建设。同时组织专家学者和专业文化工作者深入农村基层，不断加强对农村文化队伍的培训与指导。充分发挥民间艺人、文化能人、文化经纪人在活跃群众文化生活、传承民族民间文化方面的积极作用。扶持群众业余文艺队伍发展壮大，保护群众特别是农民群众自办文化的积极性，建设本土的群众文化精英队伍①。扶持各类群众业余文体组织，鼓励采取俱乐部、协会、社团等形式组建各类群众业余文体组织，吸引群众自发参与。仙居提出着力抓好"四支队伍"和"五个一批"人才的充实和提高，形成一个政治合格、业务精专、作风过硬的文化人才

---

① 福建省地方志编纂委员会.农村公共文化服务平台构建机制探讨[EB/OL].学习时报，2012［2011-1-10］（中国广播网新闻中心）：http://www.cnr.cn/allnews/201101/t20110110_507567250.html.

群。"四支队伍"指一支编制满员足额、专业配置合理、年龄结构优化、功能全面齐整、工作精干高效的公共文化服务团队;打造一支人员稳定、敬业爱岗、业务精专、作风过硬的乡镇文化员队伍;培养一支人员遍布城乡、文化热情高涨、推动作用明显、骨干地位突出的基层文化工作"主心骨"队伍;建设一支覆盖广泛、人员稳定、业务熟悉、工作负责的文化俱乐部、活动室管理人员队伍。同时,加强对高素质文化人才的培养和引进,培养理论、新闻、出版、艺术和文化经营管理等"五个一批"人才,造就一批在国内、省内、市内有一定影响,在县内有领军地位的文化能人和文化名人①。

5. 加强引导,为群众文化活动品牌创造良好的社会氛围

例如浙江庆元县通过各级组织的努力,打造了以广泛性、实效性、创新性、示范性、影响性等为主要特色的"月山春晚"群众文化活动品牌节目②。1981 年创办的"月山春晚"至今,已有 30 多年历史了,其间从未间断,该品牌的最大特点是持续性,不受环境、经费、人员等因素制约和影响,在月山全体村民的不懈坚持与努力下,一步一个脚印,一年一个台阶,从改革开放之初一直演到今天,在全省乃至全国都较为罕见,创下了全省群众文化活动历史最长的纪录。"月山春晚"能够持续开展的重要原因是群众的广泛参与、节目内容的不断更新与独特性,使其深受群众喜爱。"月山春晚"的演出平台最初是在简陋的操场上开展起来的,现如今是在灯光音响设施齐全的村大会堂开展活动;各种节目的表演形式也从最初简单的自演自唱、自娱自乐到如今汇集歌舞、器乐、小品、舞台剧等门类齐全的文艺节目;群众演员一直是"月山春晚"的主角,当地农民自发地积极参加各类表演,童叟同台演出,上至 90 多岁白发老人,下至 4 岁孩童,村民们男女老少齐上阵,一同体

---

① 仙居县文化广电新闻出版局.实施山花烂漫文化计划,提升公共文化服务能力[R].2009 年.

② 2011 年庆元县文广新局材料[R].

验、一同快乐。在多年的群众文化活动开展中,月山人不断总结经验、在务实的基础上追求尽善尽美。"月山春晚"在丰富农村文化生活、弘扬传统文化的同时,促进了乡风文明,推动了和谐文化建设。月山村因此获得"省级文化示范村"、"浙江省文化建设示范点"、"浙江省基层宣传思想工作三贴近创新奖"等多项殊荣。从 2005 年 2 月 4 日浙江《钱江晚报》刊登《中国式过年之文化样本——月山村春晚》,到 2007 年该文章被浙江省《高中语文读本》(必修一)的新闻单元收录,再到近两年报刊、电视、网络等媒体的全面报道,"月山春晚"的影响力和知名度持续攀升。2010 年 5 月荣膺全国群众文化的最高奖——第十五届全国"群星奖",成为名副其实的全国群众文化活动品牌,为浙江 5 个获奖项目之一。庆元县 2010 年度各乡镇和县级机关部门目标管理责任制考核结果,县文广新局列县级机关部门 A 类单位第一名。这就有效地激励了相关领导与部门开展群众文化活动品牌创建的积极性,并且提高了群众文化活动品牌管理的水平。

又如,温州瑞安枫岭乡是著名的侨乡,虽然地处偏远山区,在瑞安市打造文化大市的过程中,创建了温州市"金海岸明珠"文化工程和浙江省"东海明珠"文化工程两个品牌,大大提高了全乡文化事业发展水平,极大地丰富了侨乡人民业余文化生活。对歪风邪气采取"禁、堵、疏、建"等有效措施,有力地保证了全乡的群众文化不断繁荣和健康发展。群众文化活动应坚持"便民、惠民、利民"的宗旨,贴近社会实际,贴近群众生活,使文化活动能有效地吸引社会老、中、青、少各年龄阶段的人群参与[①]。杭州萧山区将文化"种进"田间地头,按照"镇镇建有艺术团、村村建有俱乐部、人人都是运动员;月月有活动、季季有交流、年年有汇演"的目标,开展各类文体活动[②]。各地成立群众喜欢参与的秧歌队、腰鼓队、舞蹈队、民乐队等各类业余文艺活动团队,常年开展

---

① 谭志红.广东社区文化节 12 项活动"零门槛"[N].中国文化报,2011-08-29.

② 转引自:公共文化服务,让百姓生活有滋有味[N].萧山日报,2010-7-9.

活动,并为基层群众文化活动的开展提供了人员保障,实现由"送文化下农村"向"种文化在农村"转变。使三下乡活动与群众文化活动相得益彰,互相促进,共同发展。

6. 探索群众文化活动品牌文化招商与市场化运作的尝试

为了吸纳更多的社会资金支持群众文化活动,重视文化项目招商工作,通过文化招商的形式吸引社会资金,建设群众文化服务场所。例如,杭州萧山区依托"镇街品牌文化",搭建大舞台,展示大品牌,不少镇街成立了品牌文化艺术团,出版了品牌文化乡土教材,实施"品牌文化进课堂工程",将镇街品牌语设置为电话彩铃;同时,开展以品牌命名的演出、摄影、征文等活动,充分发挥品牌文化的渗透力,品牌"催热"经济发展。镇街品牌文化建设的落脚点是借助文化软实力,以富民实效为目标,推动经济社会的全面发展。因此,镇街品牌文化绝不单单只是一个品牌、一个符号,更是为镇街发展树立的一面旗帜、一根标杆,是未来发展的中心和重点①。又如,杭州运河综保委和拱墅区等相关单位定期在运河边举办"诗画交响·运河艺术汇"系列活动,包含诗歌、摄影、音乐、绘画等艺术沙龙。而商业运作的咖啡馆倚着运河,在运河边经常可以看到人们边喝咖啡、边看书的场景,古老运河在这里书写着文化与商业产业发展的新样本。杭州通过"运河学习长廊"这块金字招牌,进行文化品牌整合与培育,将"有形"与"无形"之手结合起来,共拓了一条文化产业经营之道,值得借鉴②。温州平阳在"十二五"规划中提出积极培育平阳民间传统艺术与现代娱乐相结合的演出团队和文艺精品,通过组织包装宣传推广,积极培育专业实力雄厚、阵营整齐、结构合理、梯队完善的市场演出团体和多个具有平阳地域

---

① 杭州群文服务网. 品牌文化,助力萧山经济社会转型升级[EB/OL]. [2010-07-16]. http://www.zjhzart.com/scq/NewsListView.aspx? ParentID＝579&CurrentID＝583&ID＝15119&RoleID＝9.

② 黄群,王英翔,丁淑萍,陶丽."杭州运河长廊推免费文化大餐,企业借势掘出商机".每日商报[R]. 2011 年 8 月 29 日.

文化特色的演艺精品节目。重点扶持县小百花越剧团、县木偶剧团，积极发展民营表演团体，支持具有乡土特色的平阳木偶戏、平阳和剧、温州鼓词、平阳渔鼓、马灯戏、卖技等民间演唱艺术团体建设。发挥民间文化经纪人作用，拓展文化市场。鼓励民营经济和社会经济实体兴办文化服务型企业，促进平阳文化娱乐业的发展。

附录一　浙江省打造群众文化[①]活动品牌案例汇编

案例 1　杭州市打造"风雅颂"民间艺术展示品牌的几点思考

（杭州市文化广电新闻出版局）

"风雅颂"是杭州市打造的一个重要的民间艺术展示平台。自1999 年创办以来,每两年一届,至 2010 年已成功举办了五届,培育了50 余个优秀民间表演艺术节目,先后有近 10 个节目获得全国奖,20余个节目获得浙江省级奖,有的节目还走上了国际民间艺术舞台,很好地影响和带动了杭州民间表演艺术的挖掘、整理和加工、提高,有力地推动了我市非物质文化遗产的保护传承和发展。

（一）打造"风雅颂"品牌的基本做法

1. 深入挖掘特色文化资源

我市特色文化资源十分丰厚。早在 20 世纪 80 年代,根据省文化厅统一部署,我市文化工作者开展了全面、系统的民间文艺普查、挖掘、抢救和整理工作,经过 20 多年的努力,我市成功编纂了民间故事、民间歌谣、民间谚语等多个杭州市卷本。2003 年,根据浙江省民族民

---

① 部分材料取自:浙江省非物质文化遗产网[EB/OL].[2010-07-16].http://http://www.zjfeiyi.cn/zaiti/detail/1-57.html.

间艺术保护工程工作会议精神,我市开展了民族民间艺术资源普查工作。截至 2006 年,我市普查了民间表演艺术、民间造型艺术两大类项目 2 千余项,启动了《杭州市民族民间艺术大观》(后为《杭州市非物质文化遗产大观》)的编纂工作。2007 年,我市根据文化部、省文化厅有关工作部署,开展大规模的非物质文化遗产普查,涉及 18 大类 165 种类,至 2008 年,共上报普查线索 42 万条和项目 3 万余项,随后编纂出版了《杭州市非物质文化遗产大观》(民间舞蹈卷、戏曲曲艺卷、民间手工艺卷等 7 个卷本)。目前,我市拥有"人类非物质文化遗产代表作"2 项,国家级非遗名录 37 项,省级名录 131 项,市级名录 249 项。这些已列入世界遗产、国家名录和省市名录的项目及普查获得的大量特色文化资源,都为"风雅颂"品牌的打造提供了门类齐全、形式多样、内容丰富的资源基础。

2. 精心培育民间艺术精品

深入挖掘我市丰富的特色文化资源,努力培育杭州民间艺术精品,是历届"风雅颂"不变的初衷。2000 年,市文化局制定了《2000 年至 2020 年杭州市群众文化和图书馆事业发展规划》,就提出了打造"风雅颂"金名片,作为杭州建设"文化名城"的重要内容来抓。为保证"风雅颂"活动顺利进行,1999 年"风雅颂"创办伊始,就建立了由市局领导为组长,各有关部门、各区县(市)文化部门为成员的领导小组,加强"风雅颂"工作的领导和协调。同时,在市非遗保护专项资金中拨出专款用于"风雅颂"各项工作的开展。各区县(市)在人员安排和经费保障方面给予大力支持和积极配合,以保证将当地的民间艺术佳品充分展示给广大观众。在节目创编方面,历届"风雅颂"坚持把握历史渊源、文化内涵、民间传统和民俗民风,又进行大胆创新,使"风雅颂"节目在继承传统的基础上,又具有鲜明的时代特征。为使"风雅颂"具有延续效益和延伸效应,我市将其与全市公共文化服务体系建立了长效运作机制,使"风雅颂"不仅在高雅的舞台上演出,还直接下基层为广大社区、村落群众服务。通过十年的磨砺,"风雅颂"终于推出了一批领导肯定、群众欢迎、专家赞赏的精品力作。

3．不断扩大"风雅颂"品牌影响

十年来，"风雅颂"共推出民间舞蹈作品 50 余个、民间文艺演出队伍 50 余支、群众演员 1800 余人，"风雅颂"作品参与各级演出活动 512 场次，带动和影响全市开展各类群众文化活动的队伍 6500 余支，参与演出和观看演出的群众累计达 50 万人次，其品牌影响不断扩大。目前，"风雅颂"已成为不少杭州市民必不可少的艺术盛宴。2006 年起，"风雅颂"纳入"文化遗产日"系列活动后，得到了在杭各大媒体和中央媒体的大幅度报道宣传，其影响进一步地得到扩大。"风雅颂"十年的品牌战略的实施，其实也是保护传承杭州地方特色文化的过程，许多濒危的特色文化项目因"风雅颂"而存活、因"风雅颂"而复活，也因"风雅颂"而焕发青春，显示出特别旺盛的生命力。杭州市在非遗资源普查、成果编纂、名录体系构建、数据库开发和展示中心建设等各项工作均走在全省乃至全国前列，其中"风雅颂"带来的激励、引导和推动作用不可低估。"风雅颂"不仅为我市实现市级文化品牌化、区县（市）文化普及化、基层文化特色化目标作出了贡献，而且也为提升杭州文化软实力，建设"文化杭州"作出了应有的积极贡献。

（二）打造"风雅颂"品牌的基本经验

1．注重特色、树立品牌

抓特色，就是抓地域特色、文化特色、作品节目特色；树品牌，就是求质量、求生存、图发展，只要质量保证，老百姓喜欢，生命力旺盛，品牌就自然产生。"风雅颂"的特色就是民族民间特色、地域特色和文化特色。蚕桑丝织技艺、西湖香市、钱江观潮、余杭滚灯、高头竹马、桐庐剪纸、临安水龙、东吴传龙、淳安竹马、鹤舞春江等，这些曾在"风雅颂"舞台上亮相的节目，全都是富有地方特色、代表着一方文化、显示独有个性的节目。每个节目只要一出场，观众马上就知道这是来自什么地方的节目，其特色优势是什么，有什么内容内涵等。也正因如此，"风雅颂"才显示出各地特色文化资源的深厚、表演艺术水准的高超，及非物质文化遗产保护工作深入情况。"风雅颂"从一开始，就要求节目从民族民间艺术中汲取素材，第四届开始更是要求从非遗名录项目中提炼打造。目的只有一个，就是为了倡导参演节目的民俗性、民间性和地域特色，力推新创节目和优秀节目的不断涌现。这正是"风雅颂"为什么会常办常新、历久弥新的原因所在，也是"风雅颂"品牌富有生机活力、永葆青春的原因所在。也正因为如此，"风雅颂"才成为杭州群众文化舞台上的一块响当当的品牌、一朵艳丽的奇葩。

2. 雅俗共赏，广受欢迎

"风雅颂"一直致力于追求精品打造与满足人民群众日益增长的文化需求的有机统一和高度融合，因此雅俗共赏、广受群众欢迎成为她的又一品牌特色。十年来，"风雅颂"有近 10 个节目获得全国"群星奖"、全国广场民间歌舞大赛"山花奖"和全国传统舞蹈展演金奖，20 余个节目获得浙江省民间舞蹈大赛金银奖、浙江省"群星奖"和浙江省广场舞蹈文化艺术节表演金奖。"淳安竹马"、"南宋街市"获得了全国广场民间文艺"山花奖"金奖。"余杭滚灯"参加了新中国 60 周年国庆庆典，上了央视春晚，还在奥运会开幕式和上海世博会上精彩亮相。"临安水龙"获得了文化部"群星奖"和第五届中国国际民间艺术节"和平友谊金杯奖"，并作为亚洲唯一的代表应邀参加了法国尼斯狂欢节。毫无疑问，这些作品均是通过历届"风雅颂"推出的精品力作，具有很高的艺术价值。而"风雅颂"同时注重汲取群众的智慧与营养，注意民间性、民俗性、草根性和群众性。所有节目，无不出自民间、来源于民间、取材于民间，个个都散发着泥土的芬芳，焕发出勃勃的生机。正是这种民间特色、草根特色和群众特点，让老百姓感到亲切自然，也使"风雅颂"具备了广受群众欢迎的品牌特色。

3. 推陈出新，常办常新

创新出绝招，创新求发展，是提升活动品位与档次的关键，这是

"风雅颂"坚持杭州特色,不断推陈出新、常办常新的法宝。首先是节目创新。"风雅颂"规定,每届参演的节目必须为创作节目,不允许已经获得市级以上奖项的节目参演。历届"风雅颂"节目,充分运用杭州丰富的特色文化资源,寻找创作素材、题材及元素,创作出思想性与艺术性兼优、形式与内容俱佳的各类民间文艺精品,这些精品往往既保留传统元素,又融入了时代气息。"风雅颂"编导还十分注意与民间艺术家开展合作,集聚社会各方面力量资源,借鉴经验,激发灵感,提高"风雅颂"节目创作水准,确保"风雅颂"品牌的知名度和美誉度。其次是机制创新。"风雅颂"改变以往市级群文活动全由市里大包大揽的做法,采取节目承包、集中分散,通过以奖代拨的方式来运作,既节约了成本,提高了效益,又大大地激发了各区县(市)参与"风雅颂"活动的积极性,获得良好的效果。正因为不断推陈出新,才使"风雅颂"成为历久弥新、常办常新的群众文化活动品牌。

(三)今后打造"风雅颂"品牌的几点思考

2010年是"十一五"规划的收官之年,也是"十二五"规划的制订年。我市将抓住机遇,趁势而上,把打造"风雅颂"民间艺术展示品牌写进"十二五"文化建设规划之中,以更高的要求、更高的目标来打造全新的"风雅颂"品牌。新的"风雅颂"品牌将达到三大目标:

1. 进一步做大"风雅颂"品牌

以"颠覆"的理念谋求更大的发展,使"风雅颂"不仅成为杭州民间艺术展示的品牌,更成为全省、全国乃至国际非物质文化遗产展示品牌。一是表现形式的多样化。必须改变目前单一的以民间舞蹈节目展演的形式的做法,着力将其打造成传统表演艺术与传统手工艺、传统美术和民俗活动兼顾,集演出、展览、征文、论坛、图片展、网络赛展于一体的综合性活动品牌。二是表现内容的丰富性。"风雅颂"必须将传统音乐、传统舞蹈、戏曲曲艺、绝技绝艺、传统手工艺、传统美术,甚至传统医药、民俗节日等内容全部纳入其中。在节目选取的区域范围上，将立足杭州，延伸拓展到全省、全国，乃至国际视野范围，只有这样才能体现其全面性、完整性和丰富性。三是在活动时间安排上，将突破"文化遗产日"一天时间，而是以活动周、展示月等集约时间段为主，或在国定传统节假日前后数天时间内举办。只有这样，"风雅颂"才能成为形式多样、内容丰富、品类齐全、区域范围不限，视觉冲击力大、群众参与度高、社会反响强烈的品牌。真正与杭州当前非物质文化遗产保护工作走在全省乃至全国前列相匹配，真正体现"文化杭州"、"品味杭州"、"文化生活品质之城"的主题。

2. 进一步做精"风雅颂"品牌

以"输血造血"培育人才激活队伍，使"风雅颂"成为不断推陈出新、永葆青春活力的品牌。加强对"风雅颂"文艺人才的培训培养是"风雅颂"品牌获得可持续发展的根本保证。为此，我市将制订"风雅颂"人才培训培育计划，建立"风雅颂"人才培训培养机制，加强对"风雅颂"有生力量和梯队人才的培训培养，使"风雅颂"人才队伍永远保证"原真态"、保持"年轻态"，维持"风雅颂"品牌的青春活力。同时，结合当前我市每两年开展一次的群文示范团队评选工作，加强支持"风雅颂"活动的民间文艺团队建设。特别关注支持"风雅颂"活动民间文艺团队的管理，建立完善的注册登记制度。在规范化管理和考评定级的基础上，给予资金支持与扶持，激励他们提高水平和服务质量。加强对支持"风雅颂"活动的民间文艺团队的业务指导，引导开展品质高、效果好、民间特色浓郁的文化活动，为"风雅颂"品牌活动在队伍上蓄势聚能，夯实打好人才基础，为进一步做精"风雅颂"品牌做准备。

3. 进一步做强"风雅颂"品牌

我们将充分利用"风雅颂"节目的影响力和感召力，直接服务于杭州公共文化服务体系，带动杭州群众文化活动的开展。当前我市着力打造的群众文化运行机制创新工作，是顺应时代，满足广大市民群众文化需求，新开辟设置的一项创新工作，2010年获得了文化部公共文化服务类"群星奖"。市群艺馆为此新建了杭州群众文化网。通过网络,各基层单位可在菜单上申请免费的文化配送服务。2009年共配送演出、培训服务400余场次。历年"风雅颂"培育和带动创作的大量文艺精品,是一批难得的群众文化服务资源,群众的文化生活十分渴求这样的精品佳作。因此,我们将利用已具规模的群文运行机制创新平台,将"风雅颂"作品资源纳入群文配送服务菜单,为群文配送工作服务,为丰富广大群众文化生活服务。因此,"风雅颂"应当走下华丽多姿的舞台,应当走向社区、走向田野,走进校园、走进军营、走进企业、走进厂矿、走进村落,走进广大人民群众的生活中……。

案例2 舟山市打造"市民系列"
群众文化活动品牌

徐志英① 金 笑

（舟山市文化馆）

（一）案例背景

2009年12月,舟山跨海大桥的贯通,给舟山带来了城市功能的全面提升和空间形态的跨越发展。2011年,国务院批复设立浙江舟山群岛新区,舟山迎来了前所未有的发展机遇。在加快推进浙江舟山群岛新区建设背景下,如何进一步完善与之相适应的公共文化服务体系,成为舟山文化建设的当务之急。为此,近年来,舟山市文化部门着力打造"市民大舞台"、"市民大展厅"、"市民大讲堂"、"市民大书房"四大"市民系列"群众文化品牌活动,作为加快推进公共文化服务体系建设的重要引擎。目前,四大"市民系列"群众文化品牌活动已成为维护当地社会稳定、创新社会管理的一条重要途径,不但满足了人民群众日益增长的精神文化需求,也有效地提升了公民素质和幸福指数,发挥

---

① 舟山市文化广电新闻出版局文艺处

了文化在经济社会发展中的独特作用。

（二）活动情况

一是"市民大舞台"场场有亮点。"市民大舞台"围绕"市民舞台市民演、市民节目市民看"的思路，重组资源、明确定位，将表演场地搬到户外广场，先后走进定海、岱山、嵊泗、普陀等地的基层海岛，邀请业余文艺团队、文艺爱好者登台献艺。自2009年推出以来，"市民大舞台"共举办"丁年歌盛世 卯兔舞千岛"新春文化志愿者专场演出、校园歌手五月歌会、金秋重阳歌舞晚会等民族器乐、越剧折子戏、交响管乐、流行音乐等各类演出43场，364000人次参与到活动中，在实现群众与文化的零距离接触，为岛城增添浓郁的文化氛围的同时，也为舟山业余文艺爱好者、业余文艺团队提供了学习、交流、展示、锻炼的机会，深受广大群众的欢迎。

二是"市民大展厅"期期有看点。"市民大展厅"的服务对象不单单是那些成名成家的高手。挖掘民间文化的深度，让普通市民办展，推动舟山海洋文化的发展，是打造"市民大展厅"的初衷之一。"市民大展厅"自开办以来，举办"大道若弦"——舟山"海岸线"书法晋京归来汇报展、"我们的家园"舟山市女摄影家作品展览、舟山市首届青少年书法作品展览、"异域行旅"毛文佐徐锋王敏杰余王波国外写生作品展、深蓝航迹见证大爱无疆——"和谐使命—2010"医疗服务任务主题摄影展等各类静态艺术展览32场，共展出作品1700余幅，观展人次达39200余名。不仅有越来越多的群众喜欢来"市民大展厅"看展览，还有越来越多的民间美术书法摄影爱好者、社会团体积极要求来"市民大展厅"办展览。

三是"市民大讲堂"堂堂有热点。"海山听涛·市民大讲堂"以"城市课堂"的新理念，邀请省内外各行业精英、专家、教授免费为市民讲授传统文化、家庭教育、金融理财、青年励志、艺术鉴赏、历史文化、健康保健、时政评论等内容的讲座。自2008年开讲以来，共举办各类讲座 73 期,吸引读者 18900 余人,受到了广大市民的欢迎和好评。经过三年的摸索和发展,"海山听涛·市民大讲堂"形成了"主题—讲师—听众"三位一体的模式,成为了一间为全市市民服务的"没有围墙"、"没有门槛"的教室,将社会人文关怀辐射到城市的每一个角落。2009 年,"海山听涛·市民大讲堂"被省文化厅评为省文化系统优秀讲座品牌。

面向基层文化工作者、文艺骨干举办的"艺术大讲堂",既有专门针对全市基层文化队伍的声乐、戏剧小品等培训,又有走进渔农村、军队、企业、校园的艺术辅导培训。"艺术大讲堂"开课至今,已经举办了各类培训辅导 47 余期,受训人数超过 16800 人次。理论介绍、实践指导与学员交流等相结合的授课方式,使基层文化人才更新了知识、提升了技能,有助于各类基层群众文化活动的持续开展。

四是"市民大书房"书书有读点。"市民大书房"在图书购置方面强化针对性和实效性,通过直接选购、征订、外购、网购等形式不断丰富图书数量和海洋特色馆藏建设,2009 年至今共采购图书 27 万多册,超过 2008 年以前 20 年购书总量,目前馆藏图书已达 45 万册。于2009 年率先实行'零费用、无障碍'免费借阅制度,共办理了新借书证24941 张,接待读者 875815 人次,借阅书刊 1739277 册次。并结合开展服务宣传周、未成年人读书节等活动,不断推广服务项目、宣传服务理念、提升市民的文化涵养,营造出良好的新区人文环境。

(三)基本做法

1. 成立领导小组,建立品牌活动运作保障机制

为确保"市民系列"群文品牌活动的顺利开展,舟山市专门成立了品牌活动领导小组及具体项目运作组,组织召开协调会,研究活动主题、形式内容、人员安排、实施计划等问题,协调、组织、指导各级文化部门和相关单位。在广泛征求意见的基础上,制定年度活动总体方案,并根据舟山岛屿多且分散的特点,统筹调动全市文化资源,最大限度的发挥群众文化品牌活动的社会效益。同时,针对"市民系列"品牌活动涉及范围广、参与人数多的特点,密切联系教育局、环保局、公安局、电力公司等相关单位,建立起长效的工作机制。目前,"市民系列"群众文化品牌活动基本形成了"党委政府加强领导,文化部门精心策划组织,有关部门积极配合"的全市一盘棋格局,为深入打造"市民系列"群众文化品牌活动提供了有力的组织保障。

2. 设立专项资金,鼓励社会力量参与品牌活动

为确保"市民系列"群众文化品牌活动运作经费,市文化部门在每年年底着手制定下一年度品牌活动的经费使用计划,为品牌活动的良性运作建立起保障机制。2009 年以来,每年用于"市民系列"品牌活动的专项经费为 110 万。同时鼓励、引导社会资源参与"市民系列"品牌活动,找准品牌活动与企业宣传的共赢点,在确保活动公益性质的基础上结合社会资金,不仅拓宽了经费来源渠道,也畅通了社会力量参与文化活动的途径,扩大了活动的影响面和参与度,推动了"市民系列"群众文化品牌活动的可持续开展。

3. 加快设施建设,提供品牌活动硬件网络保障

为加快推进城市化进程,舟山市较早开始实施"大岛建、小岛迁、陆岛连"战略,进一步提升了海岛人口综合素质。但人口的相对集聚,在一定程度上给"市民系列"品牌活动的开展提出了更高更新的要求。为此,舟山市出台《中共舟山市委舟山市人民政府关于加强公共文化服务体系建设的实施意见》,提出以建设海洋文化名城为目标,按照高起点、高标准和适度超前的要求,加快推进文化设施建设。目前,全市由 1 个市文化艺术中心、9 个县(区)文化场馆、43 个乡镇综合文化站、330 个社区文化室、329 个文化信息资源共享基层服务点组成的四级公共文化设施网络已初步建成,从文化设施拥有量看,全市公共文化设施建筑面积总量稳步提高。至"十一五"末,全市公共文化设施建筑面积 13.54 万平方米,每千人拥有 125 平方米,处全省平均以上水平,为"市民系列"群众文化品牌活动的免费开放,提供了有力的设施设备保障。

4. 强化人才培养,形成品牌活动人才支撑体系

舟山把加强基层文化队伍建设作为强化"市民系列"群众文化品牌活动的有力支撑。一是改善人才队伍结构。2009年以来,全市文化系统共引进、招聘各类人才32人,其中正高级专业人才1名,创新培养方式、拓宽培养渠道,通过举办文化管理干部培训班、文化干部"上挂下派"等方式,加强现有文化人才的培训,提高文化人才队伍整体素质。二是不断充实基层文化队伍。通过"县聘乡用"的模式,为乡镇文化站配备专职文化员。同时,大力扶持业余文艺团队建设,引导、带动更多群众参与文化活动。三是大力开展文化志愿服务活动。建立以离退休文艺工作者、文艺爱好者、高等院校师生和其他热心公益文化事业人士为主体的文化志愿者服务队伍,为群众提供指导培训、活动策划、参与演出、导览导读、维持秩序等服务。目前,全市共有625名专业文化干部,近800名专兼职基层文化员,各类业余文艺团队1000余支,文化志愿者5000余人,为拓展"市民系列"品牌活动的内容和形式提供了智力保障和人才保障。

(四)主要成效

1. 提升了公共文化服务能力

作为舟山公共文化服务系统建设的一项重要内容,"市民系列"群众文化活动品牌的打造,将传统艺术和现代文化有机结合起来,在全市范围内有序开展演出、展览、培训、阅读等方面的文化服务,组合出击、同步推进、集中展示,形成了较为稳定的运作模式。大启动、全范围、广覆盖地开展"市民系列"活动,使市民的生活从单一型向多元化转变,从零散型向整合型转变,从自闭型向交流型转变,达到了文化活动"资源共享、特色纷呈、活力无限"的效果,同时加强宣传报道,通过网络、报纸、广播、电视等不同媒介形式,不断扩大品牌的知名度和影响力,强化活动效应,以公共文化品牌带动舟山公共文化服务能力的

转型升级,使舟山公共文化服务能力得到进一步增强。

2. 建立了新型社会文化

"网格化管理、组团式服务"是当前舟山创新社会管理的一项重要抓手,将舟山43个乡镇(街道)划分为2360个管理服务网格,通过整合公共服务资源,对网格内的居民进行多元化、精细化、个性化服务,荣获2010年第一届全国基层党建创新论坛最佳案例奖。"市民系列"群众文化品牌活动在开展过程中,紧扣"网格化管理、组团式服务"的关键命题,积极开展面向各个网格的培训辅导活动,通过举办网格文化指导员培训班,对基层文化队伍进行社会管理、艺术修养、活动策划等方面的辅导与培训,努力打造一支数量充足、素质优良的网格文化员队伍。同时,以全方位的活动为载体,充分发挥文化的熏陶、教化、激励作用,主动适应市委市政府构建和谐社会、优化浙江舟山群岛新区发展环境的需要,使文化真正成为舟山经济发展的驱动器,社会管理的黏合剂,城市发展的软实力。

3. 突出了群众主体地位

"市民系列"群众文化品牌活动最大的意义在于充分体现了群众性、艺术性、广泛性。"市民系列"群众文化品牌活动把落脚点放在为广大人民群众服务上,本着"文化搭台、群众唱戏"的原则,重在培养群众参与文化、享受文化的兴趣,使市民自觉成为舞台演员、展览作者、讲堂讲师,逐步形成百姓自己办、自己演、自己展、自己看、自己学的良好文化氛围。群众普遍反映,政府为丰富老百姓的精神生活办了实事、办了好事。"市民系列"品牌活动抓住了群众思想上的兴奋点,找准了群众精神上的结合点,挖掘了文艺爱好者艺术上的闪光点,进一步激活了群众追求文化品位的热情,也为创新精神文明建设开阔了思路,提供了载体。

4. 锻炼了基层文化队伍

通过参加"市民系列"群众文化品牌活动的组织、策划、培训、辅导,一大批基层文化人才和业余文艺团队在"市民系列"群众文化品牌活动的土壤里茁壮成长，综合业务能力和文化素养大幅度提高，我市选送的 22 名文化员在浙江省首届乡镇（街道）文化员才艺大赛中取得优异成绩，共有 5 人获个人综合奖金奖，6 人获个人才艺单项奖金奖。嵊泗县菜园镇阿姐团渔鼓队获浙江省第二届社会艺术团队文艺汇演创作、表演双金奖，普陀区夕阳红业余艺术团获创作铜奖、表演铜奖，普陀区海沙沙艺术团和定海区海滨之星排舞队分获省第五届排舞大赛中老年 A 组一等奖和新创节目组二等奖。

5. 彰显了舟山文化元素

彰显地域特色，弘扬海洋文化，是"市民系列"群众文化品牌打造的一大主旨。四大"市民"系列群众文化品牌活动都力争做好"海"字文章，打响"海"字招牌。"市民大舞台"上有渔家子弟管乐交响演出，"市民大展厅"里有"海乡风情——舟山渔民画六人邀请展"，"市民大讲堂"里有"重建浙江舟山群岛新区海洋文化"、"舟山兰花文化研究"等专题讲座，"艺术大讲堂"里有"舟山锣鼓"技艺传授、有舟山本土音乐专题讲座。各种活动异彩纷呈，各文化艺术门类轮番登场，品牌活动立足舟山的历史、文化、风俗特点，突出舟山的文化个性，提升了舟山的文化自觉和文化自信，增强了舟山文化软实力和城市核心竞争力。

（五）经验启示

1. 创新是提升公共服务的动力

随着社会的进步，海岛群众的文化素质和欣赏水平也在不断提高，对文化活动的内容形式有了新的要求。"市民系列"群众文化品牌活动创新的本质与关键是转变相对单一的基层文化活动组织实施策略，形成了"政府主导、群众主体、社会参与"的新路子，最终体现为群众文化活动参与度和主体地位的大幅提升。同时精心设计每一个环节，在内容上力求出新，形成特色。活动操作做到普及与提高相结合，静态活动与动态活动相结合，日常性活动与时令性活动相结合，时间上的可持续性与空间上的均衡性相结合,使人们在乐中求知、乐中受益,适应和满足了不同层次、不同文化背景、不同地域人群的文化口味及文化需求,加强了群众文化发展的驱动力量。

2. 引导是激发群众参与的关键

草根属性与群众主体性是基层文化活动必须坚持的根本原则。要满足广大人民群众日益增长的精神文化需求,保障其基本文化权益,就必须从保障基层文化活动的草根性和群众主体地位入手,不断完善公共文化服务体系。"市民系列"群众文化品牌活动改"送文化"为"建平台",实现了群众从文化享受者到享受与生产并重的角色转变,将群众自娱自乐的文化行为引导为互动共享的群文活动形式,经过三年的活动实践,"市民系列"群众文化品牌活动从需求出发,让群众张扬文化理念、参与公共文化、创造文化成果,为完善既有秩序又有活力的公共文化服务体系创设了基础运行条件。

3. 特色是品牌文化活动的魅力

具有浓郁当地特色的文化活动是经过时间检验,深受当地群众喜爱的文化,有较强的群众基础,具有认同感和凝聚力。"市民系列"群众文化品牌活动在开展过程中,结合舟山独特的海岛地域特色,挖掘、重塑了"吹、拉、弹、唱、跳、走、剪、画"等一批富有浓郁海洋文化特色的民间民俗艺术,实现了保护传承舟山非物质文化遗产和开展具有舟山地方特色群众文化活动的双赢,充分展示了舟山与众不同的城市形象和历史文化底蕴,以海洋文化助推海洋经济发展,为推进浙江舟山群岛新区建设,加快舟山大开发、大开放、大发展提供了强大的思想文化保障。

案例3　群星展厅打造视觉艺术的星光大道
（宁波市群众艺术馆）

"群星展厅"是宁波市文化广电新闻出版局支持,宁波市群众艺术馆整合视觉艺术资源和展览设计优势,为强化阵地服务职能,促进公共文化设施的有效利用而策划实施的文化惠民项目。

展厅位于美丽的月湖景区,它突破了传统美术、书法、摄影活动模式,充分发挥政府公益文化和群众文化网络优势,具有策展定位准,布展创意新,办展零门槛,开放全免费的特点,形成了阵地与巡展结合、实体与网络同步、名家与草根齐聚、鉴赏与交流并举的多样格局,鲜明的展览主题,灵活的展览形式,丰富的展览内容,被甬城百姓亲切地称为"百姓美术馆"。

自 2008 年 7 月推出以来,已举办各类展览 48 期,为 80 余位本地视觉艺术工作者和爱好者提供了展示的舞台,观众达 20 余万人次,收到外国友人、各地来甬游客和群众现场留言 2300 余条,每期展览活动以其亲民性、艺术性和娱乐性,让社会各界近距离感受宁波文化的艺术魅力,时任浙江省委常委、宁波市委书记巴音朝鲁欣然题词"文化惠民,泽及百姓",也引起了《中国文化报》、《美术报》、《书法报》、《书法导报》、《宁波日报》、《宁波晚报》、宁波电视台等多家媒体的关注与专题报道,切实提高了艺术馆的社会美誉度和文化影响力。

"群星展厅"的倾力推出,使文化设施"机关化"的现状得到有效改善,让高居殿堂的视觉艺术走近了寻常人家,让初出茅庐的"草根"人士找到了展示的舞台,使我馆公共文化服务水平、公共文化产品供给能力、公共文化服务范围得到了进一步提高和拓展,"群星展厅"以其独特的艺术魅力成为月湖景区的"文化客厅"。

(一)百姓艺术亮相的平台

作为面向市民免费开放、展示百姓艺术的窗口,"群星展厅"以创新公益服务为宗旨、以展览活动为载体,生动实践着"我的展厅我作主"的口号,既可以让百姓真正享受到免费的文化服务,又能使他们最大限度地展现自己,为了让普通民众以主人的姿态参与展厅的各项活动,为了满足不同职业、不同年龄群众的多样化需求,展厅量身制作了一批不同艺术形式和风格的展览,如举办的"王爱国根雕艺术展"、"杨明明工笔画作品展"、"陆开冲、施建华农民画展"、"徐敏杰麦秸画作品展"、"王文佳漆画展"等展览,不但为多年在乡间、海岛和民间,默默耕耘在民间艺术领域而又无力展示的"草根艺术家"无偿提供了展示的平台,也让市民进一步了解了宁波本地深厚的群众文化底蕴。

另外,为了让更多的普通百姓参与到展厅活动中来,非常注重"群星展厅"与百姓的互动,通过媒体面向宁波全大市征展百姓艺术,做好登记、联系及反馈等相关工作,并在展览形式、评选方式上尽可能地为百姓创造文化共享的机会,如牛年伊始的"看谁最'牛'——2009 宁波市'百牛迎春'绘画大赛",在群众中征集作品 500 余幅,这些作品来自社会的各个层面,有老人、有孩子,有普通农家妇女,也有风华正茂的学生,同时活动征集作品在网站上展出,并进行投票,其中金奖作品的网络最高点击量达 21 万多票,真正体现了"百姓节日、百姓作品、百姓评选"的活动宗旨。

(二) 视觉人才推介的空间

抓人才、出作品、推新人,繁荣我市艺术创作,丰富群众艺术生活是我们群文工作的重要任务,"群星展厅"在挖掘、推介、扶持视觉艺术人才方面做了大量的工作,使宁波群众视觉艺术界普通的"星星"闪烁出耀眼的光芒,如"农民艺术之星系列作品展"、"视觉新锐系列作品展"、"女艺术家系列作品展"、"企业艺术系列展"等活动,成功地推介了一批视觉艺术人才,如"视觉新锐"系列展是"群星展厅"专为青年艺术家而策划的展览,至今已举办 4 期,共为 16 位有潜质的中青年艺术家进行了推介,受到社会的关注。如工笔画爱好者杨明明原是象山县一名淳朴的农家妇女,8 年前开始倾心于三矾九染的花鸟画。当她的作品出现在"群星展厅"时,引起了小小的轰动,她也由此成为了远近闻名的农民"艺术之星"。

"群星展厅"还与宁波日报社、宁波晚报社等多家媒体合作,分别在《宁波日报》、《宁波晚报》、《东南商报》、《广播电视周报》上推出专版的"群星展厅"视觉艺术作品及个人专访,并通过电视台的专题《视点》节目,使全市的老百姓都来了解和关心我们身边的"明星"。在举办《心影之路——龚爱茹摄影作品展》、《城市边缘——沈一鸣都市系列摄影展》、《赏心·心赏——吴昌卿国画小品展》、《意趣盎然——林绍灵油画江南》、《艺术有约——画坛群英会》、《与春共晤——甬上国画家作品展》等名家名作展的同时,举办了现场交流活动和创作座谈会,不但提高了群众的艺术鉴赏水平,也使百姓与名家有了面对面的交流探讨机会。

(三)草根社团的展示窗口

"群星展厅"紧密围绕着基层辅导这一核心职能,不断创新工作方式,重心下移,扎根基层,为草根社团的社会推介不遗余力。"群星展厅"非常注重对视觉艺术民间社团的扶持和培养,结合我馆"特色基层辅导示范点"工作,加大对余姚、慈溪、奉化、象山等地的18家基层文化示范点当地群众的书法、美术、摄影等方面创作辅导力度,鼓励其出作品、出成果,并通过"群星展厅"进行成果展示,很好地实现了由"送文化"到"种文化"的质的转变。此间,已成功举办了慈溪市掌起镇"掌起书画协会"的"笔墨染创业"创作成果展以及余姚印泉书画协会的"临山风"书画作品展示,有力扩大了"群星展厅"的影响力。"群星展厅"热诚的服务态度、严谨的工作作风也得到了社会其他"草根"社团的青睐,如镇海俞范社区的书画作品在展厅展出、宁波市一些书法爱好者通过网络组建起来的书法骨干团队在展厅举办了"第二届'春之韵'甬上实力书家书法作品展"等,外来民工子弟学校学生的艺术作品也在展厅集体亮相。

(四)服务延伸的品牌效应

"群星展厅"十分注重服务的延伸,把文化品牌树立到基层,其多次展览展示活动就放在社区、乡村和厂矿企业。先后在镇海、北仑和海曙等地举办"开门见艺"——"群星展厅"走进社区巡展;在浙江造船厂、北仑钢铁厂等地举办"2008 新宁波人视觉艺术大展",策划推出以民营企业家和企业书画、摄影爱好者为主体的系列视觉艺术展览,"心随鹭舞"——电力工人胡卫国野生鹭鸟摄影作品展、宁波市劳动保障系统摄影作品展、宁波市企业家摄影优秀作品展等,展览充分挖掘和展示了宁波现代儒商文化和"兼容并蓄、善于开拓"的创业精神。

同时,"群星展厅"还成功开辟了宁波群艺网的视觉栏目,让市民能够足不出户就参与到自己喜爱的视觉艺术活动中来。再加上组织市民艺术爱好者俱乐部、展讯短信平台、QQ 群等,使有限的展览资源得到最大的优化,有力地激发起了许多有艺术才华的普通市民创作与展示的积极性。

现如今,"群星展厅"业已成为宁波的"百姓美术馆"和市民自己的"星光大道",成为宁波公益文化的又一个知名品牌。

案例 4　浙江义乌农村文化节
——"五大转变"

吴　婧

（义乌文化广电新闻出版局）

义乌市农村文化节始创于 1992 年,至今已连续成功举办了 18 届,经过多年的培育,该活动已成为当地群众文化一个标志性品牌,是我市现规模最大最具社会影响力的群众文化活动项目。

农村文化节是群众文化的大聚会:活动的主要内容为展示文化建设新成就,展示农村群众文化新成果,展示群众文艺创作新作品,展示基层业余文艺团队新项目和展示优秀民间民俗文化精品。活动现场人山人海、规模盛大,经过精心策划的活动项目每届都有新的亮点,精彩纷呈,从而使该活动常办常新,更具吸引力和影响力。据统计,直接参与农村文化节展演比赛活动的人数达 22.6 万人次,当地的广大群众更像是逢年过节一样期待文化节的隆重举行。

农村文化节是群众文化新成果的展示台：每年的文化节策划的方案不同，既有展示性又有各种形式的文艺赛事，为基层业余文艺团队搭建了展示和交流的平台，已举办的十八届农村文化节有816支文艺团队、3600多件文艺作品参加展演和比赛。展出2300幅农民书画、剪纸作品和摄影作品，极大地丰富了群众业余文化生活，激发了广大群众参与文化活动的热情，业余文艺团队如雨后春笋般地涌现，全市现有各类业余文艺团队1556支，促进了农村农村的大发展大繁荣。

农村文化节是群众文化活动的时代性标志：新的文化活动样式、新的文化创意和新的活动项目也通过文化节得到推广，起到了引领和示范作用，一些传统的民间文艺表演形式也经过精心的加工提高和策划包装而更具观赏性和艺术性，更符合现代人的审美需求。使本地的群文活动在不断提升活动品质的同时，更具时代性。文化节还通过引进省一级的文艺赛事，如浙江省首届声乐组唱类比赛、浙江省十大笑星大赛、浙江省婺剧戏迷大赛、浙江省版画精品比赛等活动，提升了活动的规格，丰富了示范内容。

农村文化节是各镇街特色节庆节文化活动的孵化器：经过该活动十八年镇街轮流承办，有力地推动了当地的农村文化建设，培育和催生了一批镇街特色文化节庆活动。如"佛堂镇十月十民俗文化节"、"义亭镇红糖文化节"、"城西莲藕文化节"、"苏溪镇孝义文化节"、"赤岸镇丹溪养生文化节"、"上溪镇桃花坞旅游文化节"等等，这些节庆文化活动各具地方特色、各具魅力风采。2010年，我市将实现每个镇街创办一项特色文化节庆活动。

农村文化节是发现和培养业余文艺人才的有效途径：长期以来通过每届文化节的文艺赛事活动，发现和培养了一大批业余文艺人才，特别是近几年文化节上推出诸如"农民歌手大赛"、"农民器乐大赛"、"新农村建设文艺新作大赛"、"原创文艺精品大赛"等赛事，业余文艺人才脱颖而出，文化部门组织这批人才有针对性地培训辅导，并结合"文化专家联百村"活动，培养了一批农村文化活动的骨干人才和业余文艺团队的中坚力量,为农村文化繁荣和发展起了积极的作用。

义乌市农村文化节从初创至今,一直得到上级领导和社会各界的广泛关注,原全国人大常委会副委员长万国权,中国文联副主席罗扬、刘兰芳及文化部有关领导,浙江省委书记夏宝龙、省委宣传部以及省文化厅领导多次莅临活动现场观摩指导,纷纷给予很好的评价。中央电视台、浙江卫视、中国文化报、中国文艺报、浙江日报等大批媒体对该活动进行了宣传报道。

在国际商贸名城义乌,"义乌国际小商品博览会"是一张响当当的城市名片,这个已举办了14届的博览会每年吸引着十余万中外客商。事实上,义乌还有一个比小商品博览会历史更久、活动样式更多、人气指数更高的"博览会"——义乌农村文化节。

9月23日,义乌市第18届农村文化节在义乌市稠江街道举行。义乌农村文化节是义乌启动最早、持续时间最久、规模最大、群众参与面最广、影响力最强的群众性文化活动,不仅成为展示本地民间文化、特色文化、大众文化的大舞台,也成为全省知名的文化节会品牌。回顾17年的发展历程,义乌农村文化节经历了"五大转变"。

(一) 从不愿办到抢着办

义乌农村文化节采取"一年一度、一年一地"的举办模式,由全市13个镇街轮流承办。从1992年首届乡镇文化节开始,17年来,义乌农村文化节经历了各镇街从"花钱花精力不愿办"到"提升实力抢着办"的转变。究其原因,一是"有压力做"。义乌市政府引入竞争机制,将群众文化工作列入绩效考核,将"文化基础设施建设、文艺骨干力量、群众参与程度、社会文化氛围"等要素列为选择承办地的重要指标,使举办权的获得成为对本地文化实力的检阅和肯定;二是"有动力做"。近年来,农村文化节以其广泛参与性和辐射力成为地方宣传的良好窗口。各镇街在文化节上打出本地特色:以特色文化为旗帜,打造出一批特色文艺团队、特色旅游、特色企业,打出了绝好的文化牌、旅游牌、商贸牌。

各地纷纷利用农村文化节这个平台，盘点本地文化实力，激发农民参与文化活动的积极性，并以此为契机加快本地文化设施建设、培育文化人才，壮大文艺队伍。佛堂、苏溪、北苑、廿三里等镇街都以农村文化节为契机投巨资新建了文化中心、广场、影剧院等，各镇街群众文化活动得以蓬勃发展。

（二）从千篇一律到本地特色

作为义乌持续时间最长的大型文化活动，农村文化节坚持以"贴近群众、服务农村、创新理念、创新形式，办出特色"为宗旨。为突破很多文化节"文艺演出、歌舞比赛、民间艺术拼拼凑凑一台戏"的模式，义乌利用镇街轮流举办的特点，鼓励自组团队、自办节目、创新内容，最终使农村文化节成为一台台"主题不变、新鲜十足、富有当地特色"的文化大戏："全国衬衫之乡"大陈镇办起了时装表演；后宅拿出当地民间艺术的拳头产品，举办了农民画展览，踩高跷、走马灯表演等；上溪镇在"牛文化"上做文章，在第 16 届农村文化节开幕式上演"金牛奔腾舞"，320 名头戴牛角帽、身穿金黄色牛服的演艺人员，在阵阵东洲大鼓声中，跳起了独树一帜的金牛舞；"红糖之乡"义亭镇将"红糖节"引入农村文化节，将消失近 40 年的木制榨糖机和红糖壁画复原，当场演示，群众既欣赏了民间文艺表演，又与木制牛力榨糖技术这一古老的非物质文化遗产亲密接触；城西街道将招牌美食东河肉饼搬进农村文化节，举办了独具特色的"东河肉饼技艺大赛"；今年农村文化节承办地稠江甚至将文化活动办到了招牌企业，在企业文化上做文章，观众反应热烈。

从观众到主角农村文化节举办以来，始终坚持立足农村、服务农民，要使农村文化节成为义乌农民的狂欢节。据统计，农村文化节举办 17 年来，参加演出农民数超过两万人次，参与活动人数超过百万。广大农民以自编节目、自制特色花车、组建农民企业家名车队、展示

"非遗"文化等形式参与到活动中来。

从第八届农村文化节开始,一项由稠城旱船队、后宅高跷队、大头娃娃队、舞龙队、龙虎大旗、大陈罗汉班、花灯队、佛堂秋千队等 30 余支民间艺术表演队伍组成的文艺踩街活动格外引人注目。这些"农民艺术家"的出现,标志着义乌农民已不再满足于享受农村文化节的文化演出,而要成为集创意、编排、表演于一身的主角。

农民不仅要看,还要演。这个转变得益于近年来义乌市大力开展的"种文化"系列活动。活动提出"三个一"目标:为每个村(社区)培养一名文艺辅导员、为每个乡镇培育一支具有一定艺术水准的文化队伍、为每个镇街培育一个特色节庆活动。近年来开展了"千名文艺骨干培训工程"、"文化专家联百村"等活动,目前全市共组建 1500 余支宣传、文化、体育、娱乐、健身队伍,其中上规模的文艺表演队伍 180 余支。这些文艺队伍成为了农村文化节的主体,不仅频频在义乌市各类活动中露面,甚至受邀参加义乌市周边地区及浙江省内一些活动。各镇街相继确立了城西"莲藕节"、佛堂"十月十"文化艺术节、稠城"社区文化节"、大陈"服饰文化节"、义亭"红糖文化节"、赤岸"丹溪文化节"等富有本地特色的节庆品牌,与农村文化节一道构成了义乌农村文化节庆体系,使群众全年都能享受到不间断的文化盛宴。

从自娱自乐到文化交流,从最早的搭几个舞台、唱几台戏到如今大规模、高品位的文化盛会,义乌农村文化节"文化交流"的意义日益凸显。近年来,相继举办了"种文化"大型文艺展演、"义乌市文化专家联百村"文艺精品节目汇演等交流活动,通过比赛查找差距,群众的文艺欣赏水平、创作才能和表演能力都得到了大大提升。义乌农村文化节还吸引了来自浦江、磐安等地的民间艺术队伍,带来了浦江喷火麒麟、磐安大先锋等节目。

为避免农村文化节成为农民自娱自乐的活动,确保文化节的"高品质",农村文化节积极与专业文艺团体合作,开展各类文化交流活动。从第三届农村文化节起,义乌与浙江省文化厅、南京歌舞团等单位合作,举办了浙江省专业婺剧团"年年红杯"大奖赛、浙江省组唱类声乐大赛、浙江省新农村业余婺剧比赛、"上溪杯"婺剧音乐比赛、"后宅杯"第12届曲艺小品大赛、第二届浙江省"后宅杯"笑星大赛、北方四画家国画作品展、浙江省版画15年回眸展览、"走进义乌"中国美术家协会中国画创作中心画家作品展等高规格的文化交流活动,大大提升了义乌农村文化节的层次和水平。

（三）从繁荣文化生活到宣传民间文化

义乌充分发挥农村文化节的品牌效应,将其与"非遗"保护等活动相结合。以农村文化节、红糖节等活动为载体,义乌市先后5次开展市级非物质文化遗产普查保护成果图片展,13次组织民间艺术团队130多支(次)近万人参与艺术踩街和展演活动,涌现出龙凤吉祥灯、大头娃娃、拉线狮子、东洲大鼓、大陈叠罗汉、后宅高跷等一批特色文艺表演团队;先后举办了提灯会、风筝展览、义乌市农民剪纸艺术展等民间工艺作品展10余场;评选出义乌市"十大民间艺术"、"十大风俗"、"十大传统美食"、"优秀民间艺术家"和"十大历史文化名人"等,并进行了全面展示。

案例5　秀洲中国农民画艺术节
——现代民间绘画的艺术殿堂
（嘉兴市文化广电新闻出版局）

"秀洲·中国农民画艺术节"于2000年2月经文化部社文司〔2000〕006号文件批准,每二至三年在中国现代民间绘画画乡——浙江省嘉兴市秀洲区举办。艺术节通过举办展览、论坛和其他大型广场文化活动,汇聚了全国乃至世界的现代民间绘画爱好者,并且挖掘了隐藏在民间的一大批现代民间绘画画家,"秀洲·中国农民画艺术节"已经成为全国现代民间绘画的艺术盛会。秀洲区从获得举办"秀洲·中国农民画艺术节"的资格后,分别于2001年10月、2004年9月、

2007 年 10 月成功举办了三届艺术节,今年将举办第四届艺术节。三届艺术节期间,有近 10 万人次的农民参与了节会的各项活动。第二届"秀洲·中国农民画艺术节"列入第七届"中国艺术节"的重要活动项目,第三届"秀洲·中国农民画艺术节"更是吸引了四大洲的现代民间绘画爱好者参与。2009 年,该节又被浙江省文化厅列为全省重点扶持的文化节庆活动之一。通过办节,秀洲区已创建了 32 个农民画创作基地和后备人才基地,形成了数千人的农民画创作队伍,有 3000 多幅作品在海外展出。秀洲区农民画已成为该区推进文化强区建设的重要内容和对外文化交流的亮丽品牌。

(一) 内容丰富,影响深远,打响文化建设新品牌

1. 丰富的节会内容吸引了全国广大民间绘画爱好者

每届艺术节都举办了盛大的开幕式,并策划组织了丰富的广场文化活动。如"水乡童画"百名儿童广场大彩绘活动、千名画童绘江南活动、"大红大绿"乡村灶画、伞画表演活动等等。各类民间绘画作品展览始终是艺术节的重中之重。从第一届艺术节的全国现代民间绘画优秀作品展、中国现代民间绘画著名画乡作品展、秀洲区农民版画作品展和农民画家缪惠新作品展等,到第二届艺术节的全国画乡建设成果展、全国优秀农民画家提名展,再到第三届艺术节的"今日中国新农村"——中国百县农民画大展、2007 中国秀洲·国际民间绘画邀请展等,展览内容的丰富让人目不暇接。除此之外,各届艺术节还举办了论坛和文艺晚会,来自全国乃至国际的现代民间绘画爱好者汇聚一堂,共同研讨,共赏节目,共话和谐。

2. 深远的影响打响了中国农民画艺术节特色品牌

"秀洲·中国农民画艺术节"的成功举办赢得了各界广泛赞誉。一是各级领导高度评价。每届艺术节,从文化部领导到浙江省委宣传部、浙江省文化厅领导,均对艺术节的成功举办给予了高度评价。如在第二届"秀洲·中国农民画艺术节"上,时任文化部副部长周和平在"秀洲·中国农民画艺术中心"参观了全国画乡建设成果展等展览后说:"第一次来秀洲,想不到一个区在全国农民画方面撑起了大旗,做大了文章。"他叮嘱中国文化报社社长郭沫勤要在文化报上好好宣传秀洲,介绍这里的政府是怎样重视文化工作的。二是国际友人赞不绝口。在第三届艺术节上,来自南非的 Rose Kamoto 表示,"秀洲·中国农民画艺术节"举办的"国际民间绘画邀请展"搭建了一个各国民间绘画的艺术交流平台,为中国现代民间绘画的乡土画家提供了学习和借鉴不同国家民间艺术的机会。这种跨区域、跨国界的文化交流,无疑会使各国的民族民间艺术得以更广泛地传播,从而推动文化多元化的发展。三是画乡代表感受深切。在第二届艺术节上,来自贵州省麻江县的苗族女农民画家赵龙玉说:"来秀洲参加农民画盛会,心里很激动,我们苗族的服饰受到了这里群众的欢喜,这里的农民画艺术节让我永生难忘。"四是新闻媒体的争相报道。在各届艺术节上,新华社、人民日报、中国文化报、解放日报、上海电视台、浙江电视台、浙江日报等新闻媒体都以大篇幅的文章、图片和影视争相报道,高度评价艺术节办出了特色、办出了成效。

(二)政府主导,特色鲜明,拓宽节会举办新思路

1. 政府的主导性

秀洲区委、区政府坚持把建好画乡、办好"秀洲·中国农民画艺术节"纳入全区各级党委、政府的重要议事日程,纳入经济和社会发展规划及年度计划,纳入财政预算,纳入各级党委和政府任期目标的重要考核内容。为办好艺术节,秀洲区投资 300 万元建造了 3000 多平方米的全省第一座农民画陈列馆,投资 2800 万元建造了 7600 平方米的秀洲·中国农民画艺术中心。2009 年底启动建造总建筑面积为 5600 平方米的集农民画艺术研究中心、农民画艺术陈列馆、农民画艺术长廊、秀洲农民画论坛会展中心于一体的全国农民画交流中心,预计总投资 3400 万元(不包括征地费用)。三届艺术节期间,秀洲区累计投入了办节经费数千万元。从 2009 年起,为推动全区文化大发展大繁荣,秀洲区又专门设立了农民画专项资金 100 万元,用于农民画各项活动的开展和对繁荣发展农民画作出重大贡献的作者和基地的奖励。

2．交流的广泛性

每届艺术节都吸引了大量画乡代表前来秀洲交流,并且规模一届比一届大。第三届艺术节不仅吸引了来自全国 26 个省、市、自治区 103 个画乡的现代民间绘画作品参与交流,还吸引了来自四大洲 10 个国家 40 多位艺术家创作的 80 多幅艺术作品参展秀洲。

3．内容的乡土性

三届艺术节都体现了浓浓的乡土气息。首先是参加艺术节的画乡代表都是来自全国各个画乡最基层的老百姓,他们平时很少出来交流,秀洲·中国农民画艺术节给他们提供了广阔的交流平台。其次是参展的作品都很好地挖掘了各地的民俗风情和地域文化,纯朴天真,散发着泥土的芳香。很多参展的作者甚至还穿了他们本地的服饰来参加艺术节,使整个节会充满了乡土风情。再次是作为主办方,秀洲区安排了乡村灶画、民屋壁画、伞画等民俗表演活动,并在此基础上,将一个具有一定规模的灶画村呈现在大家面前,博得了中外代表的好评。

4．风格的多样性

每届艺术节都有上千幅现代民间绘画作品参与展出,这些作品风格迥异,题材广泛。有来自黄河流域陕西黄土高原的户县、安塞画乡;有来自盛产高粱大豆的辽宁新民、阜新画乡;有地处祖国西南部少数民族地区的云南瑞丽、贵州水城、大方等画乡;有地处"丝绸之路"的青海湟中画乡和新疆麦盖提画乡;有充满海洋风情的普陀、岱山、嵊泗画乡;还有福建的龙海画乡、上海金山画乡等。第三届艺术节上更有来自四大洲的异国风情。在这些不同风格作品的影响下,秀洲区也涌现了大量有独特个性的农民画创作者,区政府还为这些有独特创作风格的作者独立建立了个人画室，让他们能在自己的天地里自由发挥。

5. 研讨的引领性

各届艺术节都举办了论坛，每届论坛紧扣时代主题，围绕现代民间绘画的最新发展展开讨论，具有一定的深入性和引领性。如第三届"秀洲·中国农民画艺术节"举办以"现代民间绘画与新农村建设"为主题的论坛，体现了文艺贴近现实生活、理论联系实际的要求，对确立新时期现代民间绘画和画乡建设的发展方向，起到了良好作用。

6. 活动的创新性

每个到秀洲参加艺术节的画乡代表都有一个深切的感受，就是秀洲举办的艺术节一届比一届有新意、有亮点。如第三届艺术节较前两届相比，在广场绘画活动上，将传统的民族民间艺术灶画、伞画推陈出新，与现代民间绘画有机结合，并以宏大的场景渲染开幕式气氛。在艺术节上举办国际民间绘画邀请展，搭建了中外民间绘画艺术交流的平台，也是一个创新和突破。

（三）示范引领，成效显著，搭好画乡交流新平台

1. 推动了本土文化繁荣发展

首先，依托"秀洲·中国农民画艺术节"，打响了秀洲区的画乡建设品牌。其次，丰富了秀洲区群众文化活动。自举办艺术节以来，秀洲区举办了与农民画有关的创作、展览、评比等活动不计其数。这些活动极大地丰富了广大群众的生活。第三，还挖掘了秀洲区民俗文化内涵。以"秀洲·中国农民画艺术节"为突破，秀洲区推出了一批饱含乡土气息的农民画作品，从而挖掘出了大量本土民俗文化内涵。

2. 激发了全国画乡创作活力

"秀洲·中国农民画艺术节"的举办把原本处于隔绝状态的全国各画乡汇聚到了一起，通过交流，共同探讨现代民间绘画的发展，从而激发了全国各画乡的创作活力。如在第三届艺术节"今日中国新农村——中国百县农民画大展"中,共收到来自全国画乡的 401 幅作品,同时也推出了一批出色的农民画画家。

3. 加强了国际民间文化交流

在第三届"秀洲·中国农民画艺术节"上,以"和谐世界·五彩生活"为主题的国际民间绘画邀请展,吸引了来自亚洲、欧洲、非洲、大洋洲四大洲 10 个国家 40 多名艺术家的 80 多幅艺术作品,使艺术节成为中外民间绘画的交流和展示的新平台。

三届艺术节的磨砺,三届艺术节的发展,三届艺术节的辉煌,秀洲积聚了浓郁的文化底蕴、成熟的办节经验。"秀洲·中国农民画艺术节"始终把握时代的脉搏,引领着全国各现代民间绘画画乡的发展,使现代民间绘画真正实现了从"民间"走向"殿堂"的夙愿。今后,秀洲区仍将坚持"创新引领未来"的理念,进一步把"秀洲·中国农民画艺术节"打造成为全国现代民间绘画的艺术殿堂和全世界现代民间艺术的交流平台。

案例6 着力打造歌城品牌 全面提升城市品位

陈哲峰

（南湖区文化馆）

21 世纪,崇尚知识、提升文化、创新观念、追求进步逐渐取代了单纯追求 GDP,成为中国 600 多座大中小城市提升气质、寻求和谐发展的目标。南湖区文化馆作为基层文化馆,必须切合实际,帮助当地政府挖掘本地区的群众文化特色,不断推进提炼,打造品牌文化,提升城市品位。为满足人民日益增长的文化需求,利用良好的群众性歌咏活动基础,南湖区文化馆先后组织业余合唱团 80 多支,并在 2003 年确立以"合唱"作为南湖区"歌城"品牌的目标,连续举办了七届"南湖合唱节"。南湖合唱节由此舞台越来越大,层次越来越高,甚而引来国际一流合唱团的同台演出。

南湖区文化馆以打造歌城品牌为抓手,为活跃基层文化,改善群众精神风貌,全面提升城市品位,敢于探索,勇于实践。纵观歌城品牌对南湖区城市生命力的扩张及其产生的综合效应,主要表现在以下几方面。

(一)长年打造"歌城"品牌,不断提高南湖区合唱水平

2003年,以"合唱"作为南湖区"歌城"品牌的目标确立后,南湖区委、区政府各部门通力合作,全力打造,力求传承与发展结合,普及与提高并驱,在城市社区、农村乡镇、机关学校形成了禾城无处不飞歌的独特风景线,成为南湖区对外文化交流的一张金名片。同时,通过"歌城"品牌的打造,南湖区合唱团的整体水平也有了很大的提高。像南湖合唱团、新四军研究会合唱团、栅堰社区老年俱乐部合唱团、工人合唱团、秀城实验教育集团雏鹰合唱团先后多次在国际性和全国性的合唱比赛中获奖。

由殷秀梅演唱的原创精品《南湖之歌》于2006年荣获中央电视台第七套节目首届"诗仙太白"杯形象歌曲音乐电视展播城市类最佳城市形象歌曲奖、最佳导演奖和最佳制作奖,2007年又荣获浙江省第九届精神文明建设"五个一工程奖",嘉兴市2003—2006年度精神文明建设"五个一工程"特别奖。今年7月,中央电视台名牌栏目《激情广场》因南湖区打造"歌城"品牌的影响,选中嘉兴举行"爱国歌曲大家唱·激情广场"专场,这使得南湖区的合唱品牌在国际、国内有了更大的影响力和知名度,"歌城"已成为推介南湖区的一张金名片。

(二)以歌促商、以歌引才,合唱艺术有效提高城市美誉度

合唱艺术有着天然良好的凝聚作用。龙应台先生在《百年大计,请从文化始》一文中指出:"文化为什么重要?很简单,因为它保护创造力,让个人独立地发展,却又发挥凝聚力,让个人在多元中结合成社会。"合唱艺术作为一门集体性艺术,这一作用似乎更加直观。特别是合唱艺术最能体现互爱互谅的团队精神,也有助于吸引各地人才来建

设新嘉兴。

2003 年中国・嘉兴南湖合唱节上,南湖区特地邀请了中国科学院合唱团来参加演出,试图通过合唱团的交流,加强南湖区与我国最高科研机构的互动了解。没想到此举竟然促成了 2004 年 11 月 23 日中国科学院与嘉兴市人民政府、南湖区人民政府签约共建"中科院嘉兴应用技术研究与转化中心"。目前,该中心 300 亩科研用地的一期工程已竣工投用,中科院所属的 13 家研究所成功入驻该中心,为嘉兴打造"东方硅谷"式的技术创新园区,为南湖区的经济发展提供了强大的智力支持。

(三) 以歌兴文,促进南湖区文化、经济的大发展、大繁荣

合唱事业在南湖区的蓬勃发展,也带动了全区其他多种形式的文化娱乐活动。至 2007 年底,全区实现镇(村)、街道(社区)文化活动中心(室)覆盖率达 95％以上。各镇成功培育了一批各具特色的文化品牌,如余新镇的"渔里之谣"、凤桥镇的"凤桥桃花观赏节"、七星镇的"湘湖文化节"、新丰镇的"汉唐文化节"、大桥镇的"葡萄文化节"等。此外,全区城乡结对氛围浓郁,全区各街道(社区)分别与镇(村)结成"对子"和"亲家",积极开展城乡文化交流活动。"一镇一品"和"城乡互动"充分调动了城乡居民参与文化建设的积极性,使人民群众既成为先进文化的教育者、享受者,又成为文化品牌的建设者和传播者。

通过打造"歌城"品牌,也扩大了南湖区的文化开放度,形成强大的文化吸纳和辐射能力,有力地推动了南湖文化与外省市、甚至国外文化的交流与合作。2009 年 4 月,法国克雷苏依市合唱团来南湖区进行合唱交流演出活动。同时,通过具有南湖特色革命歌曲的演唱,也吸引国内外游客驻足凌公塘主题生态、文化公园等南湖新区旅游亮点,形成口碑相传之势,确立南湖"歌城"的红歌与红色旅游双重品牌。

综上所述,以"歌城"为中心,一个以旅游、地产、文化三大产业为支柱的新产业结构正在南湖区得到确立,在这三个龙头产业的带动下,各相关产业也获得了可持续发展的动力,为南湖区注入生生不息的城市发展生命力。

（四）打造歌城品牌,引领了南湖区健康、主流的文化生活

在打造歌城品牌的热潮中,南湖区年年有大赛、季季有比赛、月月有活动、周周有排练,合唱事业吸引了上万名歌唱爱好者参加,目前辖区内合唱团队已经发展到 85 支。南湖区通过建百支歌队、办百场演出、结百个对子等形式普及合唱艺术,营造"禾城无处不飞歌"的浓厚氛围,起到了良好的社会效果。合唱已深入人心,为构筑健康、文明、向上的城市品位注入生机。

发展群众性合唱艺术,在提升市民整体素质的同时也迅速提高了南湖区的城市气质。2006 年 8 月,85 支合唱团队、近 5000 人登台亮相嘉兴大剧院,为第五届中国·嘉兴南湖合唱节"红船颂"合唱歌会拉开了帷幕。参赛者中既有机关干部、学校师生,又有企事业单位干部职工、社区合唱爱好者,还有离退休老同志,年龄最大的 83 岁,最小的 10 岁。

而当从法国等地远道而来的海外高手也加入到男女老少俱全的南湖合唱大军阵营时,人们已不得不由衷感叹,曾经只知耕种、崇文重德的南湖人,如今正唱着欢快的歌,融入了世界的节奏。

（五）打造歌城品牌,使文化产业成为南湖区新的经济增长点

七届中国·嘉兴南湖合唱节的举办,使得南湖区把打造"歌城"与举办全国性的合唱节联系起来,并乘势而上成为全国合唱节的举办地之一。待条件成熟时南湖区还将举办国际性的合唱赛事,从而进一步打响"歌城"文化品牌,扩大南湖区的知名度和美誉度。为此,南湖区正在规划、建造集音乐厅、文化馆、露天文化广场为一体的南湖区合唱艺术中心,该中心将于今年国庆节前竣工并投入使用。

当今中国社会,文化已成为生产力和竞争力。南湖区政府将进一步扩大"歌城"品牌的拉动力,逐步形成围绕"歌城"品牌为核心的文化产业链,全区公共文化服务体系建设不断完善。

当然,南湖区打造"歌城"品牌还存在不少制约因素,如品牌概念定位狭隘,内涵外延不够丰富;缺乏长效促进保障机制;文化产业仍处于起步阶段;文化队伍仍不够健全,中青年队伍断层现象严重;本土文化特性不够鲜明等等。但是"解铃还需系铃人",所以这些不足也只有在进一步解放思想、加快合唱事业发展中加以解决。只要我们持续不断地精心培育"歌城"文化品牌,就一定能够让合唱文化成为南湖区群众喜闻乐见并积极参与的生活内容之一,也一定能够让文化产业成为南湖区新的经济增长点,从而使南湖区的物质文明和精神文明共同发展、相得益彰。

案例 7　浙江省未成年人读书节
——惠及青少年的公共文化服务大舞台
(浙江图书馆)

"浙江省未成年人读书节"是省域公共图书馆走出传统服务领域,与社会各界合作,专门为未成年人受众群体量身打造的阅读盛会,旨在加强和改进未成年人思想道德建设,树立和培育未成年人正确的理想信念,提升未成年人思想道德素质、科学文化素质和健康文明素质,提高全社会加强未成年人文化思想道德教育的整体意识,进一步营造未成年人多读书、读好书的良好氛围。

(一)产生背景

2004 年,中共中央、国务院发布《关于进一步加强和改进未成年人思想道德建设的若干意见》,反映了党中央把加强和改进未成年人思想道德建设作为一项重大而紧迫的战略任务的决心。据 2004 年"全国国民阅读与购买倾向抽样调查"显示,中国有近一半的人不读书,保持读书习惯的只占 5%左右。中国国民的读书率持续走低,且考试、工作需要等功利性阅读倾向明显增强。另一方面,据互联网信息中心统计,我国网民数和宽带上网人数均仅次于美国,位居世界第二,上网用户总数突破 1 亿,其中很大一部分是青少年网民。网络信息良莠不齐,容易对青少年产生不良影响,引发一系列社会问题。因此,培养未成年人的读书意识和利用图书馆的意识,正确引导未成年人阅读电子读物和网上信息,掌握获取有效信息的方法,就成为当务之急。在此背景下,由省文化厅主办,浙江图书馆承办,全省各级公共图书馆共同协办的"浙江省未成年人读书节"活动应运而生,从 2005 年首届读书节举办以来,已成功举办七届。

(二)基本做法

"浙江省未成年人读书节"围绕"营造良好的读书氛围,倡导未成年人读书"的主题,针对未成年人的兴趣爱好和阅读特性,设计一系列适合未成年人的读书、讲座、展览、咨询活动。未成年人读书节活动注重读书文化传统与现代的结合,突出活动的针对性、互动性、参与性,活动形式多样,内容丰富多彩。读书节采取全省联动的模式,成立浙江省未成年人读书节组委会,下设办公室,由浙江图书馆具体承办,各地县图书馆也成立相应的读书节组委会,省、市、县(区)三级联动,统筹制定未成年人读书节活动项目。读书节通过全省各地、各级公共图书馆同时、同步举行仪式,增强读书节社会影响力。读书节具有较完备的制度体系,从启动仪式申办、活动举办到工作总结交流,都制定了相应的制度,如制定了《读书节启动仪式申办制度》和《浙江省未成年人读书节奖励条例》。读书节努力拓展参与渠道,积极引导未成年人参与活动组织。通过在广大未成年人中征集读书节主题语、节歌等方式,引导未成年人以主人翁的姿态投入到读书节各项活动中,并在活动中培养自主、自立、自强的意识,增强读书节活动效果。读书节立足创新,做到届届有亮点、年年有新意,通过推出一句话书评、演讲比赛、网络创作大赛等创意活动,增强活动的吸引力和影响力。读书节利用媒体优势扩大社会影响,举行新闻发布会,邀请新华社、人民日报以及全省各大报社、电台、电视台等新闻媒体对活动进行广泛宣传,并联合媒体参与活动举办,在全社会营造良好的社会舆论氛围。

(三)主要成效

自 2005 年首届未成年人读书节举办以来,全省公共图书馆共开展各类活动 3000 多场,直接或间接参与读书节活动的读者数量高达数十万人次,读书节已经成为全省 900 万未成年人的阅读盛会。主要成效体现在以下三个方面:

1. 促进了公共图书馆的青少年服务向纵深发展

读书节使主要为成年读者服务的公共图书馆把关注的目光投向了未成年人群体,开拓了传统服务领域。活动期间,开设浙江省读者图书交换日,为广大未成年人搭建起以书易书、互通有无,以书会友、以书交友的互动平台。建立开通"浙江省未成年人读书网",充分发挥公共图书馆的网络数字资源优势,为未成年人了解、掌握网上阅读、学会利用网上资源开辟了新天地。读书节通过研究未成年人的阅读兴趣特点,创新设计多种贴近青少年生活、拓展青少年视野、满足青少年求知渴望的读书活动,为未成年人积极参与、发挥创意提供了广阔的空间。

2. 形成了公共图书馆新的发展引擎

读书节在活动组织部署方面推陈出新,开幕式和闭幕式均由各地市、县公共图书馆承办,充分发挥其优势和潜力,培养提高市、县馆组织举办大型读书活动的能力和水平。读书节采用全省联动的模式,加强了全省各地、各级公共图书馆的协作性,促进了各馆资源共建共享,形成优势互补,进一步提升了全省图书馆的业务工作水平。读书节积极整合社会资源,邀请省妇联、省作协、省关工委、团省委、省市教委以及各地相关单位参与协办,广泛聘请各领域专家学者参与讲座、荐书等活动,并努力将合作常态化,形成了推动公共图书馆事业发展的新力量,带动了全省公共图书馆事业的整体发展。

3. 搭建了公共图书馆新的均等化服务平台

依托未成年人读书节,各馆日常读书活动服务触角向基层延伸,将读书品牌活动进一步推向社会。以浙江图书馆"文澜讲坛"为例,读书节期间,安排文澜讲坛讲师赴各地市、县公共图书馆,为当地青少年开辟第二课堂,一定程度上改善了各地读书讲座水平参差不齐的状况,有利于全省群众公平均等地享受公共图书馆优质服务。开展特殊群体捐赠书活动,为外来务工人员子女和贫苦地区学生募捐图书数万册。未成年人读书节已成为促进公共图书馆服务均等化的新平台。

4. 形成了少年儿童馆发展的新契机

未成年人读书节凭借其强大的社会影响力,培养壮大了青少年儿童馆的读者群体。读书节期间推出的各项创新性工作,成为青少年儿童馆工作的开展提供了有益借鉴。2009 年,专门举办了浙江省未成年人读书节论坛,国家图书馆、上海图书馆、浙江图书馆、苏州图书馆、杭州图书馆、长春市少儿图书馆、温州市少儿图书馆等公共图书馆的有关领导和专家作了专题报告,并根据论坛征文获奖情况,编辑出版《托起明天的太阳——浙江省未成年人读书节论坛征文优秀作品选》,为少年儿童馆的发展积累了宝贵的经验。

(四)经验与启示

"浙江省未成年人读书节"的运行模式、组织规模和服务人群,是对此前公共图书馆读者服务活动的一大突破。读书节突破了全省各级、各地公共图书馆在服务范围和服务领域方面的局限,举全省公共图书馆之力,针对未成年人,举办全省规模的读书活动,是公共图书馆在探索如何更好地服务社会方面的创新举措,取得了巨大成功,极大地提高了公共图书馆服务未成年人的水平,更好地保障了未成人的健康发展。

1. 领导重视、社会支持是取得成功的保障

读书节的成功举办，与领导重视和社会各界的支持密切相关。省文化厅领导始终非常重视读书节工作，在首届"浙江省未成年人读书节"新闻发布会上，省文化厅厅长杨建新亲自向省、市媒体通报相关情况。读书节活动工作准备期间，省文化厅专门发文，对各地读书节活动相关工作进行部署，保证了各级公共图书馆有计划、有组织地落实读书节各项工作，确保读书节活动顺利开展。历届读书节的开幕式、闭幕式期间，省政协、省作协、省机关工委、团省委、省妇联及各地党、政机关负责人均到场祝贺，并和青少年一起参与活动，给予未成年人读书节大力支持。各级媒体积极参读书节宣传报道，扩大了读书节的社会影响力。

2. 公共图书馆的通力合作是取得成功的要素

未成年人读书节活动中，由省文化厅牵头组织，浙江图书馆发挥全省公共图书馆龙头馆作用，立足全省，精心策划读书节重大活动。全省 90 多个公共图书馆纷纷响应，参与度逐年提高，从首届的 25% 增长到第七届的 95%，形成全省各馆上下联动、内外呼应的良好格局。各级公共图书馆充分发挥自身优势，紧紧围绕党和国家当前的政治思想教育任务和工作重心，结合当地经济、文化情况，策划切合本地实际情况的、富有地方特色的读书活动，确保读书活动取得成效。

3. 贴近未成年人特点是取得成功的诀窍

深入研究青少年的兴趣、爱好和读书特征，设计一系列适合未成年人特点的读书、讲座、展览、咨询活动，通过推出"读书节主题语征集"、浙江省"我爱我家"家庭读书竞赛活动、经典诵读大赛以及未成年人书评会员招募等活动，吸引未成年人积极参与，使读书节活动贴近生活，符合青少年的兴趣爱好。据不完全统计，历届读书节期间直接或间接参与读书活动的青少年人数总计超过 50 万。

4．不断开拓服务领域是取得成功的动力

在全省近100个公共图书馆中，只有不足3个市级少儿图书馆，远远无法满足全省900万青少年读者的阅读和学习需求。未成年人读书节据此把目光投向未成年人群体，极大地拓展了传统服务领域。在组织未成年人读书节的过程中，各馆逐步积累经验，有力地推动了全省公共图书馆服务未成年人工作的开展，丰富了服务内容和形式，提高了服务水平，在一定程度上弥补了全省少儿图书馆匮乏的缺憾，更好地满足了未成年人群体的阅读需求，树立了公共图书馆青少年第二课堂的良好形象。

营造良好的读书氛围，引导未成年人多读书、读好书，是各级文化行政部门和公共图书馆的重要任务，是我们构建公共文化服务体系的必然要求。浙江省未成年人读书节自开办以来，取得了良好的社会效益，深受社会各界好评，2008年获浙江省文明办"浙江省未成年人思想道德建设工作创新案例优秀奖"。今后，我们将继续办好"浙江省未成年人读书节"，争取次次有新意、届届有亮点，让越来越多的未成年人参与到读书节来，让公共文化服务普遍均等、惠及全民之花在全省900万未成年人读者中绽放异彩。

案例8　浙江省公共图书馆讲座联盟
（浙江省图书馆）

（一）实施背景

开设公益性的文化讲座，在公共图书馆界已蔚然成风，成为积极传播社会主义先进文化，主动拓展图书馆社会教育的有效方式。公共图书馆讲座以其影响力强、涉及领域广、内容丰富而日益受到广大读者的青睐。然而，由于各公共图书馆资源有限，特别是基层图书馆因为

缺乏资金和人才支持,影响了讲座水平的进一步提升和讲座活动的持续与深化。在浙江省各公共图书馆间建立讲座联盟,共同策划、建设、利用、享有讲座资源已成为图书馆公益讲座向纵深拓展、提高行业整体服务能力的现实要求。为此,浙江图书馆联合省内有条件的公共图书馆从 2003 年开始,逐步以建立讲座联盟为目标,共建讲师"智库",共享讲座"盛宴",共拓传播渠道。在省文化厅的大力支持下,2008 年10 月,浙江图书馆牵头召开全省公共图书馆讲座工作会议,加入讲座联盟的成员馆已达到 49 个,占全省现有 95 个公共图书馆的 50% 以上。这些成员馆能保证经常性地开展文化讲座活动,并形成了一批在当地乃至全省有一定影响力的讲座品牌,取得了显著的社会效益。

(二) 主要内容

1. 首创讲座联盟,共建讲师"智库"

联盟遵循"资源共享、优势互补、服务大众、共谋发展"的原则开展共建共享活动:各成员馆定期提供讲座信息和咨询;推荐和联系演讲嘉宾;共同策划讲座系列和选题;统一与演讲嘉宾签约等等。

在共建过程中,浙江图书馆发挥省馆人才资源优势,着力为基层图书馆提供服务。针对基层图书馆"请讲师难,请好讲师更难,请名师难上加难"的状况,浙江省公共图书馆讲座联盟创造性地推出了由 191名省内专家学者组成的内容涉及政治学、经济学、文化学、社会学、医学、法学、美学等领域的 19 个系列讲座的讲师"智库",供联盟成员馆共享。该讲师库还可根据各馆需要进行动态调整并扩充。

2. 构建服务网络,共享讲座"盛宴"

浙江省公共图书馆讲座联盟专门设立委员会,由浙江图书馆馆长任主任,各地级市图书馆馆长任副主任,专设办公室落实专人负责日常事务。在浙江图书馆网站上专门开设讲座联盟的栏目,设立讲座联盟网页。各成员馆可以通过网络互通信息,共享资源。

在实际操作中,根据不同情况,以多种方式实现讲座"盛宴"的馆际共享:一是邀请嘉宾作巡回演讲;二是成员馆通过网络视频点播收看演讲;三是主办讲座的成员馆无偿向其他馆提供经演讲嘉宾授权的讲座光盘等。

3. 开发衍生产品,共拓传播渠道

在共享资源优势、提升讲座水准的同时,联盟还合力开发讲座衍生产品,努力拓展传播渠道,共同谋求更大的社会效益。

根据讲座联盟章程,成员馆要共同做好讲座的策划、组织、宣传以及档案留存工作,刻印讲座光盘,有条件的可精选讲座内容汇集出版,推动优质讲座的二次传播。如浙江图书馆已出版《文澜听涛》讲座集二辑,宁波图书馆出版《天一讲堂》,台州市路桥区图书馆出版《南官人文大讲堂》等等,得到了当地领导的肯定和广大读者的喜爱。

与此同时,讲座联盟还与新闻媒体开展合作,使文化讲座走出馆舍,走向社会。如香港著名畅销作家张小娴的讲座,成为了浙江电视台钱江频道《大家》栏目的专题片;台湾著名词作者方文山的讲座也走进了浙江电视台经济频道。

(三) 成效评价

1. 平台最大化,成本最小化

共建共享使浙江省各公共图书馆的讲座资源得到了更充分的展示和利用,特别是带动了一批资源和信息较匮乏的基层图书馆的文化讲座活动,切实扩大了图书馆的公共服务平台。据统计,联盟成员馆每年开办讲座达 1000 多场次,有力地推动了地方文化建设,社会反响良好。

讲座联盟的建立有效降低了各图书馆开办讲座的成本。优质讲座被制作成视频或光盘,由各成员馆共享,节省了各馆单独邀请讲师的讲课费、差旅费等成本开支。对于一些应读者现场互动要求而作巡回

演讲的嘉宾,由联盟统一邀请,规范讲课费标准,实现成本分摊,相应降低了各馆的活动支出。

2. 效果最优化,品牌"属地"化

在各成员馆的共同努力下,讲座联盟在浙江各地催生了一批文化品牌,市民对地方特色品牌讲座的忠诚度不断提高。除浙江图书馆的"文澜讲坛"外,全省 11 个地级市公共图书馆基本形成"一馆一品",如宁波市图书馆的"天一讲堂"、温州市图书馆的"籀园讲坛"、嘉兴市图书馆的"南湖大讲堂"、湖州市图书馆的"南太湖人文讲堂"、绍兴市图书馆的"越州论坛"、金华市少儿图书馆的"婺文化大讲堂"、舟山市图书馆的"海山听涛"等。县(市、区)级公共图书馆也积极打造讲座品牌,如萧山区图书馆的"湘湖讲堂"、桐庐县图书馆的"桐江人文讲堂"、临安市图书馆的"天目大讲堂"、慈溪市图书馆的"三北讲堂"、象山县图书馆的"塔山讲堂"、永嘉县图书馆的"永嘉讲坛"、海宁市图书馆的"紫薇讲坛"、平湖市图书馆的"市民讲堂"、绍兴县图书馆的"明珠讲坛"、永康市图书馆的"丽州讲坛"、台州市路桥区图书馆的"南官人文大讲堂"、临海市图书馆的"百家论坛"、台州市椒江区图书馆的"枫山书院大讲堂"等等。省内各级公共图书馆的讲座工作也得到了当地党委、政府的肯定和表彰。如《天一讲堂:传播先进文化的新阵地》并评为 2008 年度宁波市宣传思想文化工作创新奖(理论武装类);象山县图书馆《"塔山讲堂"进机关》,在 2008 年度象山县文化体育创新奖评比中荣获二等奖;舟山市图书馆的"海山听涛——市民大讲堂"获得该市 2009 年度重大宣传组织策划奖。

实践证明,文化是具有地域性的,越具有地方特色的讲座品牌,越得到当地读者的认同和参与。各成员馆在用好用足联盟资源的同时,因地制宜,因馆制宜,积极挖掘地域文化资源,不断丰富讲座内容,深受当地读者的欢迎。地方品牌讲座已成为宣传党的路线方针政策、传播各类文化知识的有效载体。为树立典型,鼓励先进,为读者提供更多更好的公共文化服务,浙江省文化厅于 2009 年在全省范围内开展了评选"浙江省优秀讲座品牌"活动,评选出了 16 个优秀讲座品牌,所入选的优秀讲座,除 2 个属于高校和文化馆外,全部为联盟成员馆创办。

3. 讲座系列化,服务精细化

联盟的力量,改变了过去各公共图书馆、尤其是基层馆单打独斗、势单力薄、资源不足、难以持续的局面,使公共图书馆文化讲座这一公益服务走向系列化、专业化,并能够结合听众关注点、针对社会热点,精选讲题,量身定做,提高了讲座服务的档次和水平。成功讲座的影响力和辐射面可以成倍扩大,公众对讲座内容与效果的期望值有了保证,真正做到"讲一场、火一片"。

针对近年来国学热的兴起,讲座联盟开设"国学·儒学"系列讲座,几乎场场爆满,其文化冲击力十分巨大。随着人们健康意识的日益加强,讲座联盟又开设了"健商文化"系列讲座,也深受读者欢迎。

4. 理论本土化,实践长效化

浙江省内各公共图书馆的讲座工作具有十分明显的地方特色,许多讲座工作者在工作中积累了丰富的实践经验,并努力将经验上升到理论的高度,研究讲座工作的论文、课题等成果明显增多。浙江省公共图书馆讲座联盟为此专门举办了全省讲座工作研讨会,就图书馆讲座业务近年来的发展状况和联盟运作的长效机制进行成果展示和经验交流,以期达到整合资源,加强合作,构建更加高效的联盟化讲座服务体系。讲座联盟的有关做法和初步成效还在长三角地区和全国公共图书馆的讲座业务会议上作了交流。

浙江省公共图书馆讲座联盟经过一段时间的探索,显示了较强的生命力,成为推动公共图书馆服务创新的有力抓手。《中国文化报》、《新华书目报》、新浪网等媒体对这一项目作了报道和转载。2009 年,浙江省公共图书馆讲座联盟被省委宣传部评为"全省基层宣传思想文化工作'三贴近'优秀奖"。

"十一五"末至"十二五"期间,在省文化厅的指导下,讲座联盟将不断完善运作机制,积极有效地发挥图书馆的文化教育职能,进一步增加成员馆数量,力争达到联盟服务的全覆盖,讲座总场次在千场基础上达到翻番,为弘扬民族传统文化,传承文明与知识,服务社会和大众作出新的、更大的贡献。

案例 9　打造民间艺术品牌团队的启示

吴晓武

（临安市文化馆）

在第七届中国艺术节"群星奖"评选中,来自临安的民间艺术——《临安水龙》从全国各省市、自治区的 2000 多个节目和作品中胜出,夺得"群星奖"广场舞蹈金奖,实现了临安群众文化"群星奖"零的突破。从此,成立十余年的"临安水龙"表演团队成为名副其实的品牌团队。笔者亲历《临安水龙》团队的成长和成名,并深刻体会到打造品牌团队之于群众文化的巨大影响力。

（一）表演团队基本情况

"临安水龙"表演队原名临安三口清塘头舞龙队。清塘头为一自然村地名,当地百姓素有祀龙、舞龙习俗,相传吴越国钱王时期盛行。清塘头舞龙队所舞之龙不叫水龙而叫玉龙,较平常龙要大些,玉黄相间,威武凛凛,由清一色壮男子呼号起舞,气势非凡。舞龙男子均由三口秋口村第二小组 35 名壮劳力担当。因舞龙是村里的大事,每逢年节,玉龙起舞,村里便燃香祭拜,鞭炮迎送,保村平安。舞龙者均以舞龙为荣,故清塘头舞龙队代代相传。至 1999 年春,临安市委市政府举办盛大隆重的"吴越风"元宵灯会,临安文化馆在组织舞灯队伍时发现了这支刚劲有力的舞龙队,这支队伍在元宵灯会上获得金奖。2000 年临安文化馆在清塘头舞龙队所表演的玉龙套路基础上大胆创新,精心创编了民间灯彩节目——《临安水龙》,由此,清塘头舞龙队更名为《临安水龙》表演队,队伍精简为 24 人。

2001 年 9 月,刚刚问世的"临安水龙"表演队参加了杭州市第二届"风·雅·颂"民间艺术节,以精彩的表演和独特的道具制作获得了表演金奖和最佳道具奖。10 月,在第五届中国国际民间艺术节上,"临安水龙"表演队代表中国参赛获得国际友谊金杯奖,同时还参加了有十七个国家和地区共聚表演的颁奖晚会。在演出中,"临安水龙"昂首啸天、腾空跃起的宏伟气势赢得了国内外观众的阵阵掌声。从此,"临安水龙"表演队在社会上产生了一定的影响,先后被邀请参加了"绍兴黄酒节"、"萧山观潮节"、"横店中国农民旅游节"、"西湖区全运会开幕式"、浙江电视台"十月阳光"大型文艺演出、七艺节"风从东海来"大型文艺演出、浙江省优秀广场民间艺术展示演出及各种公益和商业演出。据初步统计,到目前为止,"临安水龙"表演队共演出 1560 场次,这个数字充分说明了这支民间艺术品牌团队强大的生命力和社会影响力。

2003 年 2 月,"临安水龙"表演队作为亚洲唯一代表队应邀参加法国尼斯狂欢节。带着从临安市委书记手里接过的"临安水龙"绸绣队旗,"临安水龙"表演队以精湛的表演征服了法国人民和世界人民,并受到法国总理的单独接见。作为临安首次跨出国门进行文化交流的民间艺术表演团队,"临安水龙"队为弘扬中华优秀民族文化作出了不可磨灭的贡献。

2004 年"临安水龙"表演队在市委市政府的高度重视下,再次对"临安水龙"这个品牌节目进行艺术提升,通过深加工和封闭式排练,以出神入化的表演冲刺群众文化最高荣誉"群星奖"并如愿以偿。

(二)树立品牌打造意识

"临安水龙"表演团队之所以成为品牌团队,笔者认为,关键的一条,品牌打造一定要做到"有意识"。必须做到三者"凝聚",三者为各级领导、文化馆(站)、基层团队。各级领导指县、市(区)和主管部门及镇、乡基层领导。

2004 年 4 月,临安市委市政府明确提出:要通过争取"临安水龙"参加群星奖作为一种动力来打造民间艺术精品。第一次加工"临安水龙"拍摄录像送杭州市文广新局,经专家审看后艺术结构上并不理想,这时离送录像到北京参加入围评选不到 7 天时间。杭州市文广新局调动了一切可以调动的力量,责任到人,所有道具、服装、音乐重新制作,整个编排从头做起;临安市文广新局制定周密的排练计划,各司其职,现场办公,临安市四套班子领导多次亲临现场,鼓励水龙队全体队员,给予了极大的关爱。"临安水龙"冲刺群星奖成功的品牌打造过程表明:只有各级领导"有意识"地做到意识凝聚、经费凝聚、力量凝聚,几方面的凝聚力汇成一股合力,品牌才能打造好。

文化馆(站)是具体实施单位,因此它的品牌打造意识尤为重要。"临安水龙"的节目创意和队伍基础是由文化馆打下的。文化馆民间艺术室主任程行以吴越国钱王兴修水利恩泽百姓的历史功绩而构思创编成这个民间灯彩表演节目,文化馆选择三口镇秋口村清塘头舞龙队成员作为表演队伍后,程行连续在清塘头排练了 22 个晚上,拉下整个节目框架。在冲刺"群星奖"期间,全馆干部职工把水龙的加工提高当作自己的家事,两天半的时间集中 8 名美术高手赶制新龙皮,为喷水喷雾技术道具难题东奔西走拜师研究,力求出彩,力求完美。

必须具备三个品牌打造的条件。打造品牌团队,必须着眼三个主要条件:文化深厚、队伍稳固、成果显著。

首先,清塘头舞龙队所舞的玉龙在村民心中活了几百年,人们一直把它作为祈求风调雨顺、国泰民安的吉祥之物,是因纪念吴越国王恩泽百姓而兴起,文化底蕴十分深厚。"临安水龙"完全依托这块深厚的基石进行升华改变,是品牌成功之关键。舞龙队伍成员集中于一村一组,祖辈相传,队伍稳固,便于号召,便于管理,尤其是在村民外出打工情况普遍的状况下,团队集中显得尤为珍贵。

其次,品牌团队必定在活动中成长,在交流中成熟,在比赛中提升,无数经历和无数成果的累积才真正具备品牌团队的素质。"临安水龙"表演队出场 1560 次,获奖无数,至今活跃在全国各地群文活动大舞台,这归功于政府和市场所提供的丰富的活动平台。"临安水龙"表演队就是这样从临安举办的十四届"吴越风"元宵灯会、六届"吴越风情"广场艺术节中走出去,一直走到国际民间艺术节,完成了品牌团队的锻造。

必须建立三个团队品牌打造的机制。团队一旦成为品牌,一定要有"不是终点,而是起点"的境界,要做到这样,必须建立三个长效"机制":保护机制、传承机制、发展机制。只有这样,才能使"临安水龙"这样的品牌团队名副其实,世代传承发展。

(三)长效机制有效保护

"临安水龙"已列入浙江省非物质文化遗产保护名录,这不是说不必强调"保护",而是应该加快建立永久性基地等一系列长效保护机制,进一步对它实施有效保护,增强人们对它的熟悉、热爱和尊敬程度。

传承机制关键在于传承人的培养和吐旧纳新制度。"临安水龙"的整个动作套路尚需进一步全面挖掘、整理,还有待创新。现有精干队员个个需要培养传承创新的意识和责任感。"临安水龙"表演队在文化馆的帮助协调下,形成一个非常有效的吐旧纳新制度:年长队员一旦不适应继续参加表演,等他们培养好自己的接班人后,馆里确定他们为"临安水龙"荣誉队员,并颁发一定数额的补贴,以示对他们为水龙队作出贡献的奖励。在这个有效机制下,"临安水龙"良性传承,雄风依旧。

发展机制与保护机制、传承机制密切关联,相互制约,不保护好、传承好,就谈不上发展。笔者认为,发展机制中主要应着重于"创新"和"利用"。水龙基地一旦建成,可以培养一批小水龙表演队,举办水龙大赛,政府以奖励基金的形式鼓励传承,鼓励创新,既保护发展了优秀民间艺术,又繁荣促进了群文活动的开展;还可以以企业命名、注册专利等形式充分利用"临安水龙"的品牌效应,扩大"临安水龙"的影响力,确保品牌团队持续鲜活生命力。

案例10 打响丽水全民摄影品牌的实践与思考

徐金莲

（莲都区非遗中心）

"一张照片,使一个城市名扬天下。一个城市,因为摄影而改变命运,秀丽的自然风光,多彩的人文风情,跟随成功的摄影作品走向世界。"这是央视"走遍中国·影像丽水"中的导读词。是的,28年来,丽水人从没停止过对摄影艺术的探索和实践,丽水市委市政府把摄影作为一个特色文化品牌进行开发、挖掘,摄影已经成为丽水的文化品牌。本文试图通过总结丽水全民摄影品牌建设的成效,分析全民摄影品牌形成的原因,探讨全民摄影品牌提档升级的发展趋向。

（一）全民摄影品牌建设成效显著

近年来,丽水市委、市政府领导高瞻远瞩,努力提升摄影品牌,通过各种载体和平台,加大对摄影文化的培育和宣传,为中国的摄影事业作出了巨大贡献,促进了摄影艺术的繁荣。

1. 摄影设施初具规模

早在1999年,缙云仙都、龙泉凤阳山、庆元百山祖就被中国摄影家协会命名为中国摄影创作基地。为了彰显丽水地域文化和山水风景特质,2005年,丽水市首次评选产生了古堰画乡、畲乡风情等12个市级摄影基地。2007年10月,第二批10个"丽水摄影创作基地"出炉。全市共拥有百山祖、凤阳山、仙都3个国家级摄影创作基地,推出了22个市级摄影创作基地。同年11月,中国丽水摄影博物馆建成开馆,内设展览厅、陈列室及多功能厅等,博物馆已通过捐献、购买、复制、代藏、借展等形式,征集到各类摄影实物和资料1000多件。摄影设施的有效改善使丽水摄影品牌在中国摄影界产生了极大的影响力,丽水也因此声名远播。

2. 摄影队伍发展壮大

二十年前丽水整个城区只有一家国营照相馆,从事照相行业的只有二十几个人。如今,丽水是中国第一个摄影之乡,摄影人才荟萃,已发展成了一千多人的专业摄影队伍,70 多人成为中国摄影家协会会员,200 多位浙江省摄影家协会会员,基层摄影组织 20 多个,涌现出吴品禾、初小青、林永乐、徐向东等一大批世界级的摄影家。丽水摄影爱好者多达数万之众。

3. 摄影作品硕果累累

1977 年,浙江省照相行业在温州举行第一届人像摄影作品交流会,丽水虽然送去了一些作品,但是没有一幅作品获奖。而近十几年来,丽水的摄影家们创作出了一大批具有很高审美价值的摄影作品,其中 100 多幅作品在国际、国内最高规格影展、影赛中获奖入选;上千幅作品在国内各种影展、影赛中获奖;上万幅作品展出或发表于国内外影展、影赛、报刊。丽水的摄影家还两度摘取了中国摄影艺术成就最高奖——金像奖,获取了中国摄影组织工作最高奖——"开拓杯"奖及中国摄影家协会颁发的"德艺双馨",轰动了中国摄影界,从而奠定了丽水摄影在中国摄影界的特殊地位。

4. 摄影产业方兴未艾

二十年前,丽水市区只有一家照相馆,而如今在大街小巷,丽水的婚纱影楼、照相馆、胶卷冲洗店以及器材公司星罗棋布。据业内人士统计,全市器材公司、照相馆 200 多家,有数千从业人员,最大的公司员工有 80 多人,公司一年就要冲洗照片 7 万多卷。丽水一年保守估计也约有 800—1000 万元用在冲洗胶卷上,每年投入摄影器材的钱有 1000 多万元。按结婚率千分之一计算,每对新婚夫妻投入摄影的钱 1000 元,婚纱摄影这个市场也在 1200 万元。此外,小孩生日纪念、全家福、婚庆纪念等也有很大的市场。这也使全市各地的200多家与摄影有关的店生意盈门。由于丽水摄影名声渐远，一些公司的业务也越做越大，有些公司的业务已不仅局限于丽水，已经向福建、金华等周边地区扩展。此外，丽水近几年的旅游收入每年都以20%以上的速度递增，旅游收入在生产总值中的比重已达10%以上，而这一切正是丽水摄影文化与旅游产业"碰撞"激发的经济效应、品牌效应。

（二）全民摄影品牌成因分析

1. 得天独厚的摄影资源是培育品牌的前提

丽水作为中国生态环境第一市，良好的自然生态环境、山区特有的纯朴民风、青瓷宝剑石雕香菇廊桥等丰富的地方特色文化积淀、日新月异的经济社会变化，都为摄影提供了丰富的创作素材。而摄影因其记录和反映时代、表现社会生活的作用，反过来又成为对外展示形象、推介旅游，对内凝聚精神、激发活力的有益手段。瓯江帆影、渔舟唱晚已成为声名远扬的摄影创作点。古色古香、错落有致的古民居，纯净自然的田园风光以及保存完整的原生态风光更是吸引中外摄影家纷至沓来。近年来，丽水连续接待了"世界百名摄影家看浙江"、"港澳台摄影家看浙江"、"港澳台摄影家情系中华——浙江行"等一系列大型摄影采风活动，国内摄影团队前来创作交流的更是一批接一批，"秀山丽水"成为他们心驰神往的创作热土。

2. 全民摄影的创作氛围是品牌形成的基础

据《丽水日报》报道："摄影已成为丽水全民艺术。丽水的摄影群体遍布各行各业，摄影艺术成了丽水个性文化的重要组成部分。"这个被誉为"中国摄影之乡"的城市，人均拥有相机的数量是全国第一，全市每年相机递增2000多台，有好些家庭还每人一台照相机，拥有摄影组织20多个，还有一支数万人的业余摄影队伍。不少企业纷纷组织自己的基层摄影团体，在这些企业中，摄影已经成为企业文化的重要组成部分,这种企业文化又推动了企业员工形成积极向上的工作氛围。丽水各行各业的摄影展层出不穷,而照片的拍摄者,就是各系统的普通职工。一些单位在组织各种活动时,也总是有自己的摄影师跟踪拍摄。他们用镜头记录下自己的工作和生活。据有关人士介绍,现在摄影正在成为丽水的全民艺术,爱好摄影的群体既有领导干部、企业员工,也有农民;既有耄耋老人,也有小小少年。摄影已经从娃娃抓起,如市区的大洋路学校、实验学校等学校还专门开出了摄影课。雄厚的专业和业余队伍,为进一步在广大市民中推广摄影艺术奠定了良好的基础。

3. 持之以恒的宣传推介是打响品牌的手段

一是充分利用摄影文化节等契机,主动与各级媒体合作,宣传丽水、推介丽水。在联合国欧洲总部举办了丽水摄影展,拍摄了《丽水摄影文化》、《穿越丽水摄影大挑战》、《丽水三宝》等电视专题片,《走遍中国》丽水专题片在中央电视台播出,提升了丽水的知名度和美誉度。二是办好各种形式的传播载体。重视开展对外和内部的交流性的活动。利用《丽水摄影》刊物和《中国丽水摄影网》。通过开设摄影名家展示、精品图片展示、网络摄影大赛、网络月赛、各类大赛信息发布、摄影知识传播、摄影器材交流、网友社区交流等栏目,全面介绍传播当代优秀摄影文化。三是民间组织自发宣传。如丽水绿谷车影汽车俱乐部组织我市的12名自驾游和摄影爱好者驱车前往内蒙古宣传丽水摄影,车身上涂着"丽水——中国摄影之乡"的标语及秀山丽水的风光图片。途中在南京等地为丽水摄影举行万人签名活动,自发宣传丽水摄影。

4. 地方政府的倾力支持是做大品牌的关键

二十多年来,丽水摄影人与时俱进,摄影队伍不断壮大,摄影活动愈加频繁。而作为此间的强劲推手,市委、市政府长期以来高度重视摄影文化事业的发展,将摄影文化作为丽水的一项重要区域特色文化而加以培育,通过举办经常性、高规格的全国性摄影赛事,搭建一个对外交流、对外展示的平台。近年来，丽水在推动摄影事业发展方面作了很多卓有成效的工作。1986 年，成功举办首届全国彩色摄影图片大奖赛；1999 年，丽水第一次作为地级城市承办第四届中国摄影艺术节；2003 年举办中国第十届国际摄影艺术展览；从 2005 年开始，连续 5 届承办了中国唯一一个被国际摄联认可的全国最高规格的摄影盛事——中国国际摄影艺术展览。

（三）打响全民摄影品牌的几点思考

丽水摄影虽然在艺术上取得了辉煌的成就。但是回顾丽水的摄影历程，还存在着基础设施不足、氛围宣传欠浓、摄影与经济的结合还需更紧密等问题。为此，我们应当在进一步加强摄影事业建设的同时，积极研究、探索可持续发展的最佳途径，努力创造新的摄影文化。

1. 强化保障，高起点编制全民摄影品牌规划

一要加强组织领导。建议成立市文化品牌开发建设领导小组，对重大品牌的开发建设及对重大活动的开展，做到统一领导，统一协调，统一组织实施。二要编制摄影品牌规划。将摄影作为丽水一项集文化、外宣为一体的特色品牌来进行中长期的策划，建议抓紧规划建设"丽水摄影城"，其功能可以包括摄影作品展览、摄影器材交易、婚纱广告拍摄、照片冲印制作、摄影作品销售、摄影教育培训等等，使"摄影之乡"有一个具有一定档次的展览场所，使摄影人有一个相对集中的活动中心，使丽水有一个独具特色的文化设施。三要加大投入力度。将全民摄影品牌建设纳入宣传文化事业发展专项资金，列入财政预算。同时，构建多元的投入机制，多渠道筹集资金加大投入；制订相关优惠政策，培育和扶持摄影事业，引导、鼓励社会资金、企业资金、民间资金等参与全民摄影品牌的开发和建设。

2. 整合资源，全方位包装全民摄影品牌形象

全民摄影品牌建设，实际上就是要求在丰富、多元的绿谷文化中，

通过提取、总结、凝练摄影文化特色,再加以包装、宣传与推广,使其在全市人民心中具有较强的影响力和号召力,吸引广大群众积极参与。一是提升摄影品牌的文化价值,使人们对品牌有归属感。对于摄影文化这一特殊文化形态而言,提升品牌价值,就是要将旅游产业培育与摄影产业相结合,现在外出旅游的游客不管是不是摄影爱好者,很少有不带相机的,如果突出丽水的摄影之乡特色,把摄影当作丽水特色旅游的一个卖点加以包装,设计一些适合摄影爱好者需求的线路,建设一些能满足摄影人需要的基础设施,则不但深受摄影人的欢迎,而且必将建立起对品牌的归属感。二是提升全民摄影品牌的文化内涵,使其成为无比珍贵的精神财富。全民摄影文化品牌的文化内涵,既要体现在不断创新的内容与形式上,又要折射出强烈的时代感和本土意识,更体现出对"以人为本"的追求、对美的创造和表现等方面。三是创建个性化摄影品牌,让品牌脱颖而出。有个性的品牌才是有生命力的品牌。趋同化的摄影文化活动看似热闹,实质上无法满足群众各方面的精神文化需求。因此,摄影品牌建设尤其要彰显丽水的地方特色与个性,要通过建立全民摄影品牌的识别系统,不断强化品牌的视觉形象识别系统,加强品牌的宣传、包装与推广,使品牌的个性化更强。

3. 更新观念,深层次创新全民摄影品牌文化

建设全民摄影品牌,既要借鉴经济领域品牌建设的成功经验与做法,又要充分考虑文化品牌的特殊性,立足丽水实际,勇于创新,鼓励不同内容、形式的探索和创造,支持不同风格、流派的形成和发展。首先,创新运作机制。除了重大的影赛影展政府直接参与外,一般的影赛影展要鼓励由民间团体或企业来主办。重大影展影赛的举办,在具体操作层面也要尽量引入市场机制。其次,创新联动机制。丽水已有较多的节庆活动,如缙云公祭黄帝、龙泉登山节、云和国际玩具节、青田石雕节、景宁畲族风情节、遂昌石练七月会等等,这些节庆活动可以而且应该与摄影结缘,既可丰富摄影的创作题材,又能扩大节庆的宣传效果,应该是双赢的选择。另外,要将国际影展作为繁荣区域文化

的一个平台,与美术、书法、音乐、舞蹈等其他艺术联姻,促进摄影与其他艺术相融洽。再次,要创新研讨机制。丽水摄影作品在国际国内大赛上频频获奖,可是却很少有分量的理论文章发表。理论的贫乏不仅影响到丽水摄影创作向更高的层次突破,也影响着丽水作为摄影之乡的整体形象。建议政府和有关部门要更加重视摄影教育和理论研究,有针对性地组织一些骨干参加理论学习培训,用创新的理论来科学地认识和构建新形势下丽水摄影文化的特点和规律,形成新思路,探索新方法,开辟新途径,取得新成效。

可以预见,丽水将以雄厚的摄影群体实力和极富特色的摄影创作环境,打响自己的摄影品牌。一个国际摄影城,一个被称为"东方的阿尔勒"的城市将呼之欲出。

案例 11　庆元县"月山春晚"
（庆元县文化广电新闻出版局）

(一)"月山春晚"概述

"月山春晚",一台起源于 1981 年,比央视春晚历史还早两年的,由一个偏远山村——浙江省庆元县举水乡月山村的农民们自编、自导、自演的春节联欢晚会。这台演了 30 多年的"月山春晚",如今被誉为"中国最山寨的春晚"、"中国式过年之文化样本"并入选浙江省高中语文教材。"月山春晚"独特的文化现象,受到社会各界的广泛关注,中央电视台、《人民日报》、《南方周末》、《浙江日报》、《钱江晚报》、《华东旅游报》等全国主流媒体,都对此进行专题报道,先后累计 200 余次;2010 年的"月山春晚",更是吸引了新华网、人民网、新浪网、浙江在线等 20 余家知名网站的网上同步直播;如今在互联网谷歌中文搜索引擎上,输入"月山春晚",可获得约 1520 万条结果,"月山春晚"已成为闻名全国的群众文化活动品牌。

（二）"月山春晚"的特色

一是举办时间的持续性。"月山春晚"最大的特点是持续性，不受环境、经费、人员等因素制约和影响，从未间断，坚持举办了30多届。"月山春晚"的演出平台从最初简陋的操场到如今灯光音响设施齐全的村大会堂；表演形式从最初简单的自演自唱、自娱自乐到如今汇集歌舞、器乐、小品、舞台剧等门类齐全的文艺节目。"月山春晚"从简单到精美，从简陋到完善，在月山全体村民的不懈坚持下，一步一个脚印，从改革开放之初一直演到新世纪，演了30多年，这在全省乃至全国都极少见。

二是参与群体的广泛性。"月山春晚"最大的特色是当地农民的自发性和广泛的参与性，童叟同台演出，上至90多岁白发老人，下至4岁孩童，村民们男女老少齐上阵，一同体验、一同快乐。一直以来，"月山春晚"的组织者、参与者和观看者都是月山村的村民群众，随着她的逐年发展壮大，组织群体从老少兼有的非专业人员到具有高效组织和执行水平的年轻志愿者专业团队；参与群体从几个孤单年轻身影到全体村民共同参与、并吸引月山村以外人群参与的庞大群体，组织规模和表演水平逐年提升，"月山春晚"已成为一台集聚农民思路，不断创新发展，有着深刻内涵的高质量村级春晚。

三是节目内容的独特性和创新性。近年来，在月山村一批学生青年"月山芽儿"的有序组织、精心策划及文艺工作者的指导协助下，"月山春晚"参与面更广、内容更丰富、形式更新颖、特色更鲜明。广受媒体报道和赞誉的"月山春晚"品牌和王牌节目——"农装秀"和"农活秀"，展示了犁田、捉泥鳅、插秧苗、打稻谷、编草鞋、种香菇等原汁原味农业生产场景，其创意和包装显示出极强的创新意识，是浙江农民"种文化"活动最到位的诠释和展现。此外，"月山春晚"中农民十二乐坊、"天黑赶路、天亮卖鲜"情景剧以及根据该村国家级文保单位"如龙桥"（廊桥）爱情传说改编的舞台剧《如龙与来凤》等极富创意的特色节目，都充分体现了"月山春晚"扎根基层的草根属性。她所表现的内容和形式,所反映的主题都来自群众日常生产生活,为群众所喜闻乐见;其生活真实与艺术真实的有机融合,抒写的是人民群众生产生活喜怒哀乐的场景,其淳厚质朴的农味,加以恰到好处的艺术设计,让群众能参与,看得懂,体验深,使"月山春晚"能长期坚持,历久弥新,也使"月山春晚"进一步走出大山,走入都市、走向全国。

(三)"月山春晚"的成效和影响力

"月山春晚"在丰富农村文化生活,弘扬传统文化的同时,促进了乡风文明,推动了和谐文化建设。月山村由此获得"省级文化示范村"、"浙江省文化建设示范点"、"浙江省基层宣传思想工作三贴近创新奖"等多项殊荣。

从 2005 年 2 月 4 日浙江《钱江晚报》刊登《中国式过年之文化样本——月山村春晚》,到 2007 年该文章被浙江省《高中语文读本》(必修一)的新闻单元收录,再到近两年报刊、电视、网络等媒体的全面报道,"月山春晚"的影响力和知名度持续攀升。

——2007 年,"月山春晚"在庆元县城市民广场举办专场文艺演出,让县城居民领略了"月山春晚"的魅力。

——2008 年,"月山春晚"进军省城杭州,名为"昨日重现"的"农活秀"节目在杭州横河公园进行了特色文艺展示,赢得现场观众和专家的一致好评,凭借"月山春晚"特色文化所散发出的原始韵味和历史文化气息,庆元县举水乡在浙江电视台"新农村冲击播"活动中获得浙江省"十大电视助推特色乡镇"提名奖。

——2009 年,特色节目"农活农装秀"再度赴杭参加浙江电视台《本塘春晚》的节目录制,当年"月山春晚"的孪生活动"山谷农民闹元宵",受到浙江卫视《更生更有戏》栏目的青睐,以该活动为主题的《更生更有戏》节目创下 2009 年元宵节期间浙江卫视全国收视率第一的佳绩。

——2009年1月24日，"月山春晚"新闻报道上了央视《新闻联播》。

——2009年2月19日，《人民日报》文艺评论《关于"山寨文化"的反思》中提到"月山春晚"文化现象。

——2007年以来，"月山春晚"相继被《南方周末》、《浙江日报》、《钱江晚报》、《华东旅游报》等报刊媒体200余次报道或转载，其中头版头条40余篇。

——2010年春节，新华网、人民网、新浪网、浙江在线等知名网站对"月山春晚"进行网上直播后，更加全面地、更大幅度地提升了"月山春晚"这一群众文化活动品牌的知名度和美誉度。

（四）"月山春晚"的示范和辐射效应

随着近年来"月山春晚"的创新发展和各大媒体的发掘报道，"月山春晚"显现出多方面、全方位的示范和辐射效应。

一是充分激发乡土文化能量。近几年，庆元县其他乡村的农民也自发组织了多台形式各异的春节晚会，以及多个地方特色文化节。庆元县委、县政府连续组织开展了四届农村文艺汇演活动，农民群众自编自唱、自演自赏，精神文化需求获得了多层次、多样性的满足，庆元农民"种文化"活动得以全面纵深发展。

二是有效拉动文化旅游产业。"月山春晚"与当地春节搓黄果、蒸年糕、打糍粑及闹元宵、迎神庙会等传统民间民俗风情有机结合，相映成趣，构成节日旅游亮点，迎合了都市人们返朴归真的心理，对城市游客产生了极大的吸引力，促进了当地旅游业的快速发展。

三是引发社会文化深层思考。随着近年来各大媒体对"月山春晚"多角度、高密度的聚焦和关注，"月山春晚"声名远播的同时，社会各界关于"山寨文化"、"草根文化"等新文化现象的思考和讨论也不断升温。江湖之远的"月山春晚"等非主流文化，与庙堂之高的主流文化冲击碰撞，体现了社会文化的包容和进步。同样给人们带来快乐享受的

"月山春晚"等非主流文化以其理念的超越性、形态的独创性、发展的广延性，显现出强大的生命力。

目前，"月山春晚"以其独特的文化样式，正以品牌化的引领作用，引起了广大农民朋友的广泛关注和青睐，走出"山寨"，走向农村的广阔天地！

案例12　浙江省"唱响文明赞歌"文化关爱老少边贫地区系列活动
——浙江省艺术专家辅导团、
浙江省优秀节目（演员）展演团八年回眸
（浙江省群艺馆）

从2002年到2009年，"唱响文明赞歌"文化关爱老少边贫地区系列活动走过了25站，足迹走遍浙江老、少、边、贫地区，艺术专家辅导团与当地共同举办大、中型示范演出活动计40余场，举办声乐、戏曲、小品、曲艺、书画、摄影大型讲座70余次，开展小规模的辅导培训活动400多次，被辅导者近5000人次，观众约20万人，取得了很好的实效。

"唱响文明赞歌"文化关爱老少边贫地区系列活动，得到了省委宣传部、省文化厅领导的肯定，已成为浙江省群众文化的品牌活动，起到了很好的示范作用。"唱响文明赞歌"文化关爱老少边贫地区系列活动的影响也与日俱增，《中国文化报》也对浙江省声乐专家辅导团文化下乡、进基层活动的独特模式进行了大篇幅、多侧面的连续报道，浙江各报刊、电视等宣传媒体均作了详尽的报道，其中《钱江晚报》对在象山举行的"唱响文明赞歌"文化下乡活动，以三个多版面的篇幅，进行图文并茂的报道，取得了很好的社会效益。"唱响文明赞歌"文化关爱老少边贫地区系列活动的典型经验由浙江省政府和文化部办公厅，上报国务院办公厅。

（一）整合资源，文化下乡培育文化良种。

1. 培育农村文化良种

2002 年 9 月，在党的"十六大"召开前夕，为贯彻、落实全国基层文化工作会议精神，进一步推动全省基层文化建设和推动我省城乡社会主义精神文明建设，我馆声乐干部马建华同志率先提出倡议，得到了省群艺馆班子认可重视，经联络我省部分有较高知名度的声乐专家发起联合倡议，筹建"'唱响文明赞歌'浙江省声乐专家辅导团"。此项倡议得到了省委宣传部和省文化厅充分肯定和大力支持。2002 年 11 月，在省群艺馆精心策划下，"'唱响文明赞歌'浙江省声乐专家辅导团"正式成立。专家辅导团汇集了我省群众文化系统的正、副研究馆员，以及浙江省音乐家协会省声乐协会、省合唱协会、专业院团、艺术院校的众多声乐专家组成。"唱响文明赞歌"文化关爱老少边贫地区系列活动，让艺术专家与基层文艺骨干零距离、面对面，接受省内最高水平的艺术辅导，播撒农村文化良种，培育农村基层文化队伍，有效地提升群众文化骨干的艺术水平，使先进文化在农村扎下深根。

2. 面向老少边贫地区

"唱响文明赞歌"文化关爱老少边贫地区系列活动宗旨是：面向我省老、少、边、贫地区，大力宣传社会公德、职业道德、家庭美德，服务基层、服务乡村、服务社区，讴歌文明。普及声乐教育，发现培养人才。在当时社会上走穴成风，而辅导团的专家们却完全自愿，分文不计，只求奉献。建团之初，我们即制定了近期工作目标，就面向我省的老、少、边、贫地区，把文化关爱送到基层群众需求迫切的每个角落，以文化帮扶的方式奉献爱心。然后，在总结经验的基础上，扩大战果，通过示范，向全省辐射，逐步形成各艺术门类齐全，省、市、县三级团队联动的强大网络，将该活动打造成为我省有影响的一项品牌文化活动。

2002 年 11 月起，浙江省艺术专家辅导团先后奔赴新四军总部旧址的长兴、开化、永嘉、常山等革命老区,龙游、桐庐等畲族地区,及舟山、象山等偏远的海岛、山区,走进乡村、社区、部队、学校,开展艺术专家辅导活动和示范演出活动。省委宣传部高尔颐副部长、省文化厅杨建新、沈才土厅长、沈敏、金庚初、赵和平副厅长等都曾率团亲赴基层。专家们每到一地,不顾旅途疲劳,即刻投入示范演唱会的排练、演出,展开针对当地声乐骨干、爱好者以及基层节目、团队的辅导、培训,培育农村文化良种。由于辅导团的演出、辅导、培训活动形式多样,生动活泼,受到了各地的普遍欢迎,从而也使我省"送文化下乡"活动在内容与形式上得到了进一步的深化。

3."唱响文明赞歌"团队不断拓展

2004 年 10 月,在声乐专家辅导团取得成果的基础上,又组建了"'唱歌文明赞歌'浙江省优秀歌手展演团"。该团由我省数年来在全国、全省声乐比赛中获得高奖的青年歌手组成。两团以各自的优势互补,提升活动的档次和品位,更好地营造"送文化下乡"的活动氛围,将"唱响文明赞歌"文化下乡、进社区活动进一步打造成我省群众文化的品牌项目。借鉴省声乐辅导团和省优秀歌手展演团的成功经验,我们又先后组建了"浙江省戏剧专家辅导团"、"浙江省优秀戏剧节目展演团"、"浙江省曲艺专家辅导团"、"浙江省优秀曲艺节目展演团"、"浙江省书画专家辅导团"、"浙江省摄影专家辅导团"。如今拥有 8 个专家辅导和展演团队,大大扩展了"'唱响文明赞歌'文化下乡"队伍阵营,为"文化配送"和"文化育种"拓展了活动空间,丰富了活动内容,增强了活动力量。

(二) 成效显著,呈现鲜明的品牌特色

"唱响文明赞歌"文化关爱老、少、边、贫地区系列活动特色纷呈:

1. 群众文化与专业文化紧密结合

"唱响文明赞歌"团队既有来自浙江省群文系统的专家、业余演员,也有来自专业院校、文艺院团的教授、艺术家,所有团员均为我省群众文化系统的正、副研究馆员,以及我省各大艺术院团、各大艺术院校的国家一、二级演员,正、副教授。同时,还特邀了省内部分著名作曲家、音乐理论家等其他艺术专业的专家加盟,拓展培训辅导的内容。专业文化和群众文化结合,提升了文化活动质量与效果。

2. 示范演出和文艺辅导紧密结合

专家们每到一地,不顾旅途疲劳,即刻投入排练和演出,对当地音乐、戏曲、小品、书画、摄影等文艺骨干和爱好者进行辅导、培训。示范性演出面向广大群众,根据当地实际需求,开展各艺术门类的大型讲座和小型辅导等培训活动。艺术专家直接面向基层文化干部和文艺爱好者的做法,得到了广大基层的普遍欢迎与广泛好评。"配送文化"与"培育文化良种"相结合,让他们成为基层文化建设的"生力军",让文化下乡化为乡下文化常留乡下,让文化良种在广大的基层、农村生根、开花、结果。

3. 大型晚会与小分队演出紧密结合

大型晚会大多是结合当地的节庆活动需要,专门策划、编排,在人口集中的县城或乡镇演出,采用良好的舞台音响设备,满足基层群众的文化需求。而充分发挥小分队演出的优势,进村落、上渔船、下连队,能灵活机动地为偏远山区、海岛的群众演出,把文化送到百姓家门口。如 2005 年 9 月上旬"唱响文明赞歌"团队在宁波象山石浦的系列活动,9 日早上,"浙江省优秀歌手展演团"派出部分歌手,组成演出小分队,来到东海之滨的渔船上,把优美的歌声献给了渔民朋友。晚上,艺术家们还不辞辛苦,在被称作"浙江渔业第一村"的石浦东门渔村的舞台上参加一场规模盛大的专场演出。两种"文化下乡"模式都赢得了基层群众广泛赞誉。又如 2005 年春节前"走进开化"活动中,当小分队结束了在一个小山村的演出后,村民们拉着演员的手动情地说:"这是我们村第一次来演戏,你们再来啊!"欢送的鞭炮和夹道相送的乡亲让团员受到了很好的教育。而 2002 年"走进舟山"的小分队上海岛给高炮连战士演出中飘起了大雪,战士们和演员相互推让军大衣的情景也让大家至今难忘。

4. 常备节目与基层群文精品紧密结合

"唱响文明赞歌"系列活动,把文化下乡与发展农村特色文化结合起来。农民不仅是农村文化的受惠者,更应该是农村文化的建设者。一方面,下乡的常备文艺节目能真正融入农村生活,真正引起农民的共鸣;另一方面,积极吸收当地在全国"群星奖"及全省评选中的获奖群文精品节目和挖掘当地丰富多彩的农村特色民间文化资源,扶持农村文化新人,让基层群文精品登台、乡土文化人才亮相,以满足农民自演自赏、自娱自乐、自我发展的精神追求,激发农民自办文化的热情和潜力。同时,也让基层群文精品节目资源不断发挥持续效用。

5. 动态艺术与静态艺术紧密结合

在春节下基层演出的同时,举行获奖群文书画作品和宣传图片巡展,书画专家辅导团、摄影专家辅导团吸收当地群文书画、摄影干部和业余骨干为基层群众送书画、写春联,给农家拍摄全家福,为农村孤寡老人拍新年照片,丰富了该项活动的节日气氛,很受基层欢迎。

(三)"唱响文明赞歌"系列活动的示范性意义

1. 创新文化资源整合机制是文化下乡稳步进行的保障

群众文化与专业文化相结合,整合了文化资源,使文化下乡团队充满了生机活力,源源不断地为基层、农村"送文化"、"育文化"。我省在省内部分著名声乐专家倡议下,由省群艺馆精心筹划成立了"'唱响文明赞歌'浙江省声乐专家辅导团"等 8 支团队,聚集了省内群众文化界和艺术团体、专业院校许多高级专家。另外,又选拔我省数年来在全国、全省比赛、评选中获得高奖的演员组成"'唱响文明赞歌'优秀演员展演团",与艺术专家辅导团以各自的优势互补,提升活动的档次和品位。

2. 创新基层文化培育机制是文化下乡目标实现的关键

送演出下乡确实活跃了基层群众的文化生活,但演出是短暂的,演员们来了,给农民带来的是"见真人看明星"的满足,演员们走了,留下的是对下一次演出的期盼。"唱响文明赞歌"活动变"送"文化为"种"文化,对于实现老、少、边、贫地区"文化低保"、"文化共享"的目标尤为重要。因此,一方面,通过示范性演出,丰富新时代农村文化生活;一方面,通过辅导培训,培育基层、农村优秀的文化"良种",直至发芽、开花、结果,日益影响和带动着基层、农村文化的自身繁荣发展。

3. 创新演出模式灵动机制是文化下乡效益追求的手段

大型晚会的演出主题突显,演出阵容整齐,艺术感染强烈;而小分队演出模式多样,人员节目灵活,队伍轻装上阵,则适合于群众住家分散的山村、海岛,能深入到农家小院、村头田间、海滩渔船,能让在劳动现场的群众欣赏文艺节目,或参与表演、辅导活动中来。大型晚会演出与小分队演出模式,机制灵动,点面结合,争取了文化下乡效益的最大化。

在浙江"唱响文明赞歌"文化关爱老少边贫地区系列活动带动和影响下,我省涌现出的"钱江浪花"艺术团文化直通车巡演、"文化配送"、"文化走亲"等创新性的群文活动服务,全省各地掀起了文化下乡的热潮。省、市、县100多支文化下乡演出队,每年下乡巡演1000多场次,把文化送到农村群众的家门口,丰富了基层群众的文化生活。

根据这些年来"唱响文明赞歌"系列活动的经验,我省群艺馆在已成立的8个团队的基础上,今后还将陆续推出舞蹈等其他艺术门类的专家辅导团和优秀艺术作品展览展示团,形成文化下乡的强大声势,把更多的更好的艺术送到老、少、边、贫地区,满足基层文化的需求。

案例 13　仙居县以百姓大舞台为
载体激发群众参与文化的积极性

（仙居文化广电新闻出版局）

2008 年 12 月以来，仙居县以"我搭台，你唱戏，明星就是你自己"为口号，发动社会各界在各乡镇（街道）、村居搭建"百姓大舞台"。"百姓大舞台"以普通百姓为活动主体，根据"自愿、自荐、自演、同乐"原则，群众自编、自导、自演文艺节目，充分激发了广大群众参与文化活动的积极性，为广大群众提供了展示自我的舞台，使老百姓真正成为文化惠民工程的主角。百姓大舞台的主旨就是政府搭台，百姓唱戏。由政府整合各种有效资源，为老百姓搭建一个参与文体活动，展示自身才艺，开展交流互动的文化平台。让老百姓通过这个舞台，在基层的文化生活中树立起主体的意识，担当起主体的角色，寻找到主体的感觉，从而开创出一个以人民群众为主体并广泛参与的基层文化生活新局面。

（一）实施背景

近几年来，仙居县文化事业得到较快发展，文化阵地不断拓展，文化活动不断繁荣，文化队伍不断壮大，特色品牌不断创立。截至 2008 年年底，全县共建成省东海文化明珠乡镇 7 个、基层文化俱乐部 513 家、省文化示范村 3 个、省文化示范户 63 家，组建各类文艺队伍 600 余支，年开展各类活动 3 万余次，初步构建了基层文化服务网络体系。在此基础上，社区文化周、企业大联动、文化农家乐等乡镇品牌文化项目和九狮图、鲤鱼跳龙门、卷地龙等村级特色文化项目在乡镇文化活动中担当起主要角色，"一乡一品、一村一招"的文化局面也初步形成。另一方面，随着送文化、种文化的不断深入，人民群众的文化自觉意识不断强化，他们的表演欲望和参与意识不断加强，已不满足于政府组织的形式单一、节目固定、次数较少的文艺演出,不满足于基层活动点范围小,观众不多的才艺表演,他们渴望有更大的能展示自己的才华、能自娱自乐的舞台。

(二)具体做法

"百姓大舞台"确立"四个统一",即统一包装、统一标准、统一要求、统一安排,从活动口号的提出、宣传品的印制到活动点的组织机构、管理制度的制定,以及扶助政策和整体安排等多方面着手,进行品牌建设。

1. 布点搭舞台

即在全县各地广泛建立县乡两级的示范活动点和村级普及活动点,引导广大群众参与文化活动。县级示范点在每个乡镇街道设立1—2个,由县有关部门确定命名,乡级示范点由乡镇街道确定命名,每个乡镇街道2—5个。两级示范点要求有固定的活动场所、健全的管理组织、规范的活动制度、丰富的活动内容和完善的管理体系。县乡两级对示范点给予政策支持:进行授牌命名,补助活动器材(补县级每个活动点音响设备一套),每年组织评选,对先进者予以经费奖励。示范点的主要功能是集聚活动队伍、集合活动项目、提升活动质量、培养活动骨干、丰富活动内容、营造活动气氛。村级活动点则在有条件的村广泛设立,主要功能是开展各种普及性的活动。

2. 流动送舞台

即利用县里舞台车的先进灯光音响设备和可移动的优势,组织开展主题性的系列行动。每个活动提炼出明晰的主题要求,把要求和舞台一起送到各个活动点,让群众围绕主题上台活动,从而起到突出主题、增强联动、扩大影响、深化效果的作用。

3. 竞赛摆擂台

在县、乡、村三级活动的基础上,开展"百姓大擂台"才艺竞赛。县里每年要举办一次综合性才艺大赛,设立赛项,开展多个门类的比赛,平时根据需要开展一些专项比赛。县、乡两级活动点则要求配合县级大赛开展各类月赛、季赛活动。通过竞赛摆擂,展示基层文化的成果,增强基层文化的交流,发现基层文化的人才,增进基层文化的热情,扩大基层文化的影响。

百姓大舞台的有关工作自开展以来,已取得了明显的进展和一定的成效。

(1)铺点搭台工作进展顺利,至今已确定命名首批 10 个县级示范点和 21 个乡级示范点,各点的活动丰富多彩,初步完成了重点乡镇、重点公园、重点社区和人口集聚比较集中区域的铺点搭台工作。第 2 批的定点命名工作也即将开展。

(2)流动舞台活动红红火火,已先后开展了"在希望的田野上"新农村建设系列行动、"红五月文化暖企"系列行动、"百里梅乡欢乐行"系列行动、"百姓大舞台"夏日系列行动、"百姓大舞台"走进乡镇等五大系列行动,送舞台下乡进点 60 余场次,形成了较大的声势和效果。

(3)群众参与意识不断加强,通过自愿报名参加百姓大舞台活动,人才、剧目不断涌现,在文艺专业人士的辅导与指导下得以提高和提升而成为百姓大舞台的主体节目、各活动点的品牌节目。

(三)创新亮点

百姓大舞台通过角色意识的转化,丰富和发展活动组织形式,缓解了基层文化的供需矛盾,实现了资源整合和活动的有效创新,实现了基层文化的大发展、大繁荣。

1. 有效转变基层文化角色意识

"百姓大舞台"打破了原来既是"政府搭台"又是"政府唱戏"的局面,在挖掘和整理民间表演艺术、提升艺术品位、包装一批精品的基础上,让群众参与到活动中来,形成了"政府搭台、群众唱戏"的新局面,既丰富了基层群众的业余文化生活、又树立了政府为民办实事的崭新形象。同时,通过"我搭台,你唱戏,明星就是你自己;拉上来、送下去,城乡文化一盘棋"这样一种互动、联动方式,发动社会各界在各乡镇(街道)搭建"百姓大舞台",动员广大群众作为活动主体积极参与文化活动,提高了农村文化队伍素质,提升了区域文化特色。

2. 有效丰富基层文化活动形式

一是"百姓大舞台"的活动分"专业演员引领演"、"广电主持人支持演"、"广大群众自由演"三个主环节,各环节相互穿插,在形式上显得更活泼、更多样。二是"百姓大舞台"通过举办竞赛,设立不同艺术风格的文艺专场演出,吸引了不同爱好、不同特长的群众参与,满足了不同层次、不同人群的口味,使主题时代性更加突出,更加贴近生活、贴近实际、贴近群众。三是"百姓大舞台"各活动点在活动中注重与自身特色文化活动结合起来开展,内容涵盖面大,活动影响面广,公众参与度高。

3. 有效缓解基层文化供需矛盾

"百姓大舞台"以普通百姓为活动主体,根据"自愿、自荐、自演、同乐"的原则,群众自编、自导、自演的节目参与到活动中来,充分激发了广大群众的积极性,使许多业余文艺骨干和文艺爱好者通过这一平台,从村间、田头走向舞台,通过流动舞台与活动点的结合、活动点日常活动与固定赛事的结合、综艺演出与专场演出的结合,有效地缓解了群众文化的供需矛盾。

4. 有效整合基层文化活动资源

一是通过"百姓大舞台"这一平台,各活动点相继添置或筹集到许多硬件设施,同时,大量的民间自创节目涌现,"百姓大舞台"成为了资源集聚的有效载体,为当地开展小型文化活动提供了有利条件,也为"百姓大舞台"可持续发展的创造了有利条件。二是通过活动点选拔和流动舞台表演,文艺人才和文化队伍不断被发现,并在县乡两级专业人员的指点和辅导下不断提高,使成长中的文艺人才成为引领一方文化活动的中坚力量。三是随着"百姓大舞台"的县乡两级文艺资源配送中心、基层文化协作区等机构和组织的建立,冲破了原有文化资源的城乡分割、区域分割、专业分割,通过有效整合,实现了"城乡联动、区域互动和全县齐动"的农村文化工作新局面,既符合县情,又符合民情,是一条"小成本,唱大戏"的城乡文化建设新路子。

5. 有效提供基层文化活动平台

"百姓大舞台"的活动举办可大可小、可分可合,同时,"百姓大舞台"与各级互动点、基层文化俱乐部互动,有效地推进了基层文化的软件建设,真正地实现了基层文化工作的"城乡一起动、乡镇都在动、村村有行动、常年有活动",使活动平台变得更加多样与普及,对促进基层文化的发展与提高,展示基层文化的成果与风采,都起到了十分积极的作用。

"百姓大舞台"的推出,得到了省市领导的充分肯定。原省委常委、宣传部长黄坤明于 2009 年 6 月 17 日在《浙江宣传》上批示:"仙居县坚持文化为民、文化惠民理念,创新思路、载体和方法,在推进公共文化服务体系建设,促进城乡文化共建共享,满足群众文化需求等方面进行了有益探索,取得了良好成效,值得肯定";葛慧君副省长于 2009 年 7 月 22 日在《专报信息》(第 1226 期)上批示:"活动载体好,值得肯定"。同时,媒体也高度关注这一创新载体,2009 年 7 月 14 日《浙江日报》在头版"高举旗帜、科学发展、创新创业,推动文化大发展、大繁荣"专栏刊发了《百姓大舞台乐大众》一文,全面报道了仙居百姓大舞台的活动情况,并加了短评《让百姓唱主角》。

案例 14　三门县农村文化特派员"驻点联村"制度
（三门县文化广电新闻出版局）

加强农村文化建设,是全面贯彻落实党的十七大精神、十七届三中全会精神和省委文化工作会议精神的一项重要内容,是建设社会主义新农村的有效途径,意义十分重大。近年来,伴随着经济社会的快速发展,农村文化建设也取得了长足进步,但与农民群众日益增长的精神文化需求相比仍有很大的距离,农村文化队伍力量薄弱、农民基本文化权益得不到保障、"不良文化"在农村滋长漫延等问题依然突出。

针对这一现状,三门县从落实"文化为民、文化惠民"的要求出发,大胆创新文化人才工作机制,精心组建"农村文化特派员"队伍,积极引导文化人才以"驻点联村"的方式开展文化服务,有力促进了农村文化事业的发展。这一创新做法,获中国群众文化学会和中国文化报社联合授予的全国首届"群文品牌"荣誉称号。省委宣传部、市委主要领导对此作出批示,要求精心培育推广,使之成为推动农村文化发展的好载体和好品牌。2009 年 4 月份,在全国基层文化建设现场会上,三门县组建"文化特派员"队伍这一做法在会上作交流。同年 12 月,在"首届全国群众文化品牌创建论坛"上介绍。

(一) 基本做法

为切实抓好这项工作,充分发挥农村文化特派员作用,三门县印发了《三门县农村文化特派员工作方案》和《关于派驻三门县农村文化特派员的通知》,明确了选派条件、工作职责和考勤方法等,并着重抓好了三项工作。

1. 整合资源,精心组建"文化特派员"队伍

以提高农民群众文化生活质量为目标,按照双向选择的原则,认真选派农村文化特派员。一是立足资源,精心选才。深入挖掘本土丰富的文化人才资源,在此基础上精心组建一支由县乡文体干部、各类文艺协会人员、学校艺术类教师以及文化志愿者组成的"文化特派员"队伍。二是加强培训,提高素质。先后举办 3 期"文化特派员"培训班,对 100 位文化特派员进行上岗培训,同时设立"特派员活动中心",定期开展各类座谈、联谊交流活动,切实提高特派员的业务水平。三是

因村制宜,择优选派。在选派过程中,立足农村文化发展实际,注重把各个村的特点与特派员的特长结合起来,做到"因村派人、因人定村"。

2. 突出重点,深入开展"文化惠农"活动

充分发挥文化特派员"四大员"(调研员、教练员、管理员、组织员)作用,深入开展"三大文化惠农活动",不断满足农民群众多方面、多样化的文化需求。一是开展"师带徒"活动,培育乡土"文艺明星"。在每一个派驻村,精心挑选数名有专长且热心公益事业的文艺骨干分子,对其进行重点培养,并采取以点带面的方式,发展一批"文化示范户"和"民间艺术能人"。二是开展"办实事"活动,解决农民"文化温饱"。积极引导农村群众向上争取文化项目,切实抓好"农家书屋"、农村电影放映、广播电视"村村通"等重大公共文化服务工程建设,着力为农村群众办好文化方面的实事好事。特别对一些偏远乡村和农村特困户,尽力帮助他们实现"五个一"文化低保,使他们拥有一份常年性适合的读物、一件基本的视听设备、每月参加一次文化娱乐活动、每月观看一场电影、每季度看一场戏。三是开展"种文化"活动,传承民间"草根文化"。动员各联系村广泛建立文化团队,鼓励各种形式的农民自办文化,以农民"自创、自演、自乐"的方式,不断丰富农民群众的文化生活。同时,积极引导当地农民参加村、镇、县三级民间民俗表演活动,努力使"种文化"成果在展演中得到传承和发展。

3. 强化保障,积极构建"联动帮扶"机制

一是建立多方投入机制。采取政府出一点、向上争取一点、企业单位捐一点的办法,建立农村文化特派员专项经费,为他们开展农村文化服务提供资金保障。二是建立结对共建机制。以"百村结对共建"活动为契机,动员各派出单位每年与结对村开展2次以上文体活动,帮助解决1个以上文化项目建设,着力形成"派出单位＋文化特派员＋农村"的联动帮扶模式。三是建立创业承诺机制。要求每一位文化特派员驻村后,向村民公开承诺派驻期间所要实施的文化实事项目,然后

将其承诺以书面的形式在村内公示,以便接受群众监督,切实提高工作实效。四是建立健全奖励机制。每年开展一次"十佳农村文化特派员"评选活动,对工作业绩突出的农村文化特派员进行表彰,不断激发他们参与农村文化建设的积极性。

(二)主要成效

1. 培训了基层文体骨干

针对农村日益增长的文化需要,特别是基层文化生活贫乏的状况,100名"文化特派员"深入联系村,开展走访调查,发现各类"民间艺人",培训文体骨干,组建文体队团,经常性地开展各类小型文体活动。如在海游镇前郭村,与县城一样,村民们也组织起了腰鼓队,唱起了越剧戏,兴起了排舞"热"。目前,在文化特派员的带领下,各联系村已建成120多支群众业余文化队伍,200多名基层文化骨干活跃乡村,38名"民间艺人"脱颖而出,其中有4人被确定为台州市首批非物质文化项目代表性传承人。在基层文化骨干的带动下,农村文艺创作精品不断。2009年,《金秋蟹乡黄》、《走进时尚》等一批由农民群众组队参加的表演节目获得了台州市"百镇千村种文化"优秀节目展演大奖。

2. 盘活了基层文体资源

针对基层文化阵地利用率偏低的情况,文化特派员进驻农村后,协调各方关系,综合各类基层文体资源,提升人气,盘活资源,提高基层文化俱乐部利用率。如珠岙镇西陈村的基层文化俱乐部,整合了村办公楼、村老年活动中心、"农家书屋"、"云林影院"、村远程电教点和文化信息资源共享工程服务点等多种功能,最大限度地发挥了基层文化俱乐部的作用。农村文化特派员在盘活基层"硬件"资源时,更将县级文化部门"送文化"的"软件"资源以最佳方式配置至联系村,并创新做法,将"图书漂流"方式引入联系村的"农家书屋"。2009年,全县共完成送戏下乡162场,送放电影下乡3208多场,送图书20000多册,基层文化资源"活水"常流。

3. 丰富了基层文体活动

围绕党的重大理论学习教育活动,县委、县政府重点工作以及各类节假日节庆,文化特派员积极主动指导基层文化俱乐部开展文体活动,如活动组织策划、作品创作编排、节目排演指导等,唱响主旋律,打好主动仗。特别是在党的十七大精神宣讲活动中,文化特派员发挥自身优势,结合十七大精神内涵,创作了"三句半"、"三门道情"宣讲段子,使十七大精神在农村各地广为流传,深受农村群众喜爱和欢迎。同时,广大文化特派员充分利用自身的特长和部门优势,组织开展了农民文化节、农民运动会、"文艺老区行"、乡镇"种文化"联谊晚会、全县农民排舞比赛等一批特色文化活动,极大地丰富了农民群众的文化生活。在文化特派员的影响下,基层文化爱好者越来越多,群众参与文体活动积极性越来越高。2009 年,文化特派员联系村共举办各类文体活动近 200 场次,各类队伍人数约 3000 多人,人数最多的一支队伍(高枧村排舞队)达 300 多人,参与活动人数达 10 万多人次。

(三) 几点启示

1. 文化特派员可以作为企业"文化反哺"的间接渠道

三门文化特派员的成功运作,离不开台州绿岛控股有限公司的"种文化"发展基金。同时,文化特派员通过开展卓有成效的工作,间接地起到了绿岛公司"文化反哺"社会的公益效果。这也为我们提供了一条思路,企业"文化反哺"社会,不仅仅可以"实物捐赠"、"演出买单"、"村企共建"等直接方式,也可以设立"种文化"基金,通过"文化特派员"的形式,鼓励更多的文化艺术人才支持基层文化建设。

2. 文化特派员可以作为政府"文化下乡"的有效补充

政府每年开展戏曲、电影和图书"三下乡"活动,给基层群众"送文化"。在"送文化"过程中,文化特派员发挥文化"引导员"作用,将政府的"送"与百姓的"需"最大限度进行匹配,尽可能地避免"送""需"脱节。如,花桥镇花桥村大部分村民从事青蟹养殖和柑橘种植行业,通过花桥村文化特派员的信息反馈,去年的"送图书"下乡活动中,县图书馆专门配送了种养殖类书籍,有效地满足了村民的阅读需要。

3. 文化特派员可以作为基层"文化繁荣"的活力因子

通过去年一年的实践证明,文化特派员能够有效地带动当地群众性文化发展和繁荣。文化特派员通过驻点联村"种"文化活动,以"1×10×10"的方式,极大地激发了村民心里的参与文化活动愿望,带动了大多数村民参与文化活动。如,泗淋乡鹤井村通过1名文化特派员以"师带徒"方式,带动10名村级文化骨干,每名村级文化骨干又带动10名村里的文化爱好者,快速有效地形成了基本固定的文化活动队伍。

源于农村,长于农村,盛于农村。农村"种文化"活动,让文化的种子在全县每个角落生根发芽,开花结果,为增强三门文化软实力,推动文化大发展大繁荣作出了贡献,得到了县委、县政府和社会各界的充分肯定。这一株株苗壮成长的树苗即将长成为枝繁叶茂的参天大树,将会有更多的"文化绿色森林"覆盖乡村大地。

案例 15　"中国开渔节"的品牌路径诠释

吴　健

（象山县文化广电新闻出版局）

改革开放以来,象山群众文化沐浴着时代春风,破难攻坚,无论设施建设、队伍建设和活动建设都取得了丰硕的成果。尤其是创办于1998年9月,至今已连续举办了十二届的大型广场节庆文化活动——中国开渔节,已成为象山群文活动史上规模最大、档次最高、影响最广、参与人数最多的一项文化品牌。为什么原本因国家实行禁渔期(即休渔期)而诱发的一项区域性文化活动,能相继获得"中国十大品牌节庆"、"首届节庆中华奖"、"中国最具影响力的节庆活动"等十余项殊荣，能产生如此轰动效应呢？中国开渔节的品牌路径何在？笔者亲历了历届中国开渔节的组织实践，并经过深入的调研和思考，才得出这样的结论：中国开渔节的成功在于根植于民间民俗文化沃土，在于不断的探索和创新，在于真正让群众唱主角。

（一）根植于民间民俗文化的沃土

文化是节庆的生命，中国开渔节正是由于根植于象山富有海洋民俗特色的文化沃土而具有强大的生命力和深远的影响力：

一条猩红色的地毯，从祭台长长地伸向大海边，高达 8 米的祭海祈福大旗随着太阳缓缓上升，浑厚的鼓乐撼人心魄，激昂的号角冲破云霄，数百名身着古装的渔家汉子冲出舞台，奔向海边……

祭海仪式已成为中国开渔节最具民俗特色的群文活动之一。庄严肃穆的祭海仪式正是象山人民继承优良民俗传统，知恩图报的精神写照。如今古老的祭海活动被注入了崭新的时代内涵，除祈求平安丰收愿望外，更增添了"保护海洋，人海共荣"的宏大主题。

无论是中国开渔节的祭海仪式，还是庆典晚会，还是开船仪式，其主旨总是离不开浓厚的海洋文化底蕴和鲜明的渔浴文化特色。通过开渔节这一载体，对散落在象山渔区、海岛、渔民生活中的各种渔文化元素加以整合、演绎、提炼，产生了既有传统渔俗文化、又有现代色彩的渔歌、渔舞、鱼灯的特色文化活动。中国开渔节其实就是象山渔民传统的开洋、谢洋节在新的历史时期的再现，是象山渔民独特的生存环境和历史文化背景中，在长期耕海牧鱼的生产、生活中形成的别具特色的一种民俗文化活动，具有广泛的群众性和民俗传承性。

（二）成功来自不断探索和创新

从"文化搭台、经贸唱戏"到文化的节日、渔民的节日，开渔节已经成为洋洋大观的中国节庆活动中的一个响当当的品牌。

中国开渔节最初模式是"政府搭台、企业唱戏"，办节经费主要由政府掏腰包,但精明务实的象山人很快发现:如果这个节庆完全由政府包办,不仅违背市场经济规律,而且很难持续下去,因此,象山县政府文化部门就把办节的主要精力花在牵线搭桥搞好服务上,不再去管那些管不了也管不好的事。如今的开渔节已成为一个既不劳民伤财却能引资,同时还扩大了知名度的盛大庆典,据中国开渔节组委会办公室介绍,近几届开渔节通过提供注册商标、出售冠名权、媒体广告宣传以及知识产权的形式把一些主体活动推荐给企业等有效措施,使开渔节所需费用绝大部分由企业集资、广告赞助来解决,这既节省了办节成本,又扩大了企业的知名度和影响力。开渔节已不仅仅是政府的开渔节,它还和各企业的形象捆绑在一起。也许正是政府职能的转变,让中国开渔节给象山带来了巨大的影响与收益。今天的开渔节不再是一个区域性的文化节庆活动,它冲破了地域界限,已打造成为让全社会成员享受不尽的文化品牌。

(三)要真正让群众唱主角

着力体现节庆活动的群众性,把开渔节办成一个真正的渔民的节日、群众的节日,从而激发渔民群众的积极性,激活节庆活动的内在生命力,扩大节庆品牌的社会认同,是中国开渔节的一条重要经验。

长期以来,象山渔农民以海相伴、以渔为生,由此产生的渔文化与当地群众的生产、生活、宗教信仰、礼仪节庆等民俗民风自息息相关,象山人民也在这种文化氛围中长期汲取着文化和精神营养,不断为渔文化发展注入新的活力,也引导渔文化以厚重殷实的人文积淀,多姿多彩的民俗民风,构成一个独特的文化种类。

文化来源于生活,来源于群众,只有把全县群众的积极性、主动性调动起来,让群众直接参与开渔节文化活动,打造节庆文化才有坚实的根基和基础活力,象山县文化主管部门始终坚持在文化建设中吸引群众的积极参与,重视不同人群对文化的不同需求,为群众参与文化创造良好的人文环境,在参与中提高群众的文化素质。在中国开渔节的活动项目设计时充分考虑渔民的节日因素,千方百计地激发渔民群众的积极性,在活动内容、环节设计上,考虑群众参与性,让老百姓关注开渔节、享受开渔节、参与开渔节,让老百姓唱主角,使开渔节真正成为群众自己的节日。

自 1998 年创办第一届中国开渔节以来,已连续举办了 14 届,而且一届比一届红火,一届比一届精彩,据初步统计,每届开渔节直接和间接参与的群众多达 30 余万人次,其中 90%是在本地的渔农民。所以,又称开渔节是渔民的节日、群众的节日。如第六届中国开渔节"风从东海来"的渔家狂欢活动,成千上万的渔民或手执船桨或背负渔篓,高唱着渔工号子尽歌尽舞,周围 10 余万渔农民和游客踏着阵阵涛声翩翩起舞,把整个皇城海滩演绎成欢乐和海洋、人间的天堂……。

今天的开渔节不仅仅是一项群众文化的品牌,诸如开渔节的祭海、开船(即开洋)仪式,连同马祖、如意信俗,已被正式列入国家级非物质文化遗产保护名录。特别是通过开渔节的推动而成立的全国第一家"渔文化研究会",经过 6 年的运作,在全国有了广泛的影响,其编辑出版的《渔文化》杂志成为全国唯一的渔文化刊物。通过几年的精心打造,"中国渔文化之乡"于去年落户象山,"中国渔文化研究基地"同时挂牌成立。中国开渔节所创造的一个又一个的辉煌,使一个名不见经传的半岛小县名扬国内外。中国开渔节因此成为独具象山地域特色的,充分展示半岛海洋文化个性的群众文化品牌。

案例 16　"娥江之春"音乐会发展历程探究

宋丽娟

(上虞市梁湖镇文化站)

"娥江之春"音乐会贯穿改革开放 30 年,是上虞市群众文化活动的重要内容。三十年来,坚持一年一届的"娥江之春"音乐会以其延续时间长、参与面广、影响力大而成为上虞市一张群众文化的金名片。分析当年创办"娥江之春"音乐会的动因,总结"娥江之春"音乐会带来的丰硕成果,把握好"娥江之春"与回归群众的三对关系,将有助于进一步推进群众文化事业的繁荣与发展。

(一)创办动因

"娥江之春"是在改革开放的春天里诞生的。1981 年,首届"娥江之春"举办之时,正值改革开放大潮席卷全国之时,究其原因主要有:一是政治因素。1981 年 8 月 15 日,中共中央发出《关于关心人民群众文化生活的指示》,要求各级党委和有关部门重视人民群众的文化生活,引导人民群众的文化娱乐活动走上更加丰富、更加健康的轨道。二是经济因素。农村经济的飞速发展,农民生活的不断改善,必然带来对文化生活的企盼,渴望和追求。上虞农村在实行了联产承包责任制后,希望的田野上到处欢歌笑语,一派生机勃勃的兴旺景象。三是文化因素。1981 年以来乡镇文化站陆续建立,至 1984 年全市乡乡都有文化站,总数达 56 个。文化站的建立为当地开展群众文化活动、发展文艺队伍提供了组织保障。同时,一些企业和村先后修建了多功能的俱乐部和文化中心等设施,为群众自娱自乐、丰富精神文化生活创造了条件。"娥江之春"就是在这样的历史大背景下,肩负着满足群众对文化迫切需要的历史使命,在上虞这块有着深厚文化积淀和历史底蕴的土地上破土而出,独领风骚,成为 20 世纪 80 年代以来上虞群众文化一道亮丽的风景线。

(二)主要收获

三十年来,"娥江之春"音乐会延伸到基层,共演出 53 场次,观众达百万人次,累计有 646 个单位、团体参加演出,参演人员 2 万余人,创作声乐、器乐、舞蹈等作品 500 余件,350 件(次)作品在省、市各级会演、比赛中获奖,从而深受上级宣传、文化部门的关注,上虞市委、市政府的重视和人民群众的好评。

1. 群众文化氛围越办越浓

在"娥江之春"的带动下,各种"之春"、"之秋"等音乐活动也开始在乡镇、基层开展。涌现了诸如东关镇、章镇镇、松下镇、汤浦镇等大批歌咏之乡。与此同时,各中小学、工矿企事业单位组织的节目也为"娥江之春"增添了不少亮色,每届"娥江之春",我们把学校的优秀节目组台或组成专场演出,使校园文化的品位不断提高。"娥江之春"能久办不衰,是与社会各界干部群众的积极参加和支持分不开的。

2. 群众文艺人才脱颖而出

经过历届"娥江之春"的培养、锻炼和实践,一大批优秀的业余歌手和演奏人员脱颖而出,成为各行各业、各部门各单位开展群文活动的重要骨干,有的甚至被聘为专业文艺团体的演员、演奏员。如阮关贤原是东关合作商店的一名职员,经过"娥江之春"的培养锻炼后,考入杭师院音乐系,曾获浙江省青年歌手大奖赛一等奖。郑新是春晖中学的学生,多次参加"娥江之春"演出,后考入同济大学,被评为校十大歌手;现在南京军区前线歌舞团的章文国,就是一位从"娥江之春"舞台走向专业歌坛的一位歌手;严惠娟,一位在"娥江之春"音乐会上培养起来的通俗歌手,后被录用为上虞市文化馆声乐干部;等等。

3. 群众文艺队伍发展壮大

"娥江之春"音乐会的常办常新,不仅使上虞市的合唱事业得到普及与推广,而且土生土长的民间音乐也得到传承与发展,合唱团、词曲创作、民乐吹打等群众文艺队伍犹如雨后春笋遍及城乡各个层面。据不完全统计,目前上虞市保持经常性活动的合唱队已有多支,合唱队员数以千计。而全市165支民间吹打队常年活跃在城乡农村,既为节目增添喜庆,也为丰富群众的业余文化生活作出了积极的贡献。

4. 群众音舞作品硕果累累

一大批业余作者创作的音乐舞蹈作品,经过"娥江之春"的演出实践,频频在各级文艺汇演中获奖。如第四届"娥江之春"演出的《小路》《江南秋》《小桥弯弯》《雪梨花》等一批创作歌曲被编入省创作歌曲选,并在省音舞节和创作歌曲中评比中获奖。又如在 1998 年绍兴音舞节上,上虞市的 14 个音乐舞蹈节目,获得全市总分第一,其中《在那篱笆外》《小路几多歌几多》获绍兴市"五个一程"工奖。再如反映"卧龙集团"精神的舞蹈《卧龙腾飞》获全国企业文艺汇演优秀奖,浙江省企业文艺汇演金奖;《卧龙集团之歌》获浙江省"大红鹰"杯企业歌曲一等奖。经过"娥江之春"演出的 40 多首优秀创作歌曲集编印的《娥江旋律》歌曲集,向国庆四十周年献上了一份厚礼。

(三)几点启示

1. 把握好专业文化与群众文化的关系,体现"娥江之春"的群众性

专业艺术以打造文艺精品为主要任务,同时必须着眼普及;群众文化以普及文化艺术为主要内容,同时必须着眼提高。专业艺术以群众文化为基础,又对群众文化具有引领、示范作用;群众文化以专业艺术为尺度,又为专业艺术提供无穷的滋养;专业艺术需要融入群众文化进行广泛普及,群众文化需要借鉴专业艺术不断提高品位。在"娥江之春"操办过程中,一方面,要坚持以实施精品战略统揽专业艺术与群众文化工作,精心打造艺术魅力强、社会效益好、经得起时间检验、深受群众喜爱的艺术精品。另一方面,要坚持"心系群众、面向群众、服务群众、培育群众"的群众性原则,动员组织广大群众参与"娥江之春"文艺活动,让文化惠民成为贯穿"娥江之春"的主线,让最广大群众成为节会主人,让具有文艺特长的群众成为"娥江之春"音乐会主角,营造群众编、群众演、群众看的文化氛围,以提高"娥江之春"的生命力。

2. 把握好传承统与创新的关系,体现"娥江之春"的民俗性

传承要以创新为目的,创新要以传承为基础。"娥江之春"离不开

创新,但这种创新是以继承传统作为基础的。"娥江之春"把挖掘、搜集、整理民间艺术,特别是弘扬和发展上虞的民间艺术,作为"娥江之春"的重要方面来抓,使"娥江之春"成为民间艺术展示的舞台。如第27届"娥江之春"大型广场文艺晚会,以非物质文化遗产保护为主题,用音乐、舞蹈、戏曲、诗歌朗诵、民间工艺表演和民俗风情展示的方式,原汁原味地展现"狴犴龙舞"、"哑目连"、"舂年糕"等民间民俗文化活动。又如近年来相继创作演出了一批具有上虞特色,反映上虞人文景观、民俗风情的五场舞剧《曹娥》、笙独奏《白鸽飞翔》、笛笙二重奏《山山弯弯风光崭》、歌曲《曹娥的故事》等音乐舞蹈作品,雅俗共赏,老少皆宜。这样,民间艺术通过传承和创新成为上虞群众文化的宝贵财富,并以其独特清新、古朴厚重的泥土芳香走进千家万户,成为群众喜闻乐见的艺术形式。

3. 把握好普及与提高的关系,体现"娥江之春"的可持续性

普及与提高并重是群众文化工作的基本原则。群众文化事业的发展必须遵循在普及基础上提高和在提高指导下普及的思路。"娥江之春"的整体水平不仅体现在质的高度,而且体现在量的广度。如果仅是少数人参与这项活动,那么,纵然技艺出类拔萃,活动惊世骇俗,也不能表示"娥江之春"的群众艺术整体水平很高。从某种意义上说,"娥江之春"的普及程度,也是其整体水平的具体体现。通俗易懂的艺术,为普通百姓喜闻乐见,是"娥江之春"普及的重要内容。三十年来"娥江之春"的艺术特色就是坚持在普及的基础上注重抓提高,通过"娥江之春"的包装和隆重推出,充分展示社区文化、校园文化、企业文化、乡村文化的风采,创作和涌现出一大批优秀节目、优秀人才和优秀作品,使"娥江之春"的品位不断提高,使上虞的群众文化逐步形成了金字塔格局,并将由此形成系列、形成品牌,持久下去。

附录二 浙江省群众文化活动品牌名录

浙江省群众文化活动品牌名录

序号	品牌名称	创建年代	已举办届次	办节周期	区域	备注（成效）
1	浙江省农民文化艺术节	2007 年	已办三届	不定期	浙江	
2	浙江省乡镇文艺汇演	2000 年	已办四届	不定期	浙江	
3	唱响文明赞歌	2002 年 11 月			浙江	省声乐专家辅导团、优秀歌手展演团送文化下乡
4	"钱江浪花艺术团"文艺直通车	2004 年 9 月			浙江	下基层巡回演出获文化部创新奖
5	浙江未成人读书节	2005 年 10 月	已办七届	每年一届	浙江	
6	图书馆讲座联盟	2008 年 10 月			浙江	全省基层宣传思想文化工作"三贴近"优秀奖
7	文澜讲坛	2002 年			杭州	浙江省优秀讲座品牌
8	浙江省广场文化艺术节	2000 年	已办八届	每年一届	浙江	
9	浙江省老年文化艺术周	2001 年 10 月	已办十一届	每年一届	浙江	
10	浙江省排舞大赛	2007 年 12 月	已办五届	每年一届	浙江	

续 表

序号	品牌名称	创建年代	已举办届次	办节周期	区域	备注（成效）
11	"风雅颂"民俗艺术展示	1999 年	已办五届	两年一届	杭州市	
12	"三江"歌手大赛	1987 年	已办二十一届	每年一届	杭州市	
13	杭州西湖狂欢节	1997 年	已办六届	每年一届	杭州市	省重点扶持文化节庆活动
14	百团百场文艺演出	2007 年 11 月			上城区	"金紫荆花奖"最高奖和组织奖
15	城市一家人艺术节	2005 年	已办八届	每年一届	上城区	
16	中国民间艺人节	2004 年	已办四届	两年一届	上城区	西湖博览会重点项目
17	社区文化月	1988 年	已办二十三届	每年一届	下城区	
18	团队展示月	2006 年	已办六届	每年一届	江干区	
19	运河文化艺术节	2000 年	已办六届	两年一次	拱墅区	
20	"运河之春"元宵灯会	1998 年	已办十二届	每年一度	拱墅区	
21	"一十百千万"活动	2005 年			西湖区	主题系列活动
22	邻居节	2004 年	已办八届	每年一届	滨江区	
23	科技城文化艺术节	2004 年	已办三届	三年一届	滨江区	
24	文化艺术节	2002 年	已办十届	每年一届	萧山区	
25	"相约周末"文化夜市	2002 年	已办十届	每年一次	余杭区	杭州市 2005 年精神文明创新奖,全国特色文化广场

续　表

序号	品牌名称	创建年代	已举办届次	办节周期	区域	备注（成效）
26	余杭滚灯舞	距今 800 多年			余杭区	《余杭滚灯》获全国第十届"群星奖"
27	百姓纳凉大舞台	2009 年			建德市	主题系列活动
28	龙门民俗风情节	2005 年	已办七届	每年一届	富阳市龙门镇	
29	"吴越风情"广场文化艺术节	2003 年	已办九届	每年一届	临安市	第二届"全国特色广场文化活动"称号
30	临安水龙				临安市	第七届中国艺术节群星奖
31	千岛湖秀水节	2001 年	举办了五届	两年一届	淳安县	
32	中国·桐庐民间剪纸艺术节	2004 年	已办三届	两年一届	桐庐县	省重点扶持文化节庆活动
33	"群星"系列公共文化服务	2007 年			宁波市	
34	天一讲堂	2006 年		每周六下午	宁波市	浙江省优秀讲座品牌
35	宁波网络文化节	2008 年	已办四届	每年一届	宁波市	
36	宁波网视	2009 年			海曙区	运行两年来，网站点击率超 1400 万次，日均 2 万多次。
37	家门口文化	2005 年	已办七届	每年一届	海曙区	
38	社区文化博览会	2003 年	已办九届	每年一届	海曙区	
39	雄镇大舞台	2007 年			镇海区	每年策划近 300 项文化活动

续　表

序号	品牌名称	创建年代	已举办届次	办节周期	区域	备注（成效）
40	江东区社区文化艺术节	2002 年	已办八届	每年一届	江东区	
41	阿拉宁波摄影节	2010 年	已办三届	每年一届	江东区	
42	"书香江东"读书节	2009 年	已办三届	每年一届	江东区	
43	海享大舞台	2009 年		每周五晚	北仑区	群众性文艺演出
44	"金莺"歌手大赛	2003 年	已办六届	不定期	北仑区	
45	群众文艺调演	1987 年	已办十八届	不定期	北仑区	
46	基层文化特色展示月	2005 年	已办七届	每年一届	江北区	
47	星期六·相约老外滩	2009 年			江北区	主题系列活动
48	星光大舞台	2008 年			鄞州区	群众性文艺演出
49	群众文化艺术节	2007 年	已办三届	不定期	鄞州区	
50	天天演	2009 年			鄞州区	主题系列活动，荣获第十五届群星奖
51	舜江之夏艺术博览月				余姚市	主题系列活动
52	周末文化	2010 年			余姚市	主题系列活动。每周五、六晚
53	雪窦山弥勒文化节	2008 年	已办四届	每年一届	奉化市	中国十佳品牌节庆活动
54	奉化布龙	距今 800 多年			奉化市	1996 年被文化部命名为"中国布龙之乡"

续　表

序号	品牌名称	创建年代	已举办届次	办节周期	区域	备注（成效）
55	艺术节	1988 年	已办八届	三年一届	慈溪市	
56	十大青年歌手大奖赛	2002 年	已办十届	每年一届	慈溪市	
57	中国·象山开渔节	1998 年	已办 14 届	每年一届	象山县	省重点扶持文化节庆活动、中国十大品牌节庆
58	农民文化艺术节	2004 年	已办四届	每年一届	宁海县	
59	温州市音乐舞蹈节	1979 年	已办十四届	两年一届	温州市	
60	"新温州人"歌手大赛	2004 年	已办四届	每年一届	温州市	
61	周末大家乐	2005 年		每年夏季	温州市	
62	共同的家园	2005 年			瓯海区	系列主题活动
63	龙湾区音乐舞蹈节	2000 年	已办六届	两年一届	龙湾区	
64	江心屿金秋文化节	2003 年 9 月	已办九届	每年一届	鹿城区	
65	瑞安文化艺术节		已办五届	四年一届	瑞安市	
66	乐清市音乐舞蹈节	1992 年	已办七届	两年一届或三年一届	乐清市	
67	平阳县文化艺术节	2006 年	已办三届	不定期	平阳县	
68	民间职业剧团戏剧汇演	2008 年		每年一届	永嘉县	
69	百家宴	始于宋代		每年一届	泰顺县	浙江省元宵节传统节日保护示范地

续　表

序号	品牌名称	创建年代	已举办届次	办节周期	区域	备注（成效）
70	刘基文化暨生态旅游节	2003 年	已办四届	每二年一届	文成县	
71	"渔家乐"民俗风情节	1997 年	已办七届	2006 年后二年一届	洞头县	
72	苍南县文化艺术节	2003 年	已办五届	两年一届	苍南县	
73	江南文化节	2000 年	已办七届	每年一届	嘉兴市	
74	端午民俗文化节	2009 年	已办四届	每年一届	嘉兴市	
75	南湖合唱节	2003 年	已办九届	每年一届	南湖区	
76	中国·秀洲农民画艺术节	2000 年	已办四届	每两至三年一届	秀洲区	省重点扶持文化节庆活动
77	新农村嘉年华	2006 年	已办六届	每年一届	秀洲区	
78	西瓜灯文化节	1991 年		每年一届	平湖市	
79	市民讲坛	2007 年		每月举办一次	平湖市	浙江省优秀讲座品牌
80	农村文化艺术节	2005 年	已办四届	不定期	海宁市	
81	"潮乡百灵"歌手擂台赛	2007 年	已办四届	每年一届	海宁市	群众文化系列活动
82	桐乡菊花节	1999 年	已办十届	每年一届	桐乡市	
83	周末大舞台	2008 年			嘉善县	群众文化系列活动
84	海盐滚灯	至今已有700 余年			海盐县	
85	国际湖笔文化节	2001 年	已办五届	两年一届	湖州市	省重点扶持文化节庆活动
86	欢乐湖州	2007 年			湖州市	群众文化系列活动

续　表

序号	品牌名称	创建年代	已举办届次	办节周期	区域	备注（成效）
87	吴兴之星	2006 年			吴兴区	群众文化系列活动
88	含山蚕花节	1993 年	已办十七届	近年为一年一届	南浔区	1998 年被旅游局定为国家级重点节庆活动
89	欢乐德清	2004 年			德清县	群众文化系列活动
90	中华德清游子文化节	2004 年	已办三届	两年一届	德清县	省重点扶持文化节庆活动
91	竹叶龙	至今 200 多年			安吉县	荣获浙江省群星奖广场舞蹈比赛银奖
92	百叶龙	已近 200 年			长兴县	第十届"群星奖"金奖
93	长兴大讲堂	2006 年			长兴县	浙江省优秀讲座品牌
94	绍兴大禹祭典	1995 年	已办二十届	每年一届	绍兴市	省重点扶持文化节庆
95	中国兰亭书法节	1985 年	已办二十七届	每年一届	绍兴市	
96	绍兴乡镇文艺汇演	2007 年	已办五届	每年一届	绍兴市	市十佳优秀群文品牌
97	越州讲坛	2005 年			绍兴市	浙江省优秀讲座品牌
98	越城区社区元宵灯会	2009 年			越城区	市十佳优秀群文活动品牌
99	"鉴湖之春"广场文化月	2005 年	已办七届	每年一届	绍兴县	市十佳优秀群文活动品牌
100	欢乐柯桥—莲花落周末剧场	2008 年			绍兴县	市十佳优秀群文活动品牌

续　表

序号	品牌名称	创建年代	已举办届次	办节周期	区域	备注（成效）
101	镇乡文艺调演	2002 年	已办四届	两年一届	诸暨市	
102	诸暨市元宵踩街活动	2002 年		每年一届	诸暨市	市十佳优秀群文活动品牌
103	中国·诸暨西施文化节	2006 年	已办六届	每年一届	诸暨市	省重点扶持文化节庆活动
104	"娥江之春"文艺晚会	1980 年	已办三十届	每年一届	上虞市	市十佳优秀群文活动品牌
105	中国民间越剧节	1999 年	已办十一届	每年一届	嵊州市	市十佳优秀群文活动品牌
106	嵊州国际书法朝圣节	2004 年	已办八届	每年一届	嵊州市	
107	阳光文化山里行	2001 年			新昌县	市十佳优秀群文活动品牌
108	中国（新昌）天姥山文化旅游节	1998 年	已成功举办了十三届	每年一次	新昌县	
109	文化艺术节	2003 年	已办九届	每年一次	金华市	
110	婺文化大讲堂	2007 年			金华市	浙江省优秀讲座品牌
111	农村文化引导团	2008 年			婺城区	文化惠民活动
112	农民文化艺术节	2007 年	已办三届	每年一次	金东区	
113	中国兰花节	2000 年	已办五届		兰溪市	
114	三界文化联谊会	1995 年	已办十七届	每年一次	兰溪诸葛镇、龙游横山镇、建德大慈岩镇	

续　表

序号	品牌名称	创建年代	已举办届次	办节周期	区域	备注（成效）
115	义乌文化产品交易博览会	2007 年	已办五届	每年一届	义乌市	省重点扶持文化节庆活动
116	文化艺术节	1992 年	已办二十届	每年一届	义乌市	
117	"东城之夜"文艺晚会	1993 年	已办二十年	每年一届	东阳市	荣获"全国特色文化广场"荣誉称号
118	"丽州之夏"系列纳凉文艺晚会	2004 年	已办八届	每年一次	永康市	
119	壶山之春文艺晚会	1989 年	已办二十二届	每年一次	武义县	
120	文艺百花会	1983 年	已办十九届	每年一次	武义县	
121	中国·浦江书画节	1995 年	已办五届	三年一届	浦江县	省重点扶持文化节庆活动
122	"相约磐安山水"风情风光摄影大赛	2008 年	已办三届	每年一次	磐安县	
123	彩色周末文化广场	1996 年			衢州市	浙江省广场文化活动金奖
124	中国·衢州孔子文化节	2004 年	已办二届	两年一届	衢州市	省重点扶持文化节庆活动
125	文化艺术节	2005 年	已办三届	不定期	柯城区	
126	文化艺术节	2005 年	已办三届	不定期	衢江区	
127	三山艺术节	1985 年	已办二十六届	每年一届	常山、江山、玉山三县	
128	中国江山毛氏文化旅游节	2009 年 10 月	已办三届	每年一届	江山市	

序号	品牌名称	创建年代	已举办届次	办节周期	区域	备注（成效）
129	中秋民俗文化节	2010 年	已办三届	每年一届	开化县	
130	农民文艺汇演	2006 年	已办三届	不定期	常山县	
131	中国·常山石文化艺术节	2007 年	已办二届	不定期	常山县	
132	龙游——和谐的家园	2006 年			龙游县	群众性系列文化活动
133	群众文化艺术节	2006 年	已办五届	每年一届	龙游县	
134	"市民系列"文化活动	2008 年			舟山市	自创建以来每年演出近二十场次
135	舟山群岛·中国渔歌邀请赛	2007 年			舟山市	群众性系列文化活动
136	全民 K 歌大赛	2009 年			定海区	浙江省基层公共文化服务创新奖
137	中国舟山国际沙雕节	1999 年	已办十三届	每年一届	普陀区	2007 年被评为"中国十大魅力节庆"
138	沈家门渔港国际民间民俗大会	2003 年	已办七届	每年一次	普陀区	"人扮海洋动物集会"创世界吉尼斯纪录
139	嵊泗贻贝文化节	2004 年	已办六届	每年一届	嵊泗县	
140	嵊泗县社区文化艺术节	2003 年	已办八届	每年一届	嵊泗县	
141	中国·岱山海洋文化节	2005 年	已办六届	每年一届	岱山县	

续　表

序号	品牌名称	创建年代	已举办届次	办节周期	区域	备注（成效）
142	"艺术与生活"名家讲座	2008 年			台州市	浙江省优秀讲座品牌
143	中国网络音乐节	2006 年	已办五届	每年一届	台州市	
144	农民文化节	2006 年	已办六届	每年一届	台州市	
145	邻居节	2007 年	已办五届	每年一届	台州市	
146	企业文化节	2008 年	已办四届	每年一届	台州市	
147	枫山书院人文讲坛	2008 年			椒江区	
148	黄岩柑橘节	1999 年	已办十届	每年一届	黄岩区	
149	商都文化艺术节	2006 年	已办三届	两年一届	路桥区	
150	南官人文大讲堂	2007 年		每周一场	路桥区	浙江省优秀讲座品牌
151	中国·临海江南长城文化节	1998 年	已办十届		临海市	省重点扶持文化节庆活动
152	温岭市村落社区文艺汇演	2000 年	已办十届	每年一届	温岭市	
153	中国石文化节	2002 年	已办五届		温岭市	
154	文化特派员制度	2008 年			三门县	首批全国"群文品牌"
155	青蟹节	2002 年	已办五届	两年一届	三门	
156	百姓大舞台	2008 年			仙居县	
157	天台山佛道音乐会	2007 年			天台县	
158	中国·玉环海岛文化节	2008 年	已办二届		玉环县	省重点扶持文化节庆活动

续　表

序号	品牌名称	创建年代	已举办届次	办节周期	区域	备注（成效）
159	"绿谷之声"系列音乐会	2006 年	已举办三十六场		丽水市	
160	"绿谷大舞台"广场文化演出活动	2006 年			丽水市	已演出 90 多场，观众达 20 多万人次。
161	丽水市乡村文化艺术节	2008 年	已办四届		丽水市	
162	中国·丽水国际摄影文化节	2004 年	已办五届	两年一届	丽水市	
163	"欢乐莲城"社区文化艺术节	2007 年	已办四届	一年一届	莲都区	
164	"欢乐莲城"乡村文化艺术节	2004 年	已办四届		莲都区	有标识及主题歌
165	"竹柳新桥"三月三歌会	1994 年	已办十七届	每年一届	莲都老竹镇、丽新乡，松阳板桥乡，武义县柳城镇	
166	中国·龙泉青瓷宝剑节	2002 年	已办五届	每年一届	龙泉市	省重点扶持文化节庆活动
167	中国·青田石雕文化节	1992 年	已办三届	三年一届	青田县	省重点扶持文化节庆活动
168	黄帝典礼	1998	已办十三年	每年一届	缙云县	民祭公祭黄帝典礼 26 次
169	送戏下乡	1987 年			松阳县	累计演出 900 余场，演出 11700 多个。

续　表

序号	品牌名称	创建年代	已举办届次	办节周期	区域	备注（成效）
170	月山春晚	1981 年	已办三十届	每年一届	庆元县	
171	中国（庆元）香菇文化节	1992 年	已办八届	每年一届	庆元县	
172	"民间民俗"文化艺术月活动	2006 年	已办五届	每年一届	云和县	
173	中国木制玩具文化节	2008 年	已办四届	每年一届	云和县	
174	浙江云和开犁节	2007 年	已办五届	每年一届	云和县	
175	中国·遂昌汤显祖文化节	2006 年	已办二届	两年一届	遂昌县	省重点扶持文化节庆活动
176	中国·景宁畲乡"三月三"民歌节	2008 年	已办三届	每年一届	景宁县	省重点扶持文化节庆活动
177	景宁县邻居节	2008 年	已办四届	每年一届	景宁县	

主要参考文献

1．柏定国.文化品牌学[M].长沙：湖南师范大学出版社,2010

2．郑永富.群众文化学[M].北京：中国国际广播出版社,2001

3．中央文明办.群众性精神文明创建活动概论[M].北京：学习出版社,2007

4．吴一平.群众文化学概论[M].武汉：武汉大学出版社,1988

5．汤友权等.简明群众文化词典[M].长沙：湖南大学出版社,2010

6．（日）阿久津聪,石田茂著,韩中和译.文脉品牌[M].上海：上海人民出版社,2005

7．黄静.品牌管理[M].武汉：武汉大学出版社,1988

8．陈放.品牌策划[M].北京：蓝天出版社,2005

9．乔春洋.品牌文化[M].广州：中山大学出版社,2005

10．曹爱军,杨平.公共文化服务的理论与实践.北京：科学出版社,2011

11．张雁白等.品牌文化战略与创新[M].北京：经济科学出版社,2011

12．王钧,刘琴.文化品牌传播[M].北京：北京大学出版社,2010

13．浙江省图书馆学会.公共文化服务与图书馆实践的创新[M].杭州：杭州出版社,2006

14．吴理财等.当代中国农民文化生活调查[M].北京：知识产权出版社,2011

15. 薛可.品牌扩张：延伸与创新[M].北京：北京大学出版社,2004

16. 余明阳,戴世富.品牌战略[M].北京：清华大学出版社,2009

17. 生奇志.品牌学[M].北京：清华大学出版社,2011

18. 刘阳.中国品牌之道[M].北京：中国工人出版社,2006

19. 王钧,刘琴.文化品牌传播[M].北京：北京大学出版社,2010

20. 周航,王全吉.浙江100个文化馆创新报告[M].杭州：杭州出版社,2011

21. 朱希详.文化活动策划与操作[M].上海：东华大学出版社,2005

22. 陈立旭,潘捷军等.乡风文明：新农村文化建设——基于浙江实践的研究[M].北京：科学出版社,2009

23. 陈威.公共文化服务体系研究[M].深圳：深圳报业集团出版社,2006

24. 吴理财等.当代中国农民文化生活调查[M].北京：知识产权出版社,2011

25. 浙江百村农民文化生活调查课题组.浙江省新农村文化报告——来自118个行政村农民文化生活的田野调查[M].北京：中国美术学院出版社,2007

26. 刘悦笛.公共文化服务的"嘉兴模式"[M].北京：社会科学文献出版社,2012

27. 丹尼尔·M.杰克逊著,潘建杰,张永军等译.声音品牌化[M].北京：经济管理出版社,2008

28. 张树庭,吕艳丹.有效的品牌传播[M].北京：中国传媒大学出版社,2008

29. 孙萍.文化管理学[M].北京：中国人民大学出版社,2005

30. 黄振平.创建国家级文化品牌提升文化软实力[J].江海纵横,2008(4)

31. 甘磊.挖掘民俗文化优势,打造特色文化品牌[J].新重庆, 2008(3)

32. 李道中.建构与社会主义市场经济相适应的文化[J].科学社会主义,2005(3)

33. 卢泰宏,谢飙.品牌延伸的评估模型[J].中山大学学报(社会科学版),2005(2)

34. 陈勇星.合理界定品牌延伸的内涵和外延[J].湖州职业技术学院学报,2003(1)

35. 韩经纶,赵军.论品牌定位与品牌延伸的关系[J].南开管理评论,2004(2)

36. 王桂珍.打造群众文化品牌服务建设小康社会[J].文教资料, 2007(9)

37. 曹爱军.新农村公共文化服务发展构想[J].四川行政学院学报,2009(3)

38. 沈荣华.论政府公共服务机制创新[J].北京行政学院学报, 2004(5)

39. 袁绍根.品牌文化——诱惑的力量[J].管理,2005(2)

40. 吕方.构建公共文化服务体系:当代中国发展的新基石[J].学海,2007(6)

41. 刘莉.打造新时代的群众文化精品[J].科学之友,2011(4)

42. 阮晓春.打造新时期群众文化品牌活动的思考[J].党史文苑, 2010(5)

43. 刘维尚,孙炳明.非物质文化品牌的包装与推广研究[J].产业与科技论坛,2011(1)

44. 华北英.基层群众文化活动的组织与辅导[J].四川戏剧,2011(1)

45. 许大文,杨秀礼.谫论群众文化品牌的建设[J].资治文摘, 2009(4)

46．蔡亚约.结合城市新型节会打造群众文化品牌—厦门市重大节会中的群众文化活动探讨[J].群文天地,2011(2)

47．王京传等.旅游目的地品牌标识评价研究[J].旅游学刊,2012(2)

48．苏章彦.试论品牌个性化战略[J].云南财贸学院学报(社会科学版),2005(5)

49．赵晓东.群众文化品牌的多元价值探析[J].鄂尔多斯文化,2010(2)

50．李建波.搞好群众文化构建和谐社会[J].安徽文学,2011(32)

后　记

在各方面的关心和支持下，《浙江省群众文化活动品牌研究》一书的写作告一段落。希望能为从事群众文化工作的同行提供有益的借鉴和帮助。

本书是在浙江省文化厅公共文化处领导和同志们自始至终的直接指导下完成的。在编写过程中，还得到了浙江省各地宣传部、文化广电新闻出版局和各地文化馆、文化站和图书馆等部门领导和同志们的大力支持和协助，他们为本书提供了大量的政府文件、宣传材料、案例、品牌名称、品牌内容和品牌标识等资料。在本书的调查与写作过程中，还得到了杭州师范大学公共文化研究中心的领导和同学们的大力支持与协助，在此表示感谢！本书的框架由金才汉构建，张建春负责统稿并主要撰写了第一、第四、第六和第七章，金才汉主要撰写了第二、第三、第五章并负责提供了浙江省群众文化活动品牌标识以及附录一和附录二的主要内容。

鉴于水平有限，加之调研的广度和深度还有欠缺，书中难免存在资料来源交代不清或疏漏之处，敬请广大读者批评指正。

编　者

2014 年 7 月

图书在版编目(CIP)数据

浙江省群众文化活动品牌研究 / 张建春,金才汉主编.—杭州:浙江大学出版社,2014.12
ISBN 978-7-308-14115-4

Ⅰ.①浙… Ⅱ.①张… ②金… Ⅲ.①群众文化—文化活动—研究—浙江省 Ⅳ.①G249.275.5

中国版本图书馆 CIP 数据核字(2014)第 280658 号

浙江省群众文化活动品牌研究

张建春　金才汉　主编

责任编辑	余健波
封面设计	林智广告
出版发行	浙江大学出版社
	(杭州市天目山路 148 号　邮政编码 310007)
	(网址:http://www.zjupress.com)
排　　版	杭州林智广告有限公司
印　　刷	杭州丰源印刷有限公司
开　　本	710mm×1000mm　1/16
印　　张	19
字　　数	255 千
版 印 次	2014 年 12 月第 1 版　2014 年 12 月第 1 次印刷
书　　号	ISBN 978-7-308-14115-4
定　　价	52.00 元